乾隆南巡的故事

向斯◎著

Stories of Emperor Qianlong's Inspection Tour to the South

故宫出版社

U0813247

引 子

乾隆南巡告白

康乾盛世，是中国集权时代的第三次盛世，也是中国一姓王朝帝制时期的鼎盛时代。乾隆南巡，是一幅乾隆皇帝的盛世行乐图卷，也是乾隆盛世的最经典注解。乾隆六次南巡，始于乾隆十六年，止于乾隆四十九年。也就是说，乾隆皇帝从 41 岁壮年开始，一直到 74 岁的老年时期，他都在南巡之中：第一至第四次，是陪同圣母皇太后南巡，皇太后从 60 岁到 74 岁；第五、六次，是乾隆自己巡游，从 70 岁到 74 岁。乾隆皇帝执政六十年，认为有两件大事值得自豪：一是西部用兵，边疆安定；二是六次南巡，天下晏然。乾隆六次南巡，留下了大量诗篇，诗意如画之朱笔行草诗片，印象较深，与君共赏：

山环水复水环山，月地云居山水间。
寺侧离宫临绝胜，春来驻跸寄几闲。

六度南巡于迈勤，一心惟是为民殷。
雨虽继雨仍希望，孙又生孙亦喜欣。

目　录

第一部分

文武双全乾隆帝

一 乾隆的相貌

《清史稿·高宗本纪》记载乾隆皇帝的相貌为:“降准，硕身。”意思是:高鼻梁，身材修长。《清高宗实录》描述乾隆皇帝相貌为:“生而神灵，天挺奇表。殊庭方广，降准硕身。发音铿洪,举步岳重。规度恢远，嶷然挺拔。”意思是:生而神异，天生神表。面廓方广,鼻子高挺,身材修长。声音洪亮，步履稳重。眼光高远，嶷然挺拔。

乾隆四十五年（1780），这一年乾隆皇帝70岁，44岁的朝鲜人朴仲美随朝鲜使团前往承德，庆贺乾隆皇帝的寿辰。他在《热河日记》中描述乾隆皇帝：“方面，白皙，而微带黄气。须髯半白，貌若六十。”

再看传世诸种乾隆皇帝的御容画像，我们发现他的面部瘦长略胖，接近椭圆形；耳朵天轮线明显，略微外突；眼睛略大，眉毛修长，远长于眼睛;八字胡，胡子细长;下巴有须，无痣。

根据中外记载，我们大致可以将乾隆皇帝的样貌作一综合描述：他皮肤白皙，身材匀称；面色红润，鼻子下钩；眼睛黑漆明亮，炯炯有神；声音洪亮，体态文雅，龙行虎步，神态平和。

故宫博物院收藏有乾隆皇帝画像，主要包括:《乾隆帝朝服像》，25岁;《岁朝图》，27岁;《哨鹿图》，30岁;《松荫消夏图》，33岁;《狩猎聚餐图》，38岁;《万树园赐宴图》，43岁;《丛薄行诗意图》、《大阅图》，47岁;《平定西域战图》，50岁;《万法归一图》，60岁;《平定金川战图》，65岁;《一箭双鹿图》，70岁;《平定台湾战图》，77岁;《乾隆帝朝服像》，80岁;《平定廓尔喀战图》，82岁;《乾隆帝朝服像》，85岁。乾隆皇帝的这些画像，都生动地展示了十八世纪中后期、中国乃至世界上最有名的一位皇帝的真实风采。画面上的乾隆皇帝都是一副儒雅的模样：身材

乾隆帝少年像

乾隆帝 25 岁像

乾隆帝 45 岁像

乾隆帝 62 岁像

乾隆帝 70 岁像

乾隆帝 85 岁像

修长，眉疏目朗，面如满月，目光炯炯有神。神采之中，自信、自负，气定神闲，充满了书卷气。老年的乾隆皇帝，仍旧神采奕奕，风流倜傥。

乾隆五十八年（1793），乾隆皇帝 83 岁。英国使臣马戛尔尼勋爵率领大英使团来到中国，给乾隆皇帝贺寿。

英使马戛尔尼谒见乾隆皇帝之后，这样描述他：“乾隆皇帝已经八十三岁了，但仍旧精神矍铄，看上去像六十岁的样子，而且，他的心思仍很灵活，遇事很果断和自信。”

马戛尔尼记述道：“其言时，气概尊严，若有神圣不可侵犯之状。然眉宇间，仍流露其和蔼可亲之本色。”

马戛尔尼在他的日记中写道：“乾隆

皇帝，身材约高五英尺二英寸，虽背已微偻，而精神甚好。目作黑色，鼻尖勾曲，略如鹰喙。其举动神情，颇具英明之气。其所衣为黄色大袍，冠则是天鹅绒所制，上有红顶子及孔雀毛以为饰。其靴亦绸制，以金线绣花于其上，腰间束一蓝色之带，亦丝织物。"

马戛尔尼描述乾隆皇帝：清瘦，身高五英尺二英寸。换算过来，大约是 1.58 米，这是乾隆皇帝 83 岁的身高。

英国使臣温德说："乾隆皇帝总是笑眯眯的，看上去不超过六十岁，他的脸上没有一点老年的痕迹。"

英国使臣赫脱南说："乾隆皇帝看上去只有五十多岁，他的动作很敏捷，风度翩翩。"

总之，乾隆皇帝不高不胖，中年时，身高大约 1.65 米。

《平安春信图》中的英俊少年

乾隆皇帝是位风雅君主，尤其醉心于书画。在他的身边，有一批造诣很深的宫廷画家，包括：中国画师丁观鹏、董邦达、张宗苍、徐扬、金廷标；西洋画家郎世宁、艾启蒙、王致诚等等。他们供职于清廷，

乾隆五十八年（1793），乾隆帝在避暑山庄万树园接见马戛尔尼使团，
图为使团成员约翰·巴罗与威廉姆·派瑞施二人对当时场景的描绘。

创作了大量书画作品，留下了极其珍贵的具有历史、文化、艺术价值的墨迹。其中，有相当一部分作品是反映乾隆皇帝生活起居的御容像。清代宫廷的珍藏书画作品中，乾隆皇帝的御容像，大约有80幅，基本上真实地展示了乾隆皇帝弘历从青少年到青壮年到老年的风貌。

郎世宁（1688－1766）是意大利人，原名朱塞佩，生于米兰。清康熙帝五十四年（1715），他作为天主教耶稣会修道士，来到中国，随即入宫，进入如意馆，成为宫廷画家。康熙末年，官封三品。乾隆时，曾参加圆明园西洋楼设计。历任康、雍、乾三朝，乾隆三十一年（1766）去世，在清宫从事绘画整整50年。

《平安春信图》，共有三幅：绢本、纸本、养心殿西暖阁通景画贴落。通景画，是贴落的一种。贴落，是先在纸、绢上作画，然后，贴在墙上，可贴上，可落下，故称。绢本《平安春信图》，是意大利画家郎世宁在雍正年间留下的作品，衣饰、竹子、梅花、太湖石等有明暗处理，透视感强。纸本与贴落本《平安春信图》，有典型的中国画特征，线条流畅，无明暗处理，许多地方显系中国宫廷画师之作。因此，绢本《平安春信图》，是郎世宁独立完成的。纸本是郎世宁、乾隆皇帝、中国画师合作完成的。贴落本则是郎世宁、中国画师金廷标合作完成的。

通常认为,《平安春信图》画中人物，正是雍正皇帝和他的儿子少年弘历，通过传递梅枝，象征皇位传承。画面背景是湛蓝的天空，平缓的小山丘上，几竿修竹，苍翠挺拔。怪石、老梅前，翠竹之下，站立着正在赏梅的雍正皇帝父子，他们面目清瘦，身穿大袖拖地长袍。少年弘历比起父皇来略矮一头，但他睿智的目光炯炯有神。

他们两人，真的是雍正父子吗？

《平安春信图》绢本立轴，无作者题款。包首上，有乾隆皇帝的御笔题签：平安春信，故名。钤印：乾隆宸翰、万有同春。裱褙，黄签上墨书：“嘉庆四年二月，盘山绘山容撤下，御容挂轴一轴。”显然，乾隆时期，此画最后悬挂之地，是蓟县盘山行宫——静寄山庄。

盘山，位于北京东部90公里、蓟县城西12公里，南距天津市区110公里，东临唐山市100公里，似一条巨龙，盘桓于京、津地区。乾隆帝对此曾记道：“连太行，拱神京，放碣石，距沧溟，走蓟野，枕长城，盖蓟州之天作，俯临重壑，如众

绢本《平安春信图》

星拱北而莫敢与争者也。”盘山，是清帝从皇宫到东陵祭祀康熙皇帝的必经之地。乾隆九年（1744），建造行宫，命名为“静寄山庄”。乾隆帝巡幸盘山32次，写御制诗1366首。嘉庆四年（1799）正月初三，乾隆帝去世。二月，整理先皇遗物时，从盘山绘山容中撤回《平安春信图》，收藏于景山寿皇殿。景山《寿皇殿东库存收书籍等项》账目，对该图有著录。

在养心殿三希堂，有乾隆帝题写的楹联：梅报平安信，鸟传如意春。寓意桥台报春信，冬去春来，喜上眉梢。绢本《平安春信图》画面中，一老一少，立在山坡上，看上去如同父子。他们系着头巾，长袍宽袖，一身古装打扮。长者折下梅枝，右手递给少年。少年弯腰，左手接过梅枝，右手扶竹。人们一直以为，这是雍正皇帝和他的儿子少年弘历。

画中长者，真的是雍正吗？

绢本画面右上角，是一首乾隆帝自题诗：

写真世宁擅，绘我少年时。
入室皤然者，不知此是谁？
壬寅暮春御笔

壬寅年，是乾隆四十七年（1782）。这一年，乾隆皇帝72岁。从诗中看，这个少年显然是乾隆皇帝自己——英俊的少年弘历。那么，长者是谁？也是乾隆皇帝。为什么长者是乾隆？主要理由有三：

第一，相貌不同。雍正皇帝面部瘦长；耳朵紧贴面部，耳朵天轮线平直，与面部线平行；眉毛短粗，略短于眼睛；八字胡，嘴角两边胡子呈扫把状；下巴无须，最明显的标志是，下巴中间偏右处有痣。看《雍正读书像》、《雍正朝服像》、《雍正行乐图》、

通景画贴落《平安春信图》

《雍正观花行乐图》诸图，面相清晰可见，都有痣。乾隆皇帝面部瘦长略胖，接近椭圆形；耳朵天轮线明显，略微外突；眼睛略大，眉毛修长，远长于眼睛；八字胡，胡子细长;下巴有须，下巴没有痣。看《乾隆朝服像》、《是一是二图》、《乾隆射箭图》诸图，乾隆皇帝面部均无痣。

第二，画面上端骑缝处，三方印章：太上皇帝之宝、古希天子、八征耄念之宝。三方印章，都是乾隆皇帝的。如果长者是父亲雍正皇帝，钤上此印，属于大逆不道。

第三，“入室皤然者，不知此是谁”一句，“入室者”当指白发苍苍的七十岁乾隆帝,“不知此是谁”如果长者是雍正皇帝，他敢如此调侃父亲？当然不敢。乾隆皇帝自恋，喜欢自己对比。如《弘历采芝图》，就是少年弘历和青年弘历；《平安春信图》，故伎重演，正是青年弘历和中年弘历。

通景画贴落《平安春信图》，在养心殿西暖阁三希堂北室西墙，由五块绢拼成：左右窗户格、天顶、地面和正中人物画。此画完成于乾隆三十年（1765），是郎世宁和宫廷画师金廷标完成的：郎世宁画人物肖像，金廷标画衣饰、树木、石头、建筑。同时，圆明园牡丹台被修缮一新，乾隆皇帝御笔题额“纪恩堂”。乾隆此举，意在纪念祖父、父皇和自己第一次在此相会，人称“康雍乾盛世三朝相会。”乾隆三十年，乾隆皇帝55岁，王朝处于鼎盛，乾隆认为，自己可以告慰祖父和父亲。

乾隆四十七年（1782），乾隆帝看着《平安春信图》中自己中年和青年的模样，转眼之间，自己已经72岁了，乾隆帝感慨万千，回想在位几十年，继康熙、雍正之后，开创了乾隆盛世，乾隆觉得自己兢兢业业，没有辜负父皇的厚望，可以告慰祖父的在天之灵。他提起笔，在画上写下诗文，盖上“古稀天子”的印章。乾隆皇帝80多岁时，已经退位，成为太上皇，他又多次拿出《平安春信图》，看了又看，先后盖上“太上皇帝之宝”、“八徵耄念之宝”两方印章。

二　乾隆生活的宫殿

据档案记载，乾隆皇帝25岁即位，为父皇雍正皇帝守孝27日之后，正式入住养心殿，在这里生活、起居、理政，这一住，就是64年。

“养心殿”之名，出自孟子的一句话。孟子说：“养心，莫善于寡欲”，意思是说：

养心殿前殿

修养心性，最好的办法，就是减少欲望，清心寡欲。

养心殿建筑较为独特。养心殿及其配殿呈“工”字形结构。前殿面宽三楹，进深四楹；后殿面宽五楹。前殿、后殿之间，有一道南北向的穿堂，将前殿、后殿连接。通常，皇帝在前殿东暖阁起居，西暖阁理政。后来，从乾隆皇帝开始，皇帝的起居室移到后殿正中偏东间。前殿东暖阁，用来召见臣工。清末之时，成为垂帘听政之地。

乾隆年间，养心殿花团锦簇，十分舒适。养心门前左右，栽种国花牡丹。中间点缀太湖石。养心门西侧，竖立着一个高竿，上面悬挂着“相风鸟”，用于候风占气。乾隆诗曰：“长竿三丈绳丝直，上揭飞轮如鸟翼。”养心殿前殿正中，高悬雍正皇帝手书匾额“中正仁和”。匾额下方，设皇帝宝座——红木龙椅。龙椅之前，设金丝楠木黄缎御案。

养心殿前殿后室，自东向西，有4间小巧别致的房间,乾隆皇帝分别命名为“随安室”、“无倦斋”、“长春书屋”、“梅坞”。

随安室原是乾隆皇帝少年时为自己书室起的名字。登基以后，就将它移到养心殿东暖阁的后室。这里有一副对联，非常有名，是乾隆皇帝一生的座右铭：“无不可过去之事，有自然相知之人。”

经过对比研究，笔者发现这间小书房是宫中最小的房间，面积多小？乾隆皇帝形容为：“只可容膝。”这间小书房，只有4平方米。大清盛世的天子、泱泱大国的皇帝，拥有3亿多人口和广袤的国土，他的书房却只可容膝。可是，就是这样一间小小书房，乾隆皇帝却十分喜欢。乾隆皇帝在这里留下了无穷的人文乐趣，写下了不少诗篇。

其中《随安室八韵》最为代表：

随遇得居安，养心左序端。
检身若不及，容膝已为宽。
志与青年异，题斯触处观。

养心殿前殿东暖阁

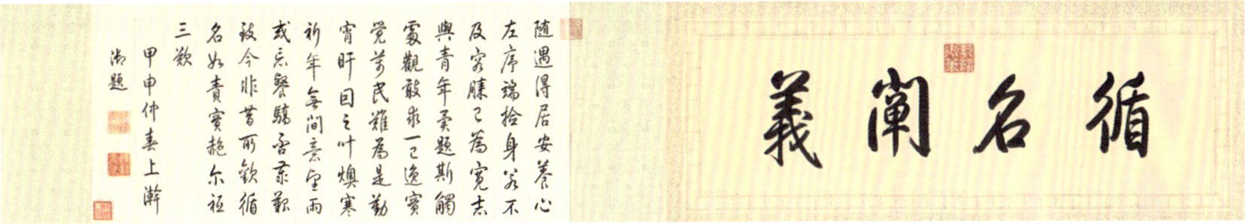

乾隆皇帝御题《随安室八韵》手卷

敢求一已逸，实觉万民难。
为是勤宵旰，因之叶燠寒。
祈年无间意，望雨或忘餐。
骄否泰艰致，今非昔所欢。
循名如责实，艴尔只三叹。

养心殿随安室

皇帝起居之洒扫

乾隆皇帝生活的宫室非常讲究整洁。每天定期有太监、宫女负责清理、洒扫，擦得窗明几净。每月、每年都有专人定期检查。清代宫廷之中，每年的十二月，都有一次全面彻底的大扫除和大检查，届时，由内务府关防处选择吉日良时，奏准批复以后，知会内务府宫殿监，宫殿监具牌奏闻。大扫除那一天，宫殿监的员役人员，从内右门进入内廷，清扫乾清宫、坤宁宫、交泰殿，然后是东西六宫。乾隆时期，重点的清扫之地就是皇帝生活起居的养心殿。

负责清扫的是打扫处，打扫处设首领太监 2 人，打扫太监 60 人，负责宫室洒扫、清洁地面和运水添缸。洒扫的时候，要恭敬小心，不得有任何不敬和僭越行为。比如，皇帝的宝座之上，不得洒上脏水；走过皇帝的宝座时，要低眉躬身，恭恭敬敬，不许喧哗，不许吵闹，不许昂首而过。

宫里有井 72 口，分散在各处的宫院之中。这些井水是生活用水、灭火用水，宫中清洁的洒扫水，也是出自这些井中。

皇帝起居之宝座

皇帝的宝座随处都是，凡是皇帝可能去的宫殿都有。这些宝座有等级之分，其称呼也略有不同，但是，其身份和地位是同样的，任何人都必须恭敬，都不许有怠慢之心。

太和殿俗称金銮殿，金銮殿中的宝座称金云龙宝座。宝座呈半圆形，正面的靠背上，雕刻着飞动的火珠卷云纹；两旁是 6 根圆柱，围成半圆形；后部略高，前部稍低，圆柱上镂雕着 9 条矫健的金龙，姿态生动，勾环缠绕。宝座下面是须弥座，雕镂花牙板和拖泥，稳坐于紫宸台上。

清末一位供职内廷的太监形象

紫宸台，就是宝座下的木台。太和殿的紫宸台，有上下七层台阶，左右各出一陛，北观前出三陛。宝座通身上下饰以金漆，镂雕油绘着上千条金龙。宝座的后面，置有七扇连体金漆屏风，屏风上圆雕、浮雕着金漆游龙和朵朵祥云。

三大殿宝座和养心殿宝座，都是重大礼仪场合和裁理政务时皇帝就座的宝座，是清宫中规格最高的宝座，都可称之为金云龙宝座。

皇帝出行、游幸临时就座的宝座，藤制、竹编、象牙、鹿角、花梨木什么样的都有，依季节不同而使用有所不同，由太监们抬着，供皇帝享用，这些就是随侍宝座。这些宝座与金云龙宝座一样，都是宫中的御用禁物，洒扫清洁之时，都要恭敬待之。

皇帝的宝座上，有坐褥、靠垫、迎手。

宝座的坐褥，夏季、秋季用棉制的明黄龙纹缎，春季、冬季，三大殿、养心殿、乾清宫、文华殿等最重要的宝座上用黑豹

太和殿金云龙宝座

皮，其余的地方则用紫貂皮。棉缎内，塞以鹅绒、棉絮、灯芯草。

皇帝起居之龙床

皇帝的寝床称为龙床，通常设在内室后房，是一个精致的木炕，外面是紫檀木镂空雕花的通顶木床罩，床罩内是细绣精织的丝罗帐幔，帐幔上绘绣着亭台楼阁、花树人物和百子彩画以及祥云福寿纹饰。

龙床很宽大，在内室之中像一个小房间。龙床为长方形，三面屏式床围，黑中泛紫的颜色，古朴深邃，散发着幽雅的光泽。内室略显暗淡，黑色的龙床很幽静，人躺在上面很快就能安静下来，三省吾身，扪心自问，弛然而卧，想满天的星星，听美妙无比的天籁之音，好好地休养身心，梦稳心安。

龙床通常的规格是长205厘米，宽110厘米，高约90厘米。正面床围分成中、左、右三个部分，上面是描金的回纹花边，屏心部分则是人物、花树、祥云、楼阁。床前有床踏，床的两端也是屏式床围，床围上同样雕绘着山水人物、梅树祥花。床有床屉，床屉的边缘是描金彩绘的夔龙纹饰。床有床腰、床脚，腰、脚之间也是象征着富贵长寿的描金蝙蝠图案和莲花寿字纹。床足是内翻马蹄式的，上面雕绘着花纹。

乾隆皇帝的龙床，是紫檀雕夔龙纹床：长200厘米，宽104厘米，高93厘米。黄花梨月洞门架子床，长248厘米，宽188厘米，高227厘米。龙床床铺之上，悬挂着床罩、床帐、床幔。床罩、床帐、床幔，因季节不同，采用不同质地的用品，主要是丝、罗、锦、麻之类的贡品。床铺底层铺以毡褥，既是垫厚，也是用于防湿防潮。毡褥上面，是丝绒床垫和绸缎被褥，被褥上通常精绘细绣着福寿多子的吉祥龙凤图案，比如鸳鸯戏水、龙凤呈祥、百子争福、三阳（羊）开泰等等。

乾隆皇帝喜欢睡略硬的睡床，上面铺以灯芯草的床垫。灯芯草是一种有益身心的药草，性甘、味淡、微寒，有降心火和

养心殿后殿皇帝龙床

通气血的功效。按照中医的说法，心火降，肺气下行，则气脉通畅，称为泻肺；心脏主血气，心火降，血气通，则血和而水源畅矣。灯芯草草质柔软，富有弹性和韧性，人睡在上面很松软，很舒服，既能够很快安睡，也能够内病外治，起到很好的药疗效果，睡此床垫，有病治病，无病也可通气健身。

三　乾隆盛世

乾隆皇帝弘历，出身于爱新觉罗家族，是正宗的皇家血脉。

清代，皇族正宗，称为宗室，宗室的核心就是皇帝。皇帝、宗室，束金黄带，故称黄带子。黄带子，清正宗皇室的别称。崇德元年（1636），清太宗皇太极规定：

亲王以下宗室，皆束金黄带，以示身份，故称黄带子。

清代皇帝、宗室专用黄色腰带，成制于顺治十八年（1661），包括：朝带、吉服带、常服带和行服带四种。一般用丝线织成，以四块圆形或方形的金属镂花版衔接，版上镶嵌宝石珠玉等装饰品；带子左右金属版上，配上两环，以系挂荷包等装饰品。带子颜色、金属版镂花镶嵌等，都有严格的等级规定。如皇帝腰带用明黄色，宗室皆用金黄色。饰版数量等，各有定制。爱新觉罗家族以外的官员，系蓝色或石青色腰带，严禁越级束用。因此，黄带子，成为清朝宗室的特殊标志。

需要指出的是，不是所有皇族都称黄带子。清廷规定：从努尔哈赤的父亲爱新觉罗·塔克世一辈算起，他的儿子努尔哈赤、舒尔哈齐的子孙，都称宗室，系黄腰带，称黄带子。塔克世的哥哥、弟弟以及后代，统称觉罗，系红腰带，称红带子。

清高宗爱新觉罗·弘历（1711 年 9 月 25 日 –1799 年 2 月 7 日），清朝第六位皇帝，入关后之第四位皇帝。年号乾隆，“乾”，意思是天运；“隆”，意思是兴隆，“乾隆”之意，就是天道昌隆、天运兴隆。他 25 岁登基，在位六十年，禅位之后为太上皇，又执政了三年零四个月，实际行使国家最高权力长达六十三年零四个月，是中国历史上实际执掌国家最高权力时间最长的皇帝，也是中国历史上寿命最长的皇帝。嘉庆四年（1799）正月初三日去世，享年 89 岁。庙号高宗，谥号法天隆运至诚先觉体元立极敷文奋武钦明孝慈神圣纯皇帝，葬于清东陵之裕陵。

乾隆帝在位期间，清朝政治、经济、军事、文化达到了空前昌盛，将帝制时代第三个王朝盛世康乾盛世推向了顶峰，人称乾隆盛世。康熙、雍正开创了一个鲜活的王朝时代，乾隆皇帝发扬光大，将文治武功推向了鼎盛，完成了多民族国家的统一，社会稳定，经济繁荣，国家繁荣富强。乾隆皇帝十分关心百姓疾苦，曾先后五次颁诏，普免天下钱粮，三免八省漕粮，减免钱粮多达一亿两白银；他重视水利建设，鼓励生产，发展农业，国库极大地充实；文化繁荣，纂修《四库全书》、《满文大藏经》等文化典籍；武功鼎盛，十全武功，有效地平定边疆地区叛乱，维护了国家统一，开拓疆土，加强民族融合，完善对西藏地区的统治，正式将新疆地区纳入中国版图，使清朝的版图达到最大，疆域 1300 余万平方公里。乾隆后期，管理松懈，生活奢

《姑苏繁华图》卷中描绘的乾隆盛世

靡，吏治败坏，多地爆发起义；实行闭关锁国之国策，拉大了和西方的差距，大清王朝危机四伏；大兴文字之狱，文祸之盛，比康熙、雍正时期更加严酷。

乾隆皇帝在位长达64年，创造了许多历史之最，主要包括七个方面。

第一，中国历史上执政时间最久的皇帝。康熙皇帝在位61年，是中国历史上在位时间最久的皇帝。乾隆皇帝在位60年，但是，他25岁登基，执掌皇权达64年，是中国历史上执政时间最长的皇帝。有人说，世界历史上统治纪录最长者，是法国太阳王路易十四，长达72年。然而，太阳王5岁登基，22岁才亲政，实际掌权时间50年。

第二，中国历史上最长寿的皇帝。中

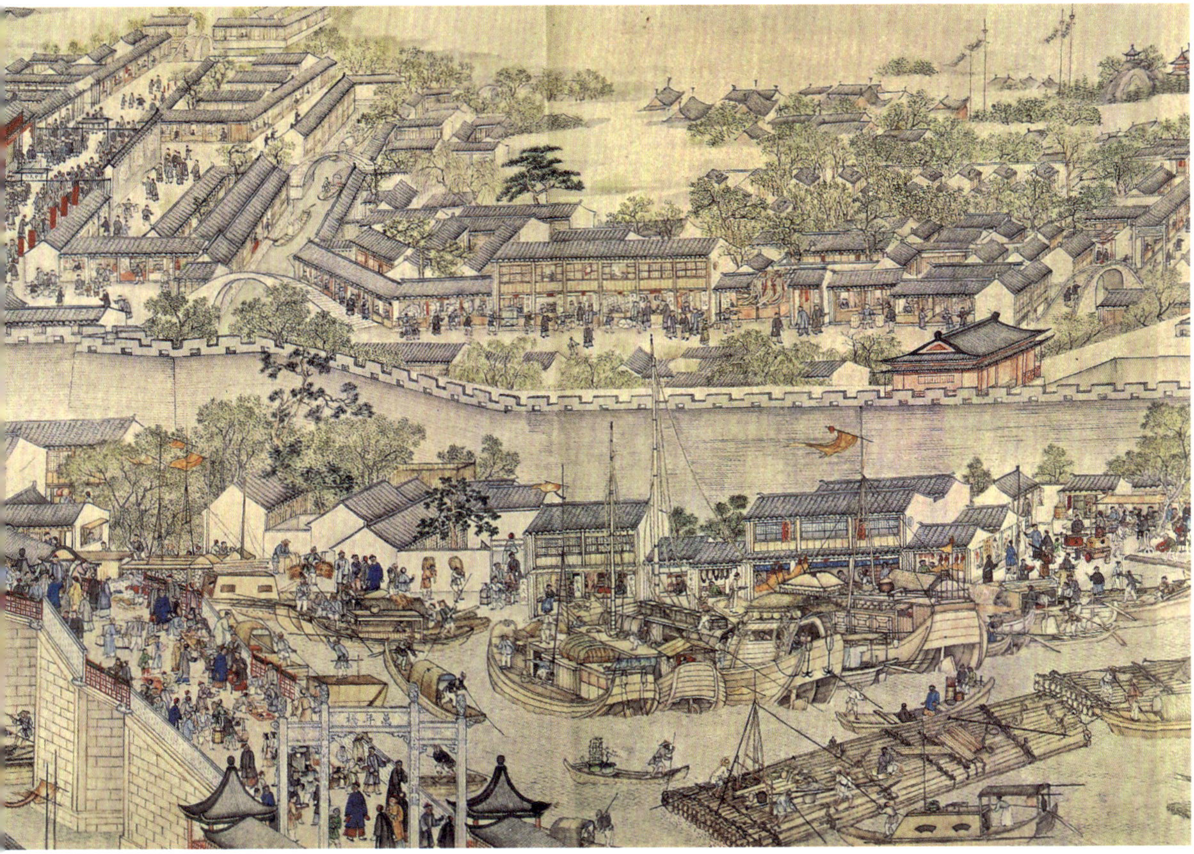

国古代帝王之中，60 岁以上的，有 36 人；70 岁以上的，有 12 人。70 岁以上的 6 人有：汉武帝刘彻 70 岁、吴大帝孙权 71 岁、唐高祖李渊 70 岁、唐玄宗李隆基 78 岁、辽道宗耶律洪基 70 岁、明太祖朱元璋 71 岁。80 岁以上的 6 人有：梁武帝萧衍 86 岁、唐女皇武则天 82 岁、五代吴越王钱具美 81 岁、宋高宗赵构 81 岁、元世祖忽必烈 80 岁、清高宗弘历 89 岁。

这里需要补充一点的是，如果放眼国外，世界上最长寿的皇帝是赵佗（公元前 240 年 – 公元前 137 年），嬴姓，赵氏，名佗。秦朝著名宗室将领，华夏族，秦朝恒山郡真定县（河北正定县）人，南越国创建者。赵佗是南越国第一代王和皇帝，公元前 203 年至公元前 137 年在位，号称南越武

乾隆二十五年（1760）春，乾隆皇帝在紫禁城午门隆重举行平定西域后的“献俘礼”，“十全武功”中的“平定回部”至此结束，清廷实现了对天山南北的控制。

平定回部
獻俘
圖首霍占
心素坦款
天閶理官
須試驃騎

王，或南越武帝。在位66年，执政71年，经营南越国81年，103岁去世。

第三，清代统治疆域最辽阔的皇帝。极盛之时，总面积达1300余万平方公里。乾隆二十四年（1759），乾隆皇帝平定西域以后的全国疆域如下：

北：蒙古唐努乌梁海地区，以及西伯利亚；

南：南海，包括“千里石塘、万里长沙、曾母暗沙”（西沙群岛、南沙群岛等南海岛礁）；

西南：西藏达旺地区、云南省的南坎、江心坡地区，以及缅甸北部；

西：咸海，以及葱岭地区（包括今新疆以及中亚巴尔喀什湖）；

东北：外兴安岭，包括库页岛；

东：东海；

东南：包括台湾岛、澎湖列岛。

此外，许多周边国家成为清朝的藩属国，包括：

东：李氏朝鲜、琉球；

中南半岛：安南（越南）、南掌（老挝）、暹罗（泰国）、缅甸；

西南：廓尔喀（尼泊尔）、哲孟雄（锡金）、不丹；

中亚和西亚：浩罕、哈萨克、布鲁特、布哈尔、山克、爱乌罕（阿富汗）；

南洋：兰芳共和国等。

乾隆时期，清朝国内辖地有一府、一京、十八省。一府：顺天府（北京）；一京：盛京（辖辽宁、吉林、黑龙江）；十八省：直隶（河北）、山东、山西、河南、江苏、安徽、江西、浙江、福建、湖北、湖南、陕西、甘肃、四川、广东、广西、云南、贵州。直属管辖之藩部：漠北蒙古、漠南蒙古、漠西蒙古、西藏、新疆等地。

第四，中国古代至乾隆时期统治人口最多的皇帝。清代人口统计较为复杂，清初实行口赋丁银税制时，在人口申报上常有隐瞒，奴隶、贱民等人并不计算在内，到了乾隆时期人口统计才较为准确。康熙九年（1670），全国人口数为1940万人，康熙六十年（1721），为2740万人，雍正八年（1730），为2550万人。雍正时，改行地丁合一税制，削除各地贱民。

乾隆时，实行保甲制度，严格实行户籍登记。乾隆六年（1741），人口数为14341万人。乾隆五十八年（1793），人口数为31328万人。

第五，中国古代至乾隆时期治理国家经济最繁荣的皇帝。顺治九年（1652）国库收入2428万两，康熙二十四年（1685）

为 3200 万两，乾隆三十一年（1766）为 4858 万两。

第六，中国古代纂修规模最大的文化丛书的皇帝。《四库全书》是一部乾隆年间完成的大型丛书，分经、史、子、集四部,故名四库。全书收录了 3500 余种古书，共计 7.9 万卷，3.6 万册，约 8 亿字，基本囊括了中国古代所有图书，故称全书。

第七，世界历史上写诗最多的皇帝。在世界史上，各个历史时期的各国君主之林中，著述最为丰富的皇帝，应首推乾隆皇帝。他宏富的著作包括《乐善堂全集》30 卷、《御制诗初集》44 卷、《御制诗二集》90 卷、《御制诗三集》93 卷、《御制诗四集》200 卷、《御制诗五集》89 卷、《御制诗余集》20 卷、《御制文初集》30 卷、《御制文二集》44 卷、《御制文三集》16 卷、《御制文余集》2 卷。乾隆皇帝作诗合计 43630 首，作文合计 1035 篇。乾隆个人诗文集如此数量庞大,是前所未有的。康熙年间编纂的《全唐诗》九百卷，收录唐代 300 年间 2529 位诗人的诗作 48900 余首。陈尚君先生《全唐诗补编》中，收录全唐诗诗人 3800 人的诗作 55730 首。乾隆皇帝一人之作，足可与全唐诗人的总诗作数相媲美。

第二部分

忠孝情仇帝王家

一　崇庆皇太后

崇庆皇太后半身像

孝圣宪皇后，钮祜禄氏，四品典仪凌柱之女。十三岁时，事雍正皇帝胤禛潜邸，号格格。康熙五十年（1711）八月十三日，生弘历，晋位侧福晋。雍正时，封熹妃，进熹贵妃。乾隆皇帝即位，以雍正皇帝遗命，尊为皇太后，居慈宁宫。《清史稿》记载："高宗事太后孝，以天下养，惟亦兢兢守家法，重国体。太后偶言顺天府东有废寺当重修，上从之。即召宫监，谕：汝等尝侍圣祖，几曾见昭圣太后当日令圣祖修盖庙宇？嗣后当奏止！宫监引悟真庵尼入内，导太后弟入苍震门谢恩，上屡诫之。上每出巡幸，辄奉太后以行，南巡者三（实为四——笔者注），东巡者三，幸五台山者三，幸中州者一。谒孝陵，狝木兰，岁必至焉。遇万寿，率王大臣奉觞称庆。"

乾隆十六年（1751），皇太后六十寿；二十六年（1761），七十寿；三十六年（1771），八十寿。历次庆典都十分隆重。《清史稿》记载："先期，日进寿礼九九。先以上亲制诗文、书画，次则如意、佛像、冠服、簪饰、金玉、犀象、玛瑙、水晶、玻璃、珐琅、彝鼎、艳器、书画、绮绣、币帛、花果，诸外国珍品，靡不具备。太后为天下母四十余年，国家全盛，亲见曾玄。四十二年正月庚寅，崩，年八十六。葬泰陵东北，曰泰东陵。初尊太后，上徽号。国有庆，屡加上，曰崇庆慈宣康惠敦和裕寿纯禧恭懿安祺宁豫皇太后。既葬，上谥。嘉庆中，再加谥，曰：孝圣慈宣康惠敦和诚徽仁穆敬天光圣宪皇后。”

从史书记载上看，崇庆皇太后钮祜禄氏，早年是雍亲王的妃子，康熙五十年（1711）农历八月十三日，在雍和宫生下了弘历，这是她一生中唯一的一次生育。雍正皇帝即位后，她被封为熹妃，继而晋升熹贵妃。雍正皇后死于雍正九年（1731），贵妃地位因而极尊。弘历即位后，按照雍正皇帝遗命，尊封母亲熹贵妃为皇太后，入主慈宁宫，在慈宁宫中生活了 42 年，终年 86 岁。

乾隆皇帝是大孝子，他对母亲的孝养称得上是帝王的典范。每天，他必到慈宁宫问安；每年三大节，他都要率王公大臣来到慈宁宫向太后致贺、行礼。太后天性仁慈，不喜战事，屡次劝阻皇帝减刑、罢兵，皇帝每次恭敬聆听，无不顺从。太后一度身体不适，乾隆皇帝立即前往，留宿慈宁宫数日，每天问安、尝药三次，直到太后病体转安。乾隆皇帝在御制诗中，这样描述：

亲诣慈宁问起居，曈曈曙色晓光舒。
承欢祇领徽音训，归路思维乐有余。

据说，太后的少女时期是在江南度过的。晚年之时，太后怀恋江南景物。乾隆皇帝四次恭奉太后南巡，就是满足太后的江南情怀。南巡时，乾隆皇帝都恭敬地侍奉着太后的銮舆，每到行宫，必朝夕问安。太后晚年时，喜欢住在皇家园林中，为了满足太后的江南情愫，乾隆皇帝特在清漪园内修建了一条苏州街，街道以及周围环境完全仿照苏州样式，开设店铺。太后非常喜欢，时不时前来苏州街，游赏街景，信步闲游，其乐融融。

崇庆皇太后八旬万寿图

崇庆皇太后七旬万寿时，
乾隆皇帝在慈宁宫为其捧觞起舞。

乾隆三十六年（1771）十一月，太后五世同堂，迎来了八十大寿。乾隆皇帝61岁，兴高采烈地向太后进奉大量珍宝器物。乾隆皇帝欢天喜地，在慈宁宫中为母亲举办了隆重的生日寿宴。宴席上，乾隆皇帝身穿彩衣，模仿天真烂漫的儿童，在母亲面前躬身起舞。随后，他捧着酒觞，跳着舞步，为母亲敬酒祝寿。接着，皇子、皇孙、曾孙、额驸等人，依次为太后献舞，进酒祝寿。天伦之乐，洋溢在皇家宫院。

乾隆皇帝的后妃们

二　庞大的妻群

皇帝是天，天为乾；皇后是地，地为坤，皇天配后土。中国从周代开始，就基本确立了六宫制度，规定：天子立一后，三夫人，九嫔，二十七世妇，八十一御妻。

中国历代的后宫中，美丽的女人成千上万，需不需要女人、何时需要女人，完全取决于皇帝。贪色的皇帝容易沉溺于美色之中，不能自拔，这样的结果就是短寿。懂得养生的皇帝则知道以阴补阳，御女以养生，从而能够健康长寿。

中国古礼的经典著作《礼记》中说："饮食男女，人之大欲存焉。"

清代的后妃制度，是从中国古代的宫廷制度发展而来的。清代的皇帝，是中国历史上最为节制的一群皇帝；但是，他们并不是禁欲者。清代皇帝也像中国历代的皇帝一样，都拥有众多的妻妾。入关前，清太祖努尔哈赤有 14 位后妃、清太宗皇太极有 5 位后妃。入关后，清圣祖康熙皇帝后妃之多为清帝之首，也是创中国历史上有名号后妃数量的最高纪录：共有 4 皇后， 3 皇贵妃， 1 贵妃，11 妃，8 嫔，10 贵人，9 常在，9 答应，共计 55 人。

乾隆皇帝有正式名号的后妃数量，仅次于康熙皇帝，有名号的达 41 人之多。具体如下。

3 位皇后：孝贤皇后富察氏、继后乌拉那拉氏、孝仪皇后魏佳氏；

5 位皇贵妃：慧贤皇贵妃高佳氏、哲悯皇贵妃富察氏、淑嘉皇贵妃金佳氏、纯慧皇贵妃苏佳氏、庆恭皇贵妃陆氏；

5 位贵妃：颖贵妃巴林氏、婉贵妃陈氏、

孝仪皇后半身像

慧贤皇贵妃半身像

纯惠皇贵妃半身像

淑嘉皇贵妃半身像

忻贵妃戴佳氏、愉贵妃珂里叶特氏、循贵妃伊尔根觉罗氏；

6 位妃：舒妃叶赫那拉氏、豫妃博尔济吉特氏、容妃和卓氏、惇妃汪氏、芳妃陈氏、晋妃富察氏、

6 位嫔：怡嫔柏氏、慎嫔拜尔噶斯氏、诚嫔钮钴禄氏、恭嫔林氏、仪嫔黄氏、恂嫔霍硕特氏；

12 位贵人：顺贵人钮钴禄氏、瑞贵人索绰络氏、鄂贵人西林觉罗氏、寿贵人柏氏、白贵人、金贵人、慎贵人、武贵人、新贵人、福贵人、秀贵人、禄贵人；

4 位常在：宁常在、张常在、揆常在、平常在。

后宫等级森严，对于后妃们的待遇有明确的规定，主要包括七大类：名号、玉牒、册宝、服色、宫分、铺宫、遇喜，她们死后，依据不同的身份，给予不同的待遇。

三　孝贤皇后

皇后的家族

乾隆皇帝的第一位皇后是孝贤皇后富察氏。富察氏是康熙、雍正、乾隆时代的禁卫世家，是根基深厚的满洲旺族，家族之中人才辈出，身居要职，地位显赫。富察氏曾祖名哈什屯，以军功授一等男爵。其祖父米思翰，康熙时期，官至户部尚书，执掌财政大权，富于远见，赞成康熙皇帝之见，以力主撤藩而名震天下，深得康熙皇帝的器重。其父李荣保，历任禁军护军参领、前锋营参领，官至察哈尔总管。后来，因其女儿为皇后，乾隆二年（1737），追封他为一等公。其大伯父马斯喀，历官上三旗侍卫、佐领、武备院卿、镶黄旗满洲副都统、内务府总管大臣，官至议政大臣、昭武将军。二伯父马齐、三伯父马武都是禁军首领，深受皇帝器重。尤其是马齐，康熙皇帝倚为股肱重臣，授武英殿大

孝贤皇后半身像

学士，赐御笔“永世翼戴”匾额。

马齐交游甚广，党羽众多，马武性格谨慎，忠厚勤勉。康熙皇帝以废除皇太子，大学士马齐、内大臣阿灵阿积极活动，暗中串通，想保举和拥立皇八子。康熙四十八年（1709）正月，康熙皇帝怀疑马齐怂恿众臣，谋立皇八子，大怒。马齐极力争辩，称自己绝无朋比怀私、结党勾结之事，话音一落，他竟然气愤之下，拂袖而去。康熙皇帝十分震怒，决定定马齐结党之罪，下令收捕马齐。结果，马武、李荣保兄弟受到株连。后来，康熙皇帝宽宥了马齐兄弟。康熙五十五年（1716），授予马齐武英殿大学士。康熙六十年（1721），授予马武镶白旗蒙古都统。

雍正皇帝即位，马齐为四位总理事务王大臣之一，任命马武为领侍卫内大臣，总管内廷禁卫。据朝鲜官方史料记载，康熙皇帝临终时，召大学士马齐至床前，面授圣谕：以胤禛为嗣皇帝，以弘历为皇太子。雍正四年（1726），马武死于任上，雍正皇帝十分悲痛，泪流满面，召集大臣，哭着对他们说：“马武，事我皇考五十余年，恪恭谨慎，事事能体皇考之心！朕幼时，伊抱扶服侍，备极小心。以臣子之情揆之，较宣力封疆、赞襄朝宁者更大，且胸怀坦白，性情和平。至于操守，不过交际之间不能一无所取，而枉法贪婪、作威作福，如阿灵阿、拉锡之所行，则伊所绝无！”

富察氏出生于这样的显赫世家，她的一生也极为显赫，非同寻常。

嫁入皇宫

雍正五年（1727）七月十八日，雍正皇帝为自己最为宠爱的皇四子弘历选婚，聘娶禁卫世家、禁军首领李荣保之女富察氏为正妻。婚礼很隆重，确定在紫禁城北部御花园西边之乾西二所举行。乾清宫东西两边，为东西十二宫，是宫中妃嫔居住之所。东西六宫北部，称为乾东五所和乾西五所。乾西二所，就是西六宫储秀宫以北、御花园以西的乾西五所中之第二所。弘历 12 岁时，禀赋过人，获得祖父康熙皇帝恩赏，奉旨入宫就读。从此，他和弟弟弘昼一起入住紫禁城中部、东六宫外的毓庆宫。雍正五年（1727），17 岁的弘历成婚，弘历奉旨从毓庆宫搬入乾西二所，自此以后，弘历和富察氏生活在这里，直到 9 年后，弘历登上皇帝宝座。弘历即位，为乾隆皇帝，将其嫡福晋富察氏册为皇后。

弘历即位以后，富察氏册立为皇后。皇后是大家闺秀，生活在宫中却十分朴

从延春阁眺望原乾西五所，这里曾是乾隆帝即位前生活的“潜邸”。

素，日常服饰，仅仅饰以通草绒花，很少佩戴珠宝翠玉。有一年秋天，乾隆皇帝到塞外行围，皇后侍驾。一天，乾隆皇帝对皇后谈及关外旧俗，说创业之初，物力维艰，百物难觅，皇祖衣饰不过取鹿尾绒毛而已！日常生活中哪有什么金银珠宝？回京后，皇后送给乾隆皇帝一个燧囊，竟然是用鹿尾毛缘边儿做成的，佩在身边，意在时时提醒皇帝，任何时候都不能忘记满洲祖先艰苦创业的历程。乾隆皇帝十分珍爱这件皇后亲手缝制的燧囊，无论何时一直佩带在身上。

乾西二所重华宫

皇后为人贤惠，办事公正，处事有条有理。在宫中，她心地仁厚，待下慈爱，

孝贤皇后亲手缝制的燧囊

对人宽怀，宫中上下无不称道皇后的贤德。最令乾隆皇帝感动的是，皇后非常孝敬崇庆皇太后，日常问安、视膳毕恭毕敬，从不草率。即使皇帝有时忙碌，有一些不周之处，皇后总能曲尽孝心，办得十分圆满。每年春节以后，皇帝总是接母亲前往圆明园长春仙馆，或者畅春园寿萱春永，每次都是由皇后陪同。皇后如此侍候皇太后，令乾隆皇帝非常满意。

富察氏嫁给弘历后的第二年，就生下了弘历的第二子。当时，身为祖父的雍正皇帝高兴，给孙子赐名永琏。但是，仅仅九年后的乾隆三年（1738）十月，皇二子永琏没有任何征兆就猝然病逝了。当初，这个嫡生之子降生之后，英俊、聪慧，弘历喜出望外，登基之初，他秘密立储，将其立为皇太子。没想到，正是英俊少年之时，突然夭折。皇子之死，对皇后是沉重打击。乾隆皇帝非常悲痛，为了安慰皇后，也为了安慰自己，特降圣旨，追封永琏为端慧皇太子。8 年后，乾隆十一年（1746 年），喜从天降：皇后第二次怀孕，转年的四月初八日，果然又生下了皇子，赐名永琮，排行第七，这真是一个大喜的日子，这一天，是佛诞之日，又恰逢京师久旱后的甘霖大沛！乾隆皇帝庆幸这个吉祥的日子，大喜过望，不禁挥笔吟诗《浴佛日复雨因题》：

九龙喷水梵函传，疑似今思信有焉。
已看黍田沾沃若，更欣椒壁庆居然。
（是日，中宫有弄璋之喜。）
人情静验咸和豫，天意钦承倍惕乾。
额手但知丰是瑞，颐祈岁岁结为缘。
（浴佛日，有结缘之俗。）

乾隆皇帝写完诗后，特地在诗后加上注解：是日，中宫有弄璋之喜。弄璋，典出《诗经》：乃生男子，载寝之床，载衣之裳，载弄之璋。后来，人们把生男称为弄璋之喜。佛诞日，中国许多地方有结缘之俗。乾隆皇帝年年祈盼，希望浴佛日善结喜缘。

第二年，又一个佛诞日，皇子永琮周

岁。正是春天盼雨时节，皇天不负所望，绵绵春雨，下了一天一夜。乾隆皇帝又是万分惊喜，叠去岁之韵，再赋新诗《浴佛日叠去岁韵》：

廉纤夜雨枕边传，天眷常承独厚焉。
饶有对时增惕若，那无抚节庆油然。
晬盘嘉祉徵图策，佛钵良因自竺乾。
（去岁，中宫生子。今日，适逢周晬。）
恰忆去年得句日，果然岁岁结为缘。
（浴佛日，有结缘之俗。去岁诗云："额手但知丰是瑞，颐祈岁岁结为缘"之句。）

乾隆皇帝感觉，"晬盘"一词，过于生涩、冷僻，特地在诗后加注：去岁，中宫生子，今日适逢周晬。浴佛之日，有结缘之俗，京城和宫中都有结缘活动。中宫生子，皇子周岁。大喜之日，乾隆皇帝心情愉悦，特地写《结缘》诗：

此日结缘日，借问缘为何？
如彼澄潭水，风过生微波。
波本无心生，风岂有意过？
曾闻佛经云，世界成娑婆。
茵席与粪溷，因果理则同。
大士解脱船，为渡痴爱河。
求解不可得，况复结网罗。
或缘弟子辈，踵事传其讹。
漫谓结善缘，世得度者多。
杨叶止啼儿，恐为恶之囮。

皇七子的降生，给乾隆帝夫妇带来欣慰，带来希望。从乾隆皇帝的这两首诗看，皇帝心情极好，他已经把江山社稷完全寄托在这个元后嫡子身上。

但是，好景不长。乾隆十三年（1748）二月初四日，紫禁城警卫森严，乾隆皇帝一身盛装，即将开始登极以来的第一次东巡，东巡之目的地，是至圣先师孔子的诞生之地曲阜故城，儒家的圣地。齐鲁大地，自古人杰地灵，曲阜又是孔子故里，是历代帝王十分尊崇的朝圣之所。康熙皇帝南巡时，特地回銮山东，亲临曲阜，恭恭敬敬地谒孔府，在青砖素瓦的殿庭之上，康熙皇帝对至圣先师孔子毕恭毕敬，行三跪九叩大礼。

乾隆皇帝敬仰祖父康熙皇帝，他发布的东巡圣谕中，申明东巡的首要目的，就是承继皇祖之志，谒孔庙以观车服礼器；亲奠孔林，一展长期以来对至圣先师孔子的敬慕之心。皇帝的车驾光临曲阜，行叩首大礼，以示尊孔崇儒。东岳泰山，近在咫尺，御驾自然要封禅泰山。乾隆皇帝在圣谕中特别强调，登泰山，是奉圣母皇太后懿旨。正当京师以及直隶、山东大小官员紧张忙碌，准备迎接皇帝东巡之际，宫中突然发生了重大变故，除夕之夜，正是千家万户辞旧迎新之际，不满两岁的皇七子永琮病危，最后，竟然因出痘而死！这是一个寒冷的春节，皇宫里没有一点喜庆气氛，一片死寂。皇后实在承受不了爱子再次夭折，几番挣扎，终于一病不起。乾隆皇帝强忍悲痛，破例赐永琮为悼敏皇子，命礼部从优隆重办理丧仪。

御驾东巡，这是乾隆皇帝以前就已确定了的。皇七子的突然变故，让皇宫顿时陷入了混乱。这时距离东巡启銮大约有一个月时间，侍臣们疑惑，御驾是否东巡？乾隆皇帝心情沉痛，茶饭不思，对于东巡也有点犹豫不决。皇帝最担心的还是皇后是否适宜东巡：其一，皇后一再遭受丧子之痛，致命打击让她神思恍惚；其二，皇后体质较差，连日寝食不安、茶饭不思，身体更加虚弱；其三，东巡路途漫漫，舟车劳顿，皇后可能承受不起。

这个时候，钦天监急奔皇宫，面奏乾隆皇帝："客星见离宫，占属中宫有眚。"离宫，是指皇帝正宫以外，临时居住的宫室，称为离宫。就天文上说，离宫，是星官名，指天上飞马座六颗星宿。离宫对应的，就是皇帝后宫。《宋史》称："离宫六星，两两相对为一座，夹附室宿上星，天子之别宫也。"钦天监官员观察，乾隆十三年年初，新旧年交替之际，一颗奇异客星出现在离宫六星之中，忽明忽暗，晦气笼罩。从星象上说，这是天象示警，是中宫险象之预兆，预示皇后将大祸临头。乾隆皇帝通晓天文，对于上天示警，他十分警惕，细致筹划。皇帝考虑，一方面，要化解凶险，让后宫逢凶化吉；一方面，要体贴入微，让皇后心神安宁。皇帝派使四出，祭祀山川河渎。同时，他选派宫中最好的御医，会诊号脉，确诊病情，悉心照料，侍候汤药，调理饮食。皇帝经常看望皇后，多方宽慰她，一再厚赏宫中珍宝。皇后身体日渐好转，精神不错。这时，皇后对乾隆皇帝说："这次东巡早已诏告天下，是皇上奉皇太后出巡。皇上日理万机，一路上，侍奉圣母，承欢膝下，则是吾之本分，非吾莫属。"最后，皇后诚恳地说："躺在床上，多次梦见碧霞元君。已许下一愿，病愈后，一定亲往泰山，致祭还愿。"

乾隆皇帝知道，碧霞元君，是泰山神女。宋真宗时，皇帝下令在东岳泰山顶上，建造昭应祠，正式封她为天仙玉女、碧霞元君。明代以后，在泰山建祠，改称为碧霞灵应宫。乾隆皇帝答应了皇后的还愿之请，决定带皇后东巡，一起瞻礼碧霞灵应宫。御驾东巡就这样确定了下来。然而，东巡前夕，乾隆皇帝仍然感到心烦意乱。二月初三日，他的愁绪无以排遣，就依唐人韵写下了一组长诗，其中，第十九首诗写道：

记得分离日，相期不日还。
如何一契阔，长此望边关！

溘然崩逝

乾隆十三年（1748）二月初四，是钦天监择定的东巡吉日。吉日良辰，乾隆皇帝一身盛装，后妃簇拥，御驾启行。皇帝车驾从京师出发，前面是骑驾卤簿、亲军侍卫。皇帝端坐在龙轿之中，随后是皇太后、皇后与妃嫔的銮舆，以及随驾王公大臣、文武百官。留京王公大臣、文武官员一身礼服，在御园跪送。

到曲阜后，皇太后、皇帝、皇后一行一边前行，一边赏景，先到玉皇庙拈香行礼，然后到朝阳洞、碧霞宫、东岳宫、青帝宫、玉皇顶瞻礼，几乎所有重要寺庙宫观，都要拈香祭拜。特别是在碧霞元君宫，乾隆皇帝和皇后恭敬致祭，流连忘返。当天晚上，皇帝一行入住泰山极顶。乾隆皇帝不知疲倦地望着满天星斗，铺纸挥毫，写下了《夜宿岱顶》诗：

攀跻凌岳顶，仆役亦已劳。
行宫恰数宇，旧筑山之坳。
迥与天为邻，滃然云作巢。
依栏俯岱松，凭窗盼齐郊。
于焉此休息，意外得所遭。
恭诵对月诗，徘徊惜清宵。
（皇祖有岱顶对月诗。）
傍晚云雾收，近霄星斗朗。
仙籁下笙竽，天花入帷幌。
神心相妙达，今古一俯仰。
始遇有宿缘，初地惬真赏。
清梦不可得，求仙果痴想。

第二天清晨，乾隆皇帝早早起床，偕皇后来到十八盘，恭候皇太后起床。然后，他们相携着一起来到日观峰，观赏泰山日出。夜色之中，山峦黑黝黝的，看不到边际。山风阵阵，寒气袭人。广袤的天空一片冷寂，星光闪闪。东方开始泛白，如鱼肚一般地天边白色一点点扩大，渐渐笼罩着整个东边的山野和天际。突然，从天际深处，霞光万道，由橘红、到鲜红到紫红，红光不断扩展，在一片云雾之中，一轮红日喷薄而出。乾隆皇帝热血沸腾，皇后眼含泪水，热血奔涌。

离开泰山，御驾一行前往济南。三月初三，清晨，新雪，初晴。三月初春，风和日丽，良辰美景。远处山峰隐约，一片青黛。微雪过后，天空蔚蓝如洗。眼前花屋菜畦飘香，一垅垅青苗迎风招展。乡村小镇，竹篱茅舍，仿佛江南情景。乾隆皇帝心情舒畅，骑在马上，出口吟诗一首，成《上巳》诗：

又值佳辰三月三，春光马上好吟探。
云中隐约山含黛，雪后熹微天蔚蓝。
花屋菜畦围郭外，竹篱茅舍学江南。
兰亭即景思临本，肥瘦诸家未易谙。

雪后，天空澄澈，浩宇无云。虽然春寒料峭，但天地广阔，空气清新。乾隆皇帝心情愉快，诗意盎然。然而，经过长途奔波的劳顿，身体虚弱的皇后受到山上风寒，终于承受不住，一病不起。皇帝闻讯，十分震惊，吩咐立即前往济南府，驻跸行宫，调养皇后的身体。行宫位于济南大明湖北，紧邻山东巡抚衙门。行宫建筑巍峨，殿宇宽敞，风景优美。

三月初四，皇后刚刚安顿下来，御医随后奉旨赶到，立即会诊号脉，紧张忙碌。驻跸济南四天，皇后病情略有好转。四天中，皇帝忧心如焚，但表面上，他非常安静，恭奉皇太后游览趵突泉、千佛山，拜谒舜庙，泛舟大明湖，检阅济南、青州、兖州八旗兵。检阅时，皇帝临御校场，亲挽弓矢，箭无虚发，每箭都射中靶心。

三月初七，是日清明节，乾隆皇帝依然没有回銮之意。随扈大臣、山东巡抚阿里衮等人侍从皇帝再游趵突泉。皇后知道，皇上为了照顾自己，推迟回銮。皇后深明大义，不愿意因为自己耽误国家大事，特别不忍心累及皇太后，拖累皇帝。于是，皇后一再催促，请求回銮。三月初八，圣驾奉皇太后，从山东回銮，先从济南前往德州。

按照预定计划：从京师启程，东行济南，三十天，陆路行程；回銮时，从济南到德州，从水路登船，经运河回京。皇后虚弱，乾隆皇帝觉得，前往德州，从水路坐船回京，可能舒服些。经过四天徐行，从陆路经沿途驿程，来到德州。

三月十一日午时，皇太后、皇后来到

运河边上，登上停泊在河中的御舟。随后，乾隆皇帝驾临德州，来到月城水次。一个月前，刚路过这里时，柳梢才染新绿，仅仅一个月，德州运河两岸早已绿树成荫，春意盎然。乾隆皇帝诗兴大发，在御舟青雀舫上，欣然赋诗《登舟》：

载登青雀舫，初试白云程。
入画看春景，匀然听水声。
岸杨烟外袅，沙鸟渚边鸣。
极目烟波意，诗裁亦觉清。

夕阳西下，晚霞如血。德州月城下，运河两岸，跪满山东、直隶等文武官吏，恭送圣驾。这时，皇后的病势急速恶化。戌末时分，皇后神志昏迷。亥刻，便匆匆离开了人世。皇太后闻讯，泪流满面。皇后所生皇长女早殇，皇三女是皇后亲生第二女，皇室家中，女子排行第三，封和敬公主。皇三女悲痛欲绝，泣不成声。太后、皇帝相互安慰，潸然泪下。当夜，庄亲王允禄、和亲王弘昼奉旨，恭奉皇太后凤舟缓慢回京。军机大臣等草拟上谕，明告天下，皇后崩逝于德州水次。

三月十二日，乾隆皇帝心情沉痛。他和孝贤皇后相处，从新婚开始，一愰就是22年，富察氏做皇后整整13年。仿佛一场春梦，偏偏结束在旅行岸边。皇后的音容笑貌若隐若现，皇后的功德孝心历历在目，这春光好景，却如同寒冬之夜。人生刚半百，想不到阴阳永隔，不知何日才会相见？想起对坐相谈时的情景，不禁泪流满面。皇后去了，两个皇子早早夭折。心中痛楚，黯然伤悲！在停泊运河的青雀舫上，乾隆皇帝含泪写下了哀悼大行皇后的挽诗：

恩情廿二载，内治十三年。
忽作春风梦，偏于旅岸边。
圣慈深忆孝，宫壸尽钦贤。
忍诵关雎什，朱琴已断弦。
夏日冬之夜，归于纵有期。
半生成永诀，一见定何时？
袆服惊空设，兰帷此尚垂。
回思想对坐，忍泪惜娇儿。
愁喜惟予共，寒暄无刻忘。
绝伦轶巾帼，遗泽感嫔嫱。
一女悲何恃，双男痛早亡。
不堪重忆旧，掷笔黯神伤！

三月十二日，即大行皇后崩逝的次日，即向全国公布了噩耗，诏旨曰：

孝贤皇后生前居住的长春宫

长春宫内景

皇后同朕奉皇太后东巡，诸礼已毕。忽在济南，微感寒疾，将息数天，已觉渐愈。诚恐久驻劳众，重廑圣母之念，劝朕回銮。朕亦以朕疴已痊，途次亦可将息，因命车驾还京。今至德州水程，忽遭变故。因念大行皇后，乃皇考恩命作配朕躬，二十二年以来，诚敬皇考，孝奉圣母，事朕尽礼，待下极仁，此亦宫中、府中所尽知者。今在舟行，值此事故，永失内佐，痛何忍言！昔古帝王尚有因巡方而殂落在外者，况皇后随朕事圣母膝下，仙逝于此，亦所愉快。一应典礼，至京举行。布告天下，咸使闻知。

死后丧礼

三月十六日正午，大行皇后梓宫收拾停当，由水路启程，暂奉通州芦殿。在京王公以下，文武大臣三品官以上，以及诸位皇子，身穿丧服，齐集芦殿，举哀行礼。然后，皇后梓宫从通州芦殿出发，前往皇宫。一路上，皇子、皇后亲戚，扶掖梓宫两旁，悲伤痛哭，随行回京。大约傍晚时分，大行皇后灵驾缓缓进入北京，前往朝阳门。在京四品以下文武官员，一身缟服，分班按次在朝阳门跪迎；公主、王妃、达官命妇，以及内务府佐领、内管领下女眷，分别于东华门内，以及储秀宫外，素服跪迎。

大行皇后梓宫庄严肃穆，由朝阳门启行，缓缓进入皇宫东华门。进入东华门后向北，到宁寿宫宁寿门向西，进入苍震门，由东六宫到西六宫之长春宫，恭敬地安奉于正殿，摆设灵堂。乾隆皇帝早已回宫，一身素服，来到灵堂，看望大行皇后。皇子们披麻戴孝，在灵前酹酒。总理丧仪王大臣上奏，依照古礼，举国至丧：皇帝服缟，辍朝九日；循古以日易月之制，服缟二十七天；妃嫔、皇子、公主服白布孝服，皇子截发辫，皇子福晋剪发；亲王以下，有顶戴满汉文武大臣，一律百日之后，才许剃头；停止一切婚嫁、典礼，以及娱乐活动二十七天；京城之中，所有军民，男去冠缨，女去耳环。

总理大行皇后丧仪之总理王大臣经过反复思考，决定投皇上之好，突破祖例，提高大行皇后丧仪规格。他们巧妙援引先朝《大明会典》所载皇后丧仪，联衔上奏皇帝，丧仪宜隆。他们特别恭请：外省治丧，一律依照京师丧仪。乾隆皇帝和大行皇后感情很好，皇后正位中宫，母仪天下，孝慈仁爱，赢得一片赞誉。皇后正当盛年，忽然崩逝，正是四海同哀之日，乾隆皇帝内心悲痛之时，总理王大臣之请，乾隆皇帝自然允准：各省文武官员，自奉到圣谕之日起，摘除冠顶红缨，齐集公所，哭临三日；一百日内，不准剃头；穿戴服孝，二十七日，停止嫁娶、娱乐；普通军民，摘冠缨七日，七日内不许嫁娶，不许作乐。

乾隆皇帝晓谕礼部：大行皇后，谥为孝贤皇后，所有应行典礼，照例奏闻。《大清会典》规定，皇帝崩逝，所上庙号、尊谥，由大学士偕九卿、科道等会议上奏，所议定之字，奏请嗣皇帝钦定，颁示天下；后妃以及王大臣，凡应赐谥者，由大学士酌拟合适字样，奏请皇帝钦定。乾隆皇帝不用大学士拟定，径自降旨，赐大行皇后谥号为孝贤，这是前所未有的。

据称，孝贤二字，是皇后生前请求赐谥之字：早在乾隆十年（1745），乾隆皇帝宠爱的慧贤皇贵妃高佳氏去世，为高佳氏赐谥时，皇后在一边，十分伤感，曾郑重地对乾隆皇帝说："日后，我走了，请以'孝贤'为谥，可乎？"乾隆皇帝应允，怆然落泪。皇后谥孝贤，实至名归：皇后对母孝，对夫贤，对臣民慈。孝贤二字，最为贴切。

册谥之日，皇帝一身素服，亲临太和门，遣正使庄亲王允禄、副使平郡王福彭，前往孝贤皇后灵前，恭行册谥礼。大行皇后梓宫停放在长春宫。乾隆皇帝几乎每天前往长春宫，在皇后灵前烧香奠酒，寄托哀思。三月二十五日，大行皇后梓宫隆重移殡于景山观德殿。移殡之日，乾隆皇帝亲临殿中，酹酒祭祀。初祭礼、大祭礼、满月礼、百日礼，以及孝贤皇后梓宫暂奉东直门外静安庄之暂安礼、周年礼、二年礼等等，乾隆皇帝满怀思念和悲伤，一定

裕陵在乾隆皇帝下葬前，清宫曾称之为“孝贤皇后陵”。

裕陵宝顶下，埋葬着乾隆皇帝、孝贤皇后与其他四位后妃。

亲临致祭。乾隆十七年（1752）冬，东陵胜水峪皇后地宫工程告竣。乾隆皇帝亲自护送大行皇后梓宫，奉安于胜水裕地宫宝床之上。

皇后丧满百日时，乾隆皇帝特降谕旨，诏告天下：“朕以孝贤皇后情谊隆重，固天下臣民所共知，而经纪丧仪，从不肯以一毫私意，稍紊典常。”乾隆皇帝和孝贤皇后，确实情谊甚隆。孝贤皇后梓宫移殡观德殿，皇帝感怀伤痛，悲苦无比。痛定思痛之后，在悲伤之中写下了一首《大行皇后移殡观德殿感怀追旧情不自禁再成长律以志哀悼》，寄托自己的哀思。从诗句之中，能够感觉到皇帝对皇后的一往情深与刻骨的悲痛：

凤圉逍遥即殡宫，感时忆旧痛何穷。
一天晶色含悲白，三月山花作恶红。
温凊慈闱谁我待？寂寥椒寝梦魂通。
因参生死俱归幻，毕竟恩情总是空。
廿载同心成逝水，两眶血泪洒东风。
早知失子兼亡母，何必当初盼梦熊！
……

在另一首题为《梦》的诗中，乾隆皇帝写道：

其来不告去无词，两字平安报我知。
只有叮咛思圣母，更教顾复惜诸儿。
醒看泪雨犹沾枕，静觉悲风乍拂帷。
似昔慧贤曾入梦，尚余慰者到今谁？

孝贤皇后走了，给乾隆皇帝留下无限伤痛。初夏时，皇帝来到圆明园，景色依旧，佳人仙去！乾隆皇帝挥笔写下“榭柳台花依旧荣，触怀无处不伤情！”的诗句。微雨后，皇帝独幸瀛台，潸然泪下，又留下了“孑然或暂来，怆尔独延伫。”的叹谓。天空澄澈，明月朗朗，皇帝相思惆怅，含泪抒怀：“同观人去遥，玉轮依旧朗……嫌人称结发，嗟我失齐眉。”

38岁的乾隆皇帝满怀忧伤，早生华发。他看着镜中的自己，霜华如雪，不禁感慨时光飞逝，浮生若梦、世事如棋！孝贤皇后丧满百日，乾隆皇帝饱蘸笔墨，满含泪水，感情真挚地写下了《述悲赋》：

乾隆十有三年春，车驾幸山左，礼成返跸。皇后以三月十有一日，崩于德州舟次。星夜解维兼程，旋轸归殡于长春宫，奉迁于观德殿。丧仪有制，时日如流。触绪增悲，非文奚述。感孙楚除服之篇，效潘岳悼亡之作，用缘情而遣藻，聊写恨于哀弦。

乾隆十五年（1750）八月十三日，是乾隆皇帝四旬万寿。万寿节这天，乾隆皇帝亲往慈宁宫，给皇太后行礼问安。然后，皇帝一身礼服，临御太和殿，接受文武百官朝贺。在乾清宫，皇帝设家宴，宴请近支王公大臣，由皇子皇孙陪同。每逢佳节，倍思亲人。此时此刻，乾隆皇帝不忘三年前，皇后在德州水次的怆然一别！

乾隆十六年（1751）三月十一日，是孝贤皇后三周年忌日。乾隆皇帝南巡江浙，这一天，乾隆皇帝、那拉皇后恭奉皇太后，驻跸杭州圣因寺行宫。在行宫中，乾隆皇帝思念孝贤皇后，不忘孝贤皇后的贤惠、功德，静坐窗前，铺纸挥毫，写诗悼念已故皇后，以行楷漫书《三月十一日作》：

是日，为孝贤皇后三周忌辰。兹以恭奉皇太后南巡，不得亲至静安庄酹酒。虽预祭以伸哀，更临期而余痛。北云遥望，七字因成：

独旦歌来三忌周，心惊岁月信如流。
断魂恰值清明节，饮恨难忘齐鲁游！
岂必新琴终不及，究输旧剑久相投。
圣湖桃柳方明媚，怪底今朝只益愁。

自从孝贤皇后陪同乾隆皇帝东巡济南、在德州御舟去世以后，乾隆皇帝每当进入山东境，特别是到达德州时，总会想起孝贤皇后，怀念这位结婚22年的元配妻子。最为奇怪的是，从此以后乾隆皇帝再也不愿进入济南城。乾隆三十年（1765）

正月十六日，乾隆皇帝奉皇太后从京城启銮，开始第四次南巡。那拉皇后以及令贵妃、庆妃、容嫔等后妃人等，奉旨随行。途经山东时，乾隆皇帝下旨，过济南府城而不入。在此之前，乾隆皇帝多次南巡，或者朝圣，或者祭祖，但多次过济南，都是绕城不入。乾隆皇帝过济南城而不入，侍臣们迷惑不解。这一次南巡，侍臣们从皇帝怀念皇后的御制诗和注解中，方才明白了皇帝不入济南城原来是因为难以抚平的心中之痛：

四度济南不入城，恐防一入百悲生。
春三月昔分偏剧，十七年过恨未平。
排遣闲情历村墅，殷勤正务祝宁盈。
明朝便近方山驻，秀色遥看云表横。

南巡期间，只要是经过德州、济南，以及三月十一日孝贤皇后的忌日，乾隆皇帝都会思念已故皇后，写诗述怀。末次南巡以后，乾隆皇帝依然写诗赋词，怀念孝贤。乾隆五十五年（1790）春天，乾隆皇帝在孝贤皇后陵前，写诗一首：

三秋别忽尔，一晌奠酸然。
追忆居中闸，深宜称孝贤。
平生难尽述，百岁妄希延。
夏日冬之夜，远期只廿年。

乾隆六十年（1795），85 岁高龄的乾隆皇帝拜谒东陵祭祖。随后，亲往孝贤皇后陵前拈香敬酒。举目四望，荒草萋萋。乾隆皇帝十分伤感，赋诗一首：

本欲驱车过，矫情亦未安。
三杯不妨酹，四岁又云寒。
松种老鳞长，云开碧宇宽。
齐年率归室，乔寿有何欢？

第二年，乾隆皇帝禅位，尊为太上皇，这一年为嘉庆元年。春日，太上皇携子皇帝颙琰再次来到孝贤皇后陵前，敬酒祭拜。山陵依旧，松涛如歌。乾隆皇帝感慨万千，不禁写道：

吉地临旋跸，种松茂入云。
暮春中浣忆，四十八年分。
（太上皇自注：孝贤皇后，于戊辰三月十一日大故，偕老愿虚，不堪追忆。自戊辰至今，已四十八年矣。）
携叩新皇帝，酹觞太上君。
母应以子贵，名正顺言欣。

（令懿皇贵妃为子皇帝生母，从前殡入地宫，即令近祔孝贤皇后之侧。今伊子绍登大宝，晋册为孝仪皇后，正春秋母以子贵之义也。）

四　断发国母

乾隆皇帝的第二任皇后是乌拉那拉氏（1718–1766），名不详。《清史稿·后妃列传》中，称她为“皇后乌拉那拉氏”。史学界通称她为“那拉皇后”，或者“乾隆继后”。

那拉氏出身于满洲上三旗之镶黄旗，是佐领纳尔布之女。她生于康熙五十七年（1718）二月初十日，小乾隆皇帝7岁。雍正年间通过选秀，指定给宝亲王弘历，为侧福晋。乾隆初，封为娴妃。乾隆十年（1745），晋封娴贵妃。乾隆十三年（1748），孝贤皇后去世。乾隆十四年（1749），晋为皇贵妃，统摄六宫事。乾隆十五年（1750）

《塞宴四事》图上，前排被众妃嫔簇拥着的那拉皇后（面部被涂改）。

八月初二，乾隆奉皇太后懿旨，正式册立那拉氏为皇后。乾隆三十年（1765）正月，乾隆皇帝第四次南巡，奉旨随驾。闰二月十八日忤旨削发，失宠，提前遣送回京。五月十四日，降旨收缴历次册宝夹纸。乾隆三十一年（1766）七月十四日薨，下旨以皇贵妃礼葬。实际上，丧仪仅以最低规格草草了事。生皇十二子永璂、皇十三子永璟和皇五女。

乌拉那拉氏还是辉发那拉氏

关于清宫对那拉氏的历次册封，据《清实录》记载：

持节册封庶妃那拉氏为娴妃。册文曰：朕惟教始宫闱，式重柔嘉之范。德昭珩佩。聿资翊赞之功。锡以纶言。光兹懿典。尔庶妃那拉氏……

持节册封娴妃那拉氏为贵妃。册文曰：朕惟化起璇闺，克佐肃雝之范。劳襄椒掖。聿彰淑慎之声。爰考彝章。式颁纶綍。咨尔娴妃那拉氏……

持节册封皇贵妃那拉氏为皇后：上御太和殿，宣制。命大学士、公傅恒为正使，大学士史贻直为副使。持节赍册、宝，册立，摄六宫事皇贵妃那拉氏为皇后。……皇后之父讷尔布，追封为一等公。遣官致祭，造坟立碑如例。妻，封为公妻一品夫人。以其孙纳苏肯，袭一等侯。

从史料可知，皇后那拉氏，其父名讷尔布，其侄名纳苏肯。再据《钦定八旗通志·卷十六》记载：

镶蓝旗满洲第三参领第一佐领，系国初以辉发地方来归人丁编立，始以莽库管理。莽库故，以纛章京德尔德赫管理。德尔德赫故，以其子护军参领博伯尼管理。后，复以莽库之子罗和管理。罗和故，以其子罗多管理。罗多升任右卫护军参领，以其弟讷尔布管理。讷尔布因病辞退，以其子讷礼管理。讷礼故，以其子讷苏肯管理。现改为公中佐领，以扎兰泰管理，续以达冲阿管理。达冲阿故，以达忠阿管理。

又，《八旗满洲氏族通谱》记载：

莽科，镶蓝旗人，王机砮之孙也，世居辉发地方。国初，率兄弟及同里人等来归，编佐领使统之。其孙罗和，原任副都统。曾孙罗多，原任护军参领。讷尔布，原任佐领。元孙萨赉、四格、讷理，俱原任佐领。

武德，现任佐领。四世孙札拉芬，原任佐领。六十八，现任佐领。

由此可知，皇后那拉氏是辉发国贝勒王机砮的后代。其祖上归于清室之后，编入镶蓝旗，世袭四品佐领一职。

综上所述，那拉皇后，原为镶蓝旗，其世系脉络为：莽库（或作莽科）—罗和（皇后的爷爷）—罗多（皇后的伯父）、讷尔布（皇后之父）—讷里（皇后的兄弟）—纳苏肯（皇后的侄子）。所以那拉皇后为辉发那拉氏，而非乌拉那拉氏。

南巡变故，突遭废黜

乾隆三十年（1765）正月，乾隆皇帝第四次南巡，那拉皇后奉旨侍驾。陪同南巡妃嫔有令贵妃魏佳氏、庆妃陆氏、容嫔和卓氏。南巡初期，一切正常，乾隆皇帝情绪稳定，后妃们游览尽兴。二月初十，乾隆皇帝设宴，为那拉皇后庆祝四十八岁千秋节。此后他们一行进入了杭州境，对于那拉皇后来说，杭州此行，是其一生的重大转折，她的皇后身份以及此后的荣华富贵，就终结在这座历史名城。

从保存至今的清宫档案对帝后众人在杭州的膳食记录中，我们发现了这期间宫中发生重大变故的痕迹。我们将《乾隆三十年江南节次膳底档》从闰二月初九日至十八日前后十天的帝后膳食记录作一简要罗列，以便于读者对这几天的宫中变故有一较清晰的认识。大致如下：

闰二月初九日，卯初二刻，请驾，伺候：冰糖炖燕窝一品。卯正一刻，顺河集行宫进早膳。

闰二月初九日，未正。林家庄大营进晚膳。上进毕，赏皇后丸子烧白菜一品；令贵妃锅烧白菜一品；庆妃糟肉糟火熏一品；容嫔羊渣古一品。

闰二月初十日，卯初一刻，请驾，伺候：冰糖炖燕窝一品（用照常茶盘）。卯正三刻，林家庄大营进早膳，用折叠膳桌摆：燕窝红白鸭子南鲜热锅一品，炒鸡片肉炖菠菜豆腐一品（五福珐琅碗），清蒸鸭子糊猪肉攒盘一品，羊肉丝一品，小南桃小立桃一品，五福捧寿桃一品，孙泥额芬桃白糕桃一品（黄碗），银葵花盒子小菜一品，银碟小菜四品。皇后进菜四品。随送：鸡丝下面进一品（系皇后进）。老米水膳一品（汤膳碗寻常珐琅描金碗盖）。上进毕，赏用。

闰二月初九日，阿里哈达、傅恒传旨：

明日晚膳，陈家庄行宫赏人饭食。钦此。

闰二月初十日，未正。上至宫门升座，茶膳房大人（五福、福隆安）送上进奶茶。赏奶茶毕，传膳。陈家庄行宫宫门前，进晚膳，用折叠膳桌摆：清蒸鸭子火熏炖白菜一品（八仙碗），春笋脍糟火熏鸭子一品，春笋野鸡沫一品（此二品五福珐琅碗）。春笋糊猪肘子一品，火熏加线猪肚一品。山药炖肉一品。攒碗藕脍一品（此四品铜胎珐琅碗）。后送：春笋爆炒鸡一品，炒鸡春笋炖豆腐一品，蒸烧肥鸡油串野鸡攒盘一品，小南桃小立桃一品，枣尔糕桃老米面糕桃一品，鸭子馅包子一品（黄盘），银葵花盒小菜一品，银碟小菜四品。赏皇后等位。钦此。

闰二月十七日，未正一刻，天宁寺行宫西边花园升宝座，茶膳房大人五福、福隆安送上进奶茶，赏奶茶毕，传膳。花园进晚膳，上进毕，赏皇后白菜一品；令贵妃藕脍一品；庆妃鸭子一品；容嫔折尖一品。随行史官记载："备极欢洽"。

闰二月十六日，西湖行宫进晚膳，赏皇后油边白菜一品，令贵妃羊肉一品，庆妃撺鸭子一品，容嫔攒盘肉一品。夜宵，皇帝赏皇后爆肚子一品，令贵妃酸菜丝一品，庆妃豆豉鸡一品，容嫔茄干一品。当晚，奏事处太监秦禄传旨：明日早膳，凤凰山侍候。

闰二月十七日，凤凰山进早膳。赏皇后炖豆腐一品，令贵妃攒盘肉一品，庆妃松子肉一品，容嫔羊肉丝一品。西湖行宫进晚膳。皇太后赐杂脍一品，卤煮锅烧羊肉一品，发面火烧一品。传旨，苏州厨子做蒸窝脍五香鸭子一品。皇帝赏皇后杂脍一品，令贵妃攒盘肉一品，庆妃鸭羹一品，容嫔羊渣古一品。夜宵，赏皇后熏炸板筋一品，令贵妃鸡蛋糕一品，庆妃拌鸡一品，容嫔拌老虎一品。

闰二月十七日，奏事处太监秦禄传旨：明日早膳，蕉石鸣琴伺候。

闰二月十八日卯初请驾，辰初，蕉石鸣琴早膳。赏皇后攒盘肉一品；令贵妃拆肉一品；庆妃燕窝丸子一品；容嫔羊肉片一品。

蕉石鸣琴早膳后，档案中再也没有提到皇后二字，当天晚上进晚膳时，那拉皇后没再露面。晚膳后，档案记载赏赐陪同进晚膳的令贵妃魏佳氏白菜一品；庆妃陆氏莲子鸭子一品；容嫔和卓氏爆炒鸭子一品。闰二月十八日，乾隆皇帝派和硕和嘉公主额驸福隆安率领侍卫，将皇后由水路先期送回北京。

南巡结束，乾隆帝回到京师后，即下令收回那拉皇后手中的四份册宝：皇后一份、皇贵妃一份、娴贵妃一份、娴妃一份。一代皇后，收回四份册宝，等于被废。随后，大量裁减她身边的佣人。七月份，那拉皇后身边，只剩两名宫女。回京后的那拉皇后往日的优容被一笔勾销，终于忧郁成疾，于乾隆三十一年（1766）七月十四日去世。

宫中究竟发生了什么事？那拉皇后为何遭逢如此重大变故？

按照乾隆皇帝事后的说法，皇后是剪发，犯大不敬、大不孝罪，国俗不容。有人说，皇帝是因为那拉皇后人老色衰，而招致废黜。对此，乾隆帝予以驳斥：

孝贤皇后崩逝时，因那拉氏本系朕青宫时皇考所赐之侧室福晋，位次相当，遂奏闻圣母皇太后，册为皇贵妃，摄六宫事。又越三年，乃册立为后。其后，自获过愆，朕仍优容如故。乃至自行剪发，则国俗所最忌者，而彼竟悍然不顾。然朕犹曲予包含，不行废斥。后因病薨逝，只令减其仪文，并未降明旨，削其位号。朕处此事，实为仁至义尽。且其立也，循序而进，并非以爱选色升。及其后自蹈非理，更非因色衰爱弛！”

很显然，这是乾隆帝的一面之词。真假如何，无从得知。帝后反目，版本众多。其中，流传最广的有二说：江南猎艳说、宠妾灭妻说。

江南猎艳说

乾隆皇帝是风流天子，六次南巡的目的之一，是贪恋江南美景、美色。据说，他南巡之时曾在清江浦得到女伶昭容，带在身边。后来特命用钿车锦帷送回扬州，皇帝赏赐她玉如意、粉盝、金瓶、绿玉簪、赤瑛、玉杯、珠串等。还有女伶雪如，美貌多姿，收入黄幄，颇受眷顾。事后，雪如特地在自己的上衣肩头，绣上一条小团龙，对人说皇帝用手抚摩过她的肩膀，特绣小龙，以志宠异。那拉皇后随乾隆帝南巡来到杭州。一日深夜，皇帝换便服登岸寻欢作乐，然后带着美女回宫被皇后撞见。皇后再三劝谏，甚至哭泣苦谏，皇帝不听，反而污蔑皇后精神异常，结果被遣送回京。

宠妾灭妻说

在事后严谱文字狱案中，严谱供词称：

“三十年，皇上南巡，在江南路上先送皇后回京。我那时在山西本籍，即闻得有此事。人家都说皇上在江南要立一个妃子，纳（那拉）皇后不依，因此挺触，将头发剪去。这个话说的人很多……”

也有人认为“宠妾灭妻”中的“妾”实际上指的是令贵妃魏佳氏，南巡时，皇太后、皇帝想晋封令贵妃为皇贵妃，那拉皇后却强烈反对，不惜在皇太后面前以削发为尼相威胁。故而招致帝后的反目。

乾隆三十一年（1766）七月十四日，那拉氏去世。第二天，正在木兰狩猎中的乾隆皇帝发布了上谕，对皇后被废一事又有所阐述：

据留京办事王大臣奏，皇后于本月十四日未时薨逝。皇后自册立以来，尚无失德。去年春，朕恭奉皇太后巡幸江浙，正承欢洽庆之时，皇后性忽改常，于皇太后前不能恪尽孝道。比至杭州，则举动尤乖正理，迹类疯迷。因令先程回京，在宫调摄。经今一载余，病势日剧，遂尔奄逝。此实皇后福分浅薄，不能仰承圣母慈眷、长受朕恩礼所致。若论其行事乖违，即予以废黜，亦理所当然。朕仍存其名号，已为格外优容。但饰终典礼，不便复循孝贤皇后大事办理。所有丧仪，止可照皇贵妃例行，交内务府大臣承办。著将此宣谕中外知之。

这道谕旨主要说了四点：第一，南巡江浙时，皇后突然发狂，在皇太后面前失礼；第二，到达杭州时，皇后突然发疯，冒犯皇太后；第三，废除皇后，理所当然，但是，仍存名号；第四，皇后病逝，是自己福分浅薄，丧事按皇贵妃规格办理。

乾隆皇帝派遣那拉氏儿子皇十二子回京奔丧，负责料理其母亲丧事。虽然乾隆皇帝吩咐按照皇贵妃例办理，但是所有办事人员对此都草草行事。实际上，皇后的丧礼远远没有皇贵妃一级应有的待遇。

按照清宫的规定皇贵妃丧仪，每日应

那拉皇后与纯惠皇贵妃“共用”一座陵墓
徐广源摄

有大臣、公主、命妇齐集，举哀、行礼；皇贵妃用金质棺椁，死后设神牌，供放园寝享殿内；祭祀时照例由陵寝官员举行祭奠仪式，把供品桌抬到宝顶前之月台上，焚香行礼。但是，那拉氏皇后于以上待遇却是什么都没有：未附葬裕陵，未单建陵寝，仅葬在妃园寝内，并且没有自己的地宫、宝顶，没有金棺，没有神牌，没有供设，没有祭品，没有祭奠仪式，没有焚香行礼。最为凄惨的是：她的杉木棺材被塞进了纯惠皇贵妃的地宫之中。堂堂皇后，成为皇贵妃的附属。

据《大清会典》规定：皇贵妃棺木，应用梓木，漆35道，抬棺夫96人。内务府档案记载：那拉皇后所用棺木为杉木，抬棺夫64人，仅是嫔之等级。孝贤皇后葬礼时，

那拉皇后（右侧）与纯惠皇贵妃的棺椁（左侧）
徐广源摄

费银30万两，修缮静安庄暂厝地，91000余两。而那拉皇后的丧事，我们依据档案，知道当时仅仅用银207两9分4厘。

如此简陋，还不如一个宫女。

那拉皇后大事记

康熙五十七年（1718）二月初十，那拉氏出生，小乾隆帝七岁。

雍正十二年（1734）十月，入侍潜邸，为宝亲王弘历第二位侧福晋。

乾隆二年（1737）九月二十四日，册封娴妃。

乾隆十年（1745）正月二十三日，晋封娴贵妃。

乾隆十三年（1748）七月初一，晋封皇贵妃，摄六宫事。

乾隆十五年（1750）八月初二，册立为皇后。

乾隆十七年（1752）四月二十五日寅时，生皇十二子永璂。

乾隆十八年（1753）六月二十三日，生皇五女。

乾隆二十年（1755）十二月二十一日，生皇十三子永璟。

乾隆三十一年（1766）七月十四日，薨，以皇贵妃礼葬。

五 儿子们

乾隆皇帝一生中共有子女 27 人，包括 17 个儿子，10 个女儿。皇帝虽然多子多福，然而他的子女却没有他的福分厚，大多数人寿命短，活不过他们的父亲。在他的 17 个儿子中,不到 50 岁的就有 13 人。他们是 2 岁夭折的皇七子、皇九子；3 岁夭折的皇十子、皇十三子；4 岁夭折的皇十四子、皇十六子；9 岁夭折的皇二子；20–30 岁死亡的皇长子、皇三子、皇四子、皇五子、皇十二子;40–50 岁死亡的皇六子。乾隆皇帝晚年做太上皇时，身边只剩下了 4 个儿子。

在乾隆皇帝的成年皇子中，皇四子永珹出继给履亲王，于乾隆四十二年（1777）去世。

皇五子永琪长于骑射，特别是精通满语，很得乾隆皇帝的喜爱。乾隆三十年（1765）受封为荣亲王，他是除了死后追谥为王的诸皇子之外，第一个在活着的时候封王的皇子。4 个月后，他也因病去世。

皇六子永瑢天分很高，为人聪颖，擅长绘画，精通天文和算学。乾隆皇帝很喜爱这位博学的儿子，先后封他贝勒、质郡王、亲王。他先后担任《四库全书》正总裁官、总管内务府大臣等要职，并成功地主持了乾隆皇帝七旬万寿、八旬万寿的盛大庆典活动。他如此精明能干，以致朝野大臣们纷纷猜测：皇帝这般属意于皇六子，皇六子会不会是未来的皇位继承人？

皇八子永璇与皇六子永瑢有着天壤之别，他为人轻浮，沉湎于酒色的欢娱之中不能自拔，做人做事神魂颠倒。人人都对他失望，他自己却自我感觉良好。乾隆皇帝对他摇头叹息，多次对他严厉斥责。乾隆皇帝不敢相信：我能生出这样的儿子？就是这样一个儿子，寿命还不错，活了 87 岁。

皇十一子永瑆，是一位天资很好的书法家，幼年即好写字，书法很秀美，挥笔成文，乾隆皇帝对他万分钟爱。他曾苦学明代书法大家董其昌的笔法，深得其中三昧。喜爱董其昌书法的乾隆皇帝对皇十一子的书法天赋，称赞不已。永瑆的书法真的出类拔粹，他首创了以前三指握管悬腕的悬腕书，时称“拨灯法”，朝野大臣们十分仰慕他，以得其片纸书法为荣，史家记载说：“京师士大夫，得其片纸只字，重若珍宝。”乾隆皇帝毫不掩饰自己喜欢这个天资聪颖的儿子，经常临幸这位皇子的府第，并下令刊印其字帖，皇帝还亲自

乾隆皇帝的儿子们

为字帖写序。永瑆也是《四库全书》总裁官之一。乾隆五十五年（1790）被封为亲王。不幸的是，这位天分很高的皇子，竟然天性阴险，热衷于权术，有着强烈的控制人和驾驭人的欲望；他的为人也很偏狭，常常虐待下人，仆从、护卫们动不动就被斥骂和革逐。不过，他一直只是小坏，没有做过太恶的事情。嘉庆四年（1799）时，受命为军机处行走，总理户部三库。清廷以亲王领军机之职，就是从他开始的，最后他以 72 岁去世。

皇十二子永璂，是那拉皇后所生，因皇后剪发，他也受到了冷落，一直心情抑郁，苦闷难遣。乾隆四十一年（1776）去世，时年 25 岁。乾隆皇帝几位成年去世的皇子，都受到了乾隆皇帝的抬爱，都受到追封，只有这位皇十二子，生前、死后都没有封爵。

皇十五子永琰最受乾隆皇帝的器重，被乾隆皇帝定为嗣君，他就是后来的嘉庆皇帝。

皇十七子永璘不爱读书，爱游乐，好音乐，性格诙谐，人极直爽，又很厚道。人们发现，无论是什么时候，在什么地方，对什么人，他总是嘻嘻哈哈的，一点正经都没有。乾隆皇帝不太喜欢皇十七子，甚至有点讨厌他。皇帝有时也觉得奇怪：我怎么会生出这么一个嬉皮笑脸的儿子？不过，讨厌归讨厌，终归这位皇子，没有什么恶习和恶疾，皇帝封别的儿子为王时，也封了他，封他为贝勒。永璘皇很满足，也很知趣。他幽默地开玩笑说："使皇帝多如雨点，亦不能滴吾顶上。唯求诸兄见怜，将和珅邸第赐居，则吾愿足矣！"永琰即皇帝位后，真的赏赐他和中堂府第的一部分，并封他为庆郡王。

皇长子的悲剧

爱新觉罗·永璜（1728 年 7 月 5 日 –1750 年 4 月 21 日），乾隆帝长子，生母是哲悯皇贵妃富察氏，生于雍正六年（1728）五月廿八日。乾隆十三年（1748），孝贤皇后去世，因无悲戚之色，被乾隆皇帝责备为不懂礼数，从此失宠，忧郁寡欢。乾隆十五年（1750）三月薨，终年 22 岁。追封定亲王，谥安。

乾隆十三年孝贤皇后驾崩不久，乾隆皇帝降旨，皇长子永璜以大阿哥身份迎丧。然而，治丧期间皇长子永璜和三弟永璋表现得不够哀伤，被父皇严厉斥责，称二人不合体统，不懂礼节。随后，明确取消二子立储的资格。其实，当时皇长子永璜只有二十岁，永璋才十四岁，年纪尚小，皇后又不是他们的生母，不可能痛哭流涕。乾隆帝丧妻失子，有点失控。从此郁郁寡欢的永璜在乾隆十五年三月十五日去世。乾隆皇帝对此感到后悔，但为时已晚，降谕："皇长子诞自青宫，齿序居长。年逾弱冠，诞毓皇孙。今遘疾薨逝，朕心悲悼，宜备成人之礼。"

永璜有子二人。长子，固山贝子绵德（1747–1786），乾隆十二年（1747）七月初六生，母永璜嫡福晋伊拉里氏。乾隆十五年（1750）蒙受皇祖特恩，袭封其父所遗之亲王。四十一年（1776），因与官员往来，削爵。后来由其弟绵恩袭爵。次子绵恩，乾隆十二年（1743）八月十四日生，母亲永璜侧福晋伊尔根觉罗氏。绵恩灵巧勤奋，颇受乾隆宠爱。乾隆五十八年（1793）进封亲王。

那位与永璜一同受到皇帝责难的永璋是乾隆帝第三子，雍正十三年（1735）五月廿五日生，其母为宝亲王格格（侍女），即后来的纯惠皇贵妃苏佳氏。母子二人均逝于乾隆二十五年（1760），永璋于是年七月十六日去世，年 26 岁，追封遁郡王。仅一子，生于乾隆二十年（1755）十二月，母庶妃完颜氏，独子于乾隆二十一年（1756年）正月夭亡。

再说永璜的悲剧。

永璜是乾隆皇帝身边的贴身侍女富察氏所生的儿子，弘历即位的时候，皇长子已经 7 岁了。乾隆十三年孝贤皇后在东巡途中病逝，乾隆皇帝命留守京师的皇长子前往迎丧。皇后虽然不是皇长子的母亲，但皇长子一直是在皇后身边长大的，他们之间的感情很深。但是由于皇后生下了两个儿子，在皇储问题上，皇长子对皇帝感到绝望，对皇后因之也产生了嫌隙。

皇后生皇二子和皇七子。皇二子生于清雍正七年（1729），小皇长子一岁，由雍正皇帝亲自赐名永琏，“隐然示以承宗器之意”。弘历即皇帝位时，皇二子 6 岁。这年七月，乾隆皇帝按照其父皇雍正皇帝所创立的秘密建储制，立皇二子为储君。乾隆三年（1738）十月，皇二子不幸病逝。痛失爱子的乾隆皇帝下令辍朝 5 日，追谥皇二子为皇太子。

乾隆皇帝宠爱皇后，在皇二子去世后，他又立皇后生的第二个儿子皇七子为储君。乾隆十二年（1747）十二月二十九日，皇七子因出水痘又夭折了。乾隆皇帝十分伤心，特下谕旨，公布了自己当时立皇后所生嫡子为嗣君的意图，并感叹祖宗家法和自己的立嗣至意难以实现，感慨天意之深不可测。意思是说，似乎这是爱新觉罗家族的命运，是命运决定了不可能由嫡子继承皇家大统。

两次立皇后所生的儿子为嗣君，对于皇长子来说，无疑是一个沉重的打击。尤其是皇七子，小自己 17 岁，皇帝竟然又一次绕过自己这个皇长子，立他为嗣君。这一举动，对他打击很大。同样是皇帝所生的儿子，为什么唯独立皇后所生的儿子为嗣君？既然如此，为什么偏偏要生我这个皇长子？上天怎么能如此不公平？

皇长子怨恨皇上，进而也怨恨皇后，觉得是皇后所生之子一次又一次夺去了自己的前程和希望，好在苍天有眼，终于垂顾于我，皇二子、皇七子先后死去，即使按照古制立嫡立长的原则，也该是立自己为嗣君了。

皇后所生的皇七子刚刚去世不久，乾隆皇帝就携皇后东巡，想不到的是，皇后又去世了。正在书房内读书的皇长子，正遐想着自己的未来时，传来了皇帝的加急圣谕，命他立即赶往德州迎丧。皇长子心情复杂，匆匆地赶赴德州。他在皇后身边长大，对于皇后的死，他从心底感到很哀痛；同时，他对于两次皇后之子立为嗣君之事，心有余恨。这个时候突然得知皇后的死讯，他感到意念之中一片空白，人也有点神思恍惚。恍惚之中，他隐隐觉得，天意不可违，这一次，父皇该考虑我为嗣君了吧？

乾隆皇帝通达世故，洞若观火。他目睹着眼前的一切，非常吃惊地发现，面对皇后的灵柩，皇长子和皇三子二人，竟然如此冷漠，没有一点哀伤和悲戚之情，更不用说是失声痛哭了！

38岁的乾隆皇帝，痛心疾首：这毕竟是国母之尊的皇后啊！是抚养你们长大、又日夜关心你们成长的母后啊！养育了这么多年，付出了多少难以想象的辛劳和心血，怎么会不悲痛欲绝？怎么会如此茫然无措、神思恍惚？

愤怒的乾隆皇帝面对众大臣和皇亲国戚，严厉地斥责皇长子：你为什么如此绝情？为什么没有一点最起码的悲伤？你是在幸灾乐祸吗？是不是以为母后崩逝了，兄弟之中，你最长，皇储之位舍我其谁？你休想！你这种无情无义的东西，你这样的人，怎么能够管理朝廷政务和国家大事！我怎么会将江山社稷交付与你！乾隆皇帝怒不可遏，一边愤然地离开，一边还对身边的侍臣坚定地说：“大阿哥，断不可立！”

皇长子和皇三子一同受到了皇上的严厉斥责，顿时吓傻了，呆在了那里。这顿斥责，对于皇长子来说，如五雷轰顶，不仅自己的前程和希望从此化为泡影，甚至恐怕连自己的身家性命也危乎殆哉。

失落，绝望，恐惧，像梦魇一样缠绕着两位皇子，挥之不去。他们食不甘味，夜不成眠。然而，这还是刚刚开始，不幸之事接踵而至：

皇长子、皇三子的师傅、谙答人等，因为未尽心教导，受到了皇帝罚俸的惩罚；

皇后丧满百日之后，皇帝对于皇长子和皇三子的责罚升级，圣谕明示大臣，此二人断不可承继大统，并严厉地警告二人，如果不自量力，心怀异意，即行正法！

乾隆皇帝在十三年（1748）六月二十一日的圣谕中称：

试看大阿哥，年已二十一岁，此次于皇后大事，伊一切举动尚堪入目乎？父母同幸山东，惟父一人回銮至京，稍具人心之子，当如何哀痛？乃大阿哥，全不介意！……若将伊不孝之处表白于外，伊尚可忝列人世乎？今事虽已过，朕如不显然开示，以彼愚昧之见，必谓母后崩逝，兄弟之内，惟我居长，日后除之外，谁克肩承重器？遂致妄生觊觎……从前以大阿哥断不可立之处，朕已洞鉴，屡降旨于讷亲、傅恒矣。至三阿哥，朕先以为，尚有可望，亦降旨于讷亲等。今看三阿哥，亦不满人意，年已十四岁，全无知识。此次皇后之事，伊于人子之道，竟不能尽……此二人，断不可承继大统。

……

大阿哥系朕长子，三阿哥亦稍长。如果安静守分，日后总可膺王、贝勒之封……伊等若敢于朕前微露端倪，朕必照今日，显扬其不孝之罪，即行正法……今满洲大臣内，如有具奏当于阿哥之内选择一人立皇太子者，彼即系离间父子、惑乱国家之人，朕必将伊立行正法，断不宽贷！

这道谕旨，主旨有3点：第一，皇长子21岁了，母后去世，不知哀痛，妄生觊觎；第二，皇三子14岁了，母后去世，不能尽人子之道；第三，此二人断不可继承大统，日后当安静守法，否则，正法。

这道圣谕一下达，皇长子、皇三子的一切希望，全部破灭，两人陷入了心死的绝望之境。生活在忧郁和绝望之中的皇长子，在一年以后，终于病倒了，并于乾隆十五年（1750）三月十五日病逝，年仅22岁。

乾隆皇帝没有料到，皇长子会如此匆匆地走了，走得这样快，这样不留一点痕迹。在随后颁发的圣谕中，伤感不已的乾隆皇帝，追封皇长子为亲王，并破例将他留居别室治丧，还令皇长子的儿子绵德袭封亲王。从乾隆皇帝的圣谕中，可以看出，乾隆对于皇长子之死，心中很哀痛，也有些后悔，他似乎觉得是自己的严厉斥责葬送了皇长子年轻的生命。十年后，乾隆二十五年（1760），皇三子也因病离开了人世，年仅26岁。

面对皇后之死、嫡子之死、皇长子之死、皇三子之死，一般人是很难承受这样接二连三的打击的。然而，性情豁达的乾隆皇帝，却承受了下来，而且还能保持自己正常的生活起居，还依然能够身体健康，精力旺盛；已经形成习惯的生活习性和作息规律，不受影响，照常吃得香，睡得稳，将国事、家事治理得有条不紊。皇宫中，后妃们生活安宁，皇子们潜心读书，力求上进。宫中、朝中，读书好学，蔚然成风，形成了一股良好的尚雅之风。

第三部分

京畿内外阅皇都

在中国历史上，北京是八朝古都，其所管辖的行政区域历史上有很大的不同。较早的时候，北京称为燕、蓟、渔阳、幽州。辽代时，北京称为南京。金时称为中都，元代称大都。明清时称为北平府、顺天府，都城称为北京。晚清光绪时期，顺天府疆域较大，包括北京（除延庆外）和部分河北、天津地区。据《光绪顺天府志》记载：北京东西广四百七十六里，南北袤四百八十六里。下辖 23 个州县，包括大兴县、宛平县、良乡县、三河县、昌平州、顺义县、怀柔县、密云县、涿州、霸县、文安县、大城县、蓟州、固安县、东安县、香河县、通县、武清县、宝坻县、宁河县、保定县、房山县、平谷县。

一 北京行宫概说

行宫，是指供帝王在京城之外居住的宫殿，也指帝王出京之后临时寓居的官署或住宅。晋文学家左思写《吴都赋》，称："乌闻梁岷有陟方之馆，行宫之基欤？"刘逵注解："天子行所立，名曰'行宫'。"唐诗人卢象写《驾幸温泉》："细草终朝随步辇，垂杨几处绕行宫。"唐代诗人元稹是北魏鲜卑皇族后裔，是什翼犍十四世孙，是中唐时期著名诗人，曾写闺怨诗《行宫》："寥落古行宫，宫花寂寞红。白头宫女在，闲坐说玄宗。"诗中描写的行宫，是皇宫洛阳行宫的上阳宫，是皇帝生活的行宫。

北京行宫，档案、史料、史书记载较多，然而，留下部分遗迹和有关图像的古迹，基本上都是清代修建的。清廷修建行宫，旨在为皇帝服务：皇帝出行时，避暑、谒陵、巡游、狩猎，行宫正是皇帝中途驻跸、休息之所。北京行宫，以皇宫为中心，在北京东、南、西、北四个方向都有，集中是在北部行宫、南部行宫。北部行宫，主要功能是用于北去避暑、狩猎时的休息之所。承德避暑山庄是清帝的避暑胜地，是皇家北部行宫的核心，也是笼络北方少数民族首领的重要场所，政治、军事意义重大。南部行宫，主要是皇帝前往京西御园和出宫南巡的驻跸、休息之地。

据史书记载，清帝每年出宫避暑、狩猎，都是前往北部行宫。皇帝出宫向北，通常走皇帝专用的御道：圣驾出紫禁城后，向东出东直门，或向西出西直门，从昌平、顺义、怀柔、密云出古北口，抵达承德避暑山庄。当时，出宫之后，有两条御道出京：一是晴天时，出宫向东，过东直门向北，走孙侯河、山峡店、牛栏山，经怀柔罗山店，进入密云，再由古北口至避暑山庄；二是雨天时，特别是夏天，东直门道路泥泞，出宫向西，过西直门向北，经海淀御园畅春园，走昌平蔺沟、顺义南石槽，由峰山口进入怀柔，直抵避暑山庄。

北京地区，皇帝驻跸的主要行宫共有18座，包括北部行宫6座、南部行宫4座、西部行宫2座、东部行宫6座。

北部行宫6座，主要有顺义的三家店行宫、南石槽行宫，怀柔行宫，密云的刘家庄行宫、罗家桥行宫、要亭行宫。

南部行宫4座，文安的左家庄行宫、苏家桥行宫，大城县行宫，霸州行宫。

西部行宫2座，良乡行宫，涿州行宫。

东部行宫6座，三河县的大新庄行宫、燕郊行宫，蓟州的白涧行宫、盘山行宫、桃花寺行宫、隆福寺行宫。

二　万寿寺行宫

北京万寿寺，始建于明万历五年（1577）。清代时，一再重修和扩建。万寿寺行宫，坐落在北京西部，位于北长河岸边、万寿寺旁。寺院建筑规模宏大，华丽壮观，特别是其庞大的行宫建筑群紧邻寺院一侧，是明清时期皇家建筑的代表作之一，举世瞩目。

万寿寺，明神宗时成为皇家寺院，是

乾隆二十六年，崇庆皇太后七旬万寿庆典期间的万寿寺山门及门前戏台，
万寿寺行宫位于皇宫到京西御园正中，是从紫禁城到圆明园、畅春园之间的皇家行宫。

皇帝出行游赏之时的驻跸之所。从史料记载上看，万寿寺始建于明朝，最初称为聚瑟寺。明万历五年（1577），由万历皇帝的母亲慈圣李太后出资，司礼监太监冯保负责督工建造。寺庙建成之后，改名万寿寺。从此，这座华丽、庄严的寺庙，正式成为明代皇家寺庙。

最初，万寿寺中收藏了大量经卷、经

版，是明代佛经的一处重要收藏地。后来，经版、经卷移贮于番经厂和汉经厂。从此，万寿寺功能专一，成为一座名副其实的皇家寺院，是专为皇家提供佛事活动的场所，也是明代皇帝、后妃们游赏御苑西湖（瓮山泊）途中的皇家行宫，为皇帝、后妃们提供进膳、小憩、驻跸等周到服务。明万历十六年（1588），万历皇帝出宫巡视，曾来到万寿寺，在幽静的寺院驻跸，在假山用膳，史载："万寿寺假山，上曾于此尚食，不敢启视。"

万寿寺假山以及寺院后的花园，风景独特，是皇帝及其家族较为理想的休息、进膳场所。据史料记载，当时的寺中假山，由三座特殊意义的山石构成，分别代表着三尊说法菩萨，构成三座宝殿：观音殿、普贤殿、文殊殿。假山下，有四座水池，环绕山石。假山后，建有精致的亭榭，分别连接着四座水池。假山之后，是土地肥沃的大片果园，园中种植许多珍贵的植物，果树成林，郁郁葱葱。

万历年间，大学士张居正写《敕建万寿寺碑文》，称：

万寿寺，中为大延寿殿，五楹。旁列罗汉殿，各九楹。前为钟鼓楼、天王殿，后为藏经阁，高广如殿。左右为韦驮、达摩殿，各三楹。修檐交属，方丈庖具列。又，后为石山，山之上为观音像，下为禅堂、文殊、普贤殿。山前为池三，后为亭、池各一。最后，果园一顷，标以杂树，琪株璇果旁启，外环以护寺地四顷有奇。

满族入主中原，一直致力于统一全国。康熙年间，政权稳定，经济繁荣，皇室开始致力于在京郊各地营建离宫别馆。满族是游牧民族，习惯于营建离宫，用于皇帝及皇族巡行之时驻跸。于是，清廷选择了北京西北这片风水宝地，开始营建畅春园，进而全面展开施工，大规模建造园林。

清廷信奉藏传佛教，对于寺院，从入关的第一位皇帝开始，就有着特别的情愫。清顺治二年（1645），皇帝福临营建皇家寺院万寿寺。万寿寺新落成后，皇帝赐赏寺匾。从此，京西万寿寺正式成为清代的皇家寺院。顺治十一年（1654），万寿寺遭遇火灾，大火几乎将寺院吞没，仅余残垣断壁。清初学者孙承泽耳闻目睹，记述了当时的情况："寺乃万历初所造，为母氏祝禧，最为巨丽。己亥二月，余在退谷，寺僧报夜毁于火。诗称：丹垩尚焕烨，俄惊劫火红。形骸原土木，焦烂倾西东。

万寿寺火灾之后，一直没有修复。直到康熙二十年（1681）后，台湾收复，政权稳固，内忧外患基本解决，康熙皇帝才开始着手营建北京西北的皇家御园，万寿寺才得以重建。江山一统，康熙皇帝喜欢出宫巡游。按照惯例，清帝出宫巡游，往返离宫途中，要建设大量行宫、行殿，作为皇帝和皇室人员休憩之所。康熙二十五年（1686），康熙皇帝查看地图，亲自选定万泉河水系，经过再三规划，开始着手营建畅春园。从皇宫到畅春园，从畅春园返回皇宫，途中一处重要的休息之所就是万寿寺。据测算，从畅春园到万寿寺，相当于西直门到万寿寺的距离，也就是皇帝出城以后，行程之半就是万寿寺。于是，康熙皇帝吩咐建一条御道，直达万寿寺。这条御道，称为万寿街：街之南端，直抵万泉河；街之东侧，就是为万寿寺。

营建万寿寺行宫

北京京西一带，仅万泉河长河沿线，就有三座行宫：万寿寺、真觉寺、紫竹禅院。三座行宫中，以万寿寺行宫居于最中心的位置，最为精致，也最为重要。万寿寺的特殊地理位置，决定了其特殊的寺院功能，也决定了其与皇帝以及清皇室之间特殊的关系。万寿寺位于京城西直门西北大约七华里，坐落在著名的苏州街南边、紫竹桥北边，也就是明清时期御河要道的长河广源闸西侧。历明万历和清康熙、乾隆、光绪四朝大规模修缮、增建和扩建，形成了一片集行宫、寺庙、园林于一体的皇家建筑群，人称京西小故宫。

康熙年间修缮畅春园行宫时，将万寿寺列入行宫修缮工程。康熙二十五年（1686），畅春园修缮工程启动，万寿寺开始重修和扩建。至乾隆初年，大臣励宗万写调查报告，称万寿寺寺院殿宇九层，庄严色相，巍焕如新。可见，康熙时期重修后的万寿寺建筑巍峨壮丽，中路殿宇有九层。九进院落，显然与明代五进院落不同，增加了四进院落，重修寺院的同时，进行了大规模的扩建。

从史料上看，明代万寿寺分为前院、后园两大部分：前为寺院，是佛寺活动之地；后为假山、果园，是接待皇帝及皇室成员游赏之所。康熙以后，对万寿寺进行了全面的改造：前院寺庙进行修缮、扩建，增加了四进院落；后园与前院巧妙组合，融为一体，使园林景观成为整个寺院中的一部分。为了更好地使寺院、园林水乳交融，刻意弱化假山的园林功能，将假山周围的水池部分填埋，曲径通幽，一步一景；两边，建配殿和长廊；假山之后，再建三重佛殿。

乾隆时期，行宫建设和造园活动达到鼎盛。乾隆皇帝处处仿效其祖父，醉心巡游，对北京内外的离宫别院，开始了大规模地新建、修缮和扩建。尤其在北京的海淀一带，开展大规模的建设工程，尤以三山五园为重。与此同时，乾隆皇帝开始着手南巡的前期准备工作，吩咐侍臣修建、完善从皇宫到御园之间的皇帝专用御道，以及出京以后皇帝出行所需的各项工程，包括疏浚运河、淮河、黄河、长江等诸水域的河道、堤坝、行宫、御道，以及沿途的绿化建设。特别是漫长的水上御道，沿途需要建立大量行宫，也就是沿运河、淮河、黄河、长江等河流沿线，新建、修建和扩建行宫、寺院、园林。

乾隆年间，乾隆皇帝扩建行宫，首先想到的就是从皇宫到御园之间的万寿寺。相比真觉寺行宫，万寿寺优势明显。万寿寺居于长河御道居中位置，无论是从御园到皇宫，还是从皇宫到御园，它都是必经之地：皇太后居住在圆明园长春仙馆、畅春园寿萱春永，从圆明园、畅春园出发，返回皇宫，第一站休息之地就是万寿寺；从皇宫出发，前往御园，走御河水道，在

乾隆年间的万寿寺

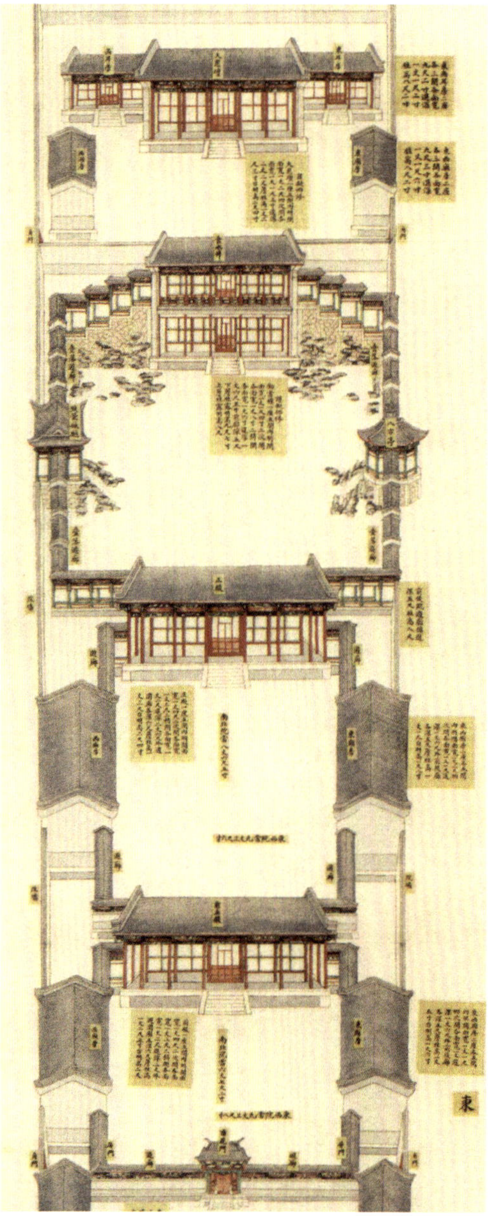

清宫样式房绘万寿寺行宫院

长河广源闸换舟，皇帝从水上转到陆上，再到闸的另一侧上龙舟西行，这中间驻跸、休息之地就是广源闸西侧的万寿寺行宫。

万寿寺作为皇家寺院，建筑巍峨壮丽，富于鲜明的皇家特色：红墙碧瓦，鎏金门窗，雕梁画栋；琼楼玉宇，深庭广厦，曲栏回廊；御书碑亭，假山青石，古道地宫；玉石台阶，青砖墁地，苍松翠柏。寺院临河，占地3万余平方米。寺内，分东、中、西三路。中路为主体建筑，山门以内，共有七进院落，进山门向北，依次为天王殿、大雄宝殿（大延寿殿）、万寿阁、大禅堂、御碑亭、无量寿佛殿、万寿楼等。各大殿两侧，各有配殿、配房。

寺院东路，是方丈院。东路前部有大斋堂、大厨房，以及僧舍；中部，为斋堂、前宇、南房，斋堂之后为土山；后部，是独立院落。简言之，东路是方丈院、圃园，也就是僧人生活区。

寺院西路是行宫院，大部分为清乾隆年间所建。西路前部，分为四个小院落，由中间夹道一分为二。左为寿膳房，右为寿茶房。其后部，是皇帝、太后驻跸之行殿。行殿后之两侧，是爬山游廊，由游廊过小亭到后楼。乾隆年间，寺院西路改建为行宫建筑以后，正式形成富丽堂皇的皇

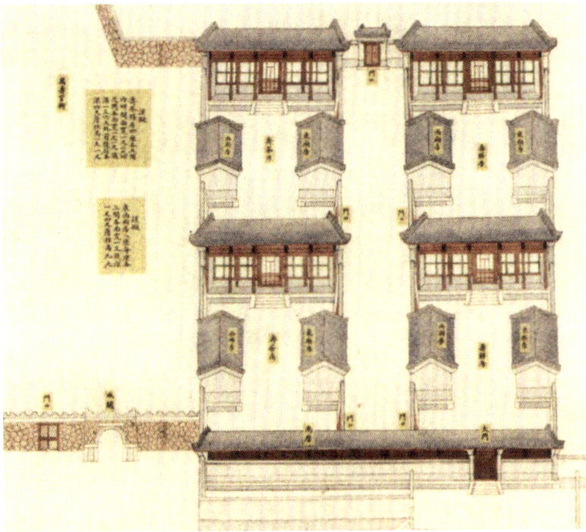

清宫样式房绘万寿寺行宫院南侧的寿膳房与寿茶房

家宫殿建筑。乾隆皇帝十分喜爱这里，皇太后也很喜欢此地。乾隆十六年（1751）、二十六年（1761），乾隆皇帝在这里为其母亲庆贺六十、七十大寿。

光绪二十年（1894），慈禧太后重修万寿寺行宫，在西跨院增修千佛阁和梳妆楼，形成万寿寺的最后格局。当年，慈禧太后从皇宫前往颐和园，中间都要在万寿寺停留休息，拈香礼佛，西跨院行宫是她吃茶点之地，因为这里仿照宁寿宫布局，人称“小宁寿宫”。慈禧太后在寺中进膳、梳妆，因此这里的楼阁又被冠以“梳妆楼”的名称。后面是大悲殿及其配殿，寺院中有一座井亭，是皇帝专用的讲经之所。

万寿寺前长河奔流，最初时就设有码头。每年春末夏初，皇太后、皇帝和后妃们在皇宫中闷了一个冬天，开始想出宫踏春、游山玩水，从皇宫紫禁城走御道至高梁桥，改水路前往颐和园，都会在万寿寺前的码头停泊下船，驻跸休息。

万寿寺山门上方，镶嵌有一方石匾，是顺治二年（1645）顺治皇帝御赐的，上书七个大字：敕建护国万寿寺。山门两侧，是卡子墙和影壁，其砖雕构图精丽，是上乘的艺术精品。两侧为宇墙，虎皮底座，一米有余，红墙白顶，色彩分明，富丽堂皇。进入山门，迎面是天王殿。大殿前，左为钟楼，右为鼓楼。人称“钟王”的北京永乐大钟，曾一直悬挂于此。乾隆八年（1743），永乐大钟才移至觉生寺（大钟寺）。

过天王殿，是大雄宝殿。殿内供奉三世佛、十八罗汉和观音。宝殿两侧为金柱，金柱之上，是乾隆皇帝御书楹联：戒慧光中，烟云皆般若；清凉界外，花石尽真如。清末，大太监李莲英为了讨好慈禧太后，特意让内务府能工巧匠精工制作了一尊观音，面貌酷似慈禧太后，人称老佛爷。所以，慈禧“老佛爷”之名便由此而来。时至今日，这座观音像还摆放在三世佛像的后边。

大雄宝殿后是万寿阁，民国年间毁于火灾，近年重修。阁后是大禅堂，是寺院主持讲经说法之地。禅堂之后，有叠石堆砌的假山，假山周围松柏苍劲，古木参天，皆为数百年之物。大禅堂后是最后一进院落，院内有三座假山，人称普陀、峨眉、清凉三神山。三神山上，有三大士殿，正殿为观音，左为文殊，右为普贤。山后两株古老的银杏树巍然耸立两旁，苍干虬枝，饱经沧桑，高耸入云。山后有乾隆御碑亭、无量寿佛殿、光绪御碑亭、千佛阁等建筑。无量寿佛殿两侧，有两座西洋式门，十分精美，大约建造于清乾隆年间。据说，这两座西洋式门与圆明园西洋楼同时建成，都是中国宫殿建筑中中西结合之杰作。出西洋式门往西，就是西路的爬山游廊和亭阁，往东可达东路植满树木的土山。

20 世纪初的万寿寺，照片中可见寺内的西洋式门。

乾隆皇帝吟咏万寿寺诗

崇庆皇太后信佛，十分喜爱万寿寺。每次从皇宫前往御园，她都要前往万寿寺礼佛，有时驻留几日。乾隆皇帝几乎每次都是亲自恭奉母亲前往，烧香礼拜。据统计，乾隆皇帝前往万寿寺达数十次之多，题写万寿寺诗，多达 37 首。其中，做皇子之时，写过《同五弟舟过万寿寺小憩》；晚年时，写过《万寿寺瞻礼有感》。乾隆九年（1744），34 岁的乾隆皇帝两次来到万寿寺，写下了《舟过万寿寺小憩禅院忆旧有作》：

禅扉临绿水，来往一舟通。
忆昨鹿园憩，消闲雁侣同。
梵声常指月，旛影自参风。
劳逸分今昔，当前悟色空。

樛木经千岁，无风籁自吟。
山峰标静体，波影净尘心。
听法浮潜鲤，忘机狎语禽。
十年过隙易，何以惜分阴。

随后，乾隆皇帝还写了《舟过万寿寺》、《题万寿寺方丈》、《万寿寺口占赐方丈明鼎》、《泛舟过万寿寺即景杂咏》、《四月朔日进宫斋戒自昆明湖进舟至万寿寺川路晓烟未泮麦畴宿雾犹浓触景成欣援笔得句》、《自高梁桥泛舟过万寿寺至昆明湖之作》等诗。南巡前后，乾隆皇帝喜爱游览万寿寺，咏诗述怀。乾隆十七年（1752），乾隆皇帝写下了《泛舟长河过万寿寺》：

龙见将常雩，致斋返紫禁。
兰舟过照园，秀木张清荫。
问景谢今步，领要忆前吟。
却非辟异端，吾不为已甚。

乾隆三十二年（1767），再游万寿寺时写下了《万寿寺》诗：

路便寻香域，雨余方暮春。
润沾林霭重，风定卉芳新。
绿野含佳趣，青莲示净因。
我非忘世者，未拟悟根尘。

三　圆明园

万园之园圆明园

圆明园坐落在北京西郊，毗邻颐和园，在京西挂甲屯北，距畅春园一里许。它是雍正皇帝藩邸时的赐园，始建于康熙四十六年（1707），康熙四十八年建成，由圆明、长春、绮春三园组成。有园林风景名胜一百余处，建筑面积20万余平方米，是清朝5位帝王、150余年间创建、扩建和经营的大型皇家宫苑。

“圆明”之名是康熙皇帝命名的。康熙皇帝御书三字大匾，悬挂在圆明园大殿门楣的上方。“圆明”二字，雍正皇帝这样解释：“圆而入神，君子之时中也；明而普照，达人之睿智也。”“圆明”是雍正皇帝的佛号，雍正皇帝信佛，自号“圆明居士”。康熙皇帝将这座园林赏赐给他，并且亲题园名为“圆明园”，就是取意于雍正之法号“圆明”。

康熙时期，圆明园就已初具规模，

圆明园正衙——正大光明殿

金碧辉煌的圆明园方壶胜境

雍正、乾隆时期，不断改建和扩建。康熙四十八年（1709），康熙皇帝将北京西北郊畅春园北一里许之一座皇家园林，赏赐给皇四子胤禛，康熙御笔亲题园额：圆明园。雍正三年（1725），雍正皇帝胤禛在圆明园南，增建宫殿衙署，占地面积由原来的600余亩，猛然扩大到3000余亩。此后，圆明园不仅是清朝皇帝休憩游览之地，也是他们朝会大臣、接见使节、处理政务之所。乾隆时期，在圆

圆明园中模仿杭州西湖景致的平湖秋月

明园内调整了园林的景观，增添了建筑组群，并在圆明园的东邻和东南邻兴建了长春园和绮春园（同治时改名万春园）。这三座园林，均属于圆明园管理大臣总管，称圆明三园。

圆明园，经雍正、乾隆、嘉庆、道光、咸丰五位皇帝、150 余年建造、扩建和经营，集中全国财力、人力、物力，建造成为一座规模宏伟、景色秀丽、珍宝无数的皇帝离宫。清朝皇帝每年春节以后，以及盛夏之时，就来到这里，休闲、避暑、听政，人称“夏宫”。

圆明三园概况

圆明三园中的圆明园，是清帝生活起居、处理政务的核心，使用最为频繁。到乾隆初年即有四十景之盛，悬挂了将近600余面匾额。四十景包括：正大光明、勤政亲贤、九洲清晏、镂月开云、天然图画、碧桐书院、慈云普护、上下天光、杏花春馆、

圆明园中模仿绍兴兰亭景致的坐石临流

坦坦荡荡、茹古涵今、长春仙馆、万方安和、武陵春色、山高水长、月地云居、鸿慈永祜、汇芳书院、日天琳宇、澹泊宁静、映水兰香、水木明瑟、濂溪乐处、多稼如云、鱼跃鸢飞、北远山村、西峰秀色、四宜书屋、方壶胜境、澡身浴德、平湖秋月、蓬岛瑶台、接秀山房、别有洞天、夹境鸣琴、涵虚朗鉴、廓然大公、坐石临流、曲院风荷、洞天深处。此外，还有紫碧山房、藻园、若帆之阁、文源阁等处。

圆明三园中的长春园，悬挂匾额的园林建筑约为 200 座。清帝为了追求乐趣，在长春园北，引进了一区欧式园林建筑，称为“西洋楼”,由谐奇趣、线法桥、万花阵、养雀笼、方外观、海晏堂、远瀛观、大水法、观水法、线法山和线法墙等 10 余座建筑和庭院组成。乾隆十二年（1747）筹划，到乾隆二十四年（1759）基本建成。整个西洋楼区，由传教士郎世宁、蒋友仁、王致诚等设计、绘图和指导，由中国匠师负责建造。建筑形式是欧洲文艺复兴后期“巴洛克”风格,局部装饰凸显了“洛可可”风格。但是，西洋楼并不是完全照搬西方特色，而是吸取了许多中国的传统手法，做到了中西合璧。建筑材料方面，多用汉白玉石，石面精雕细刻，屋顶覆琉璃瓦。西洋楼的主体，其实就是人工喷泉，时称“水法”。特点是数量多、气势大、构思奇特。主要形成谐奇趣、海晏堂和大水法三处大型喷泉群。

西洋楼景区极为独特，整个占地面积不超过圆明三园总占地面积的五十分之一。但是，它却是成片仿建欧式园林的一次成功尝试。这在东西方园林交流史上，占有重要地位，在欧洲引起强烈反响。一位目睹过它的西欧传教士赞誉西洋楼：“集美景佳趣于一处，凡人们所能幻想到的、宏伟而奇特的喷泉应有尽有，其中最大者，可以与凡尔赛宫及圣克劳教堂的喷泉并驾齐驱。”这位传教士的结论是：“圆明园者，中国之凡尔赛宫。”

圆明三园之绮春园，原为怡亲王允祥之赐邸，大约始建于康熙末年。后来，改赐大学士傅恒。乾隆三十五年（1770），正式收归御园，赐名绮春园。嘉庆四年（1799）和嘉庆十六年（1811）,该园西部，先后并入了两处赐园：一是成亲王永瑆之西爽村，一是庄敬和硕公主之含晖园。经大规模修缮、改建、扩建和增建之后，园林始具规模，面积超过千亩，成为清帝御园居住的主要园林之一，嘉庆时有“绮春园三十景”之盛。当时，比较著名的园林

长春园西洋楼之一的海晏堂

景群，包括敷春堂、清夏斋、涵秋馆、生冬室、四宜书屋、春泽斋、凤麟洲、蔚藻堂、中和堂、竹林院、喜雨山房、烟雨楼、含晖楼、澄心堂、畅和堂、湛清轩、招凉榭、凌虚亭等 30 余处。园林中，园林建筑悬挂匾额的有百余座。

太后别苑——长春仙馆

长春仙馆，位于圆明园九州西南，始建于雍正四年（1726），初名莲花馆。雍正七年（1729）起，这里成为皇四子弘历的赐居之所。弘历登基以后，这里成为皇太后的寝宫。

长春仙馆位于前湖和正大光明殿之西，茹古涵今之南。这里是一座独立的小岛，四面环水，进出由木桥与其他景区相连接。岛上风景如画，由四个院落组成。其中，东院为正院。其正式营建于乾隆九年（1744），有殿门三进，正殿五间。这是一个完整的小四合院，由倒座房、垂花门、东西厢房、正殿组成。正殿外檐下，悬挂乾隆皇帝御书四字大匾：长春仙馆。

长春仙馆西边，为绿荫轩、丽景轩、春好轩。据说，这里曾是弘历少年时读书的地方。嘉庆、道光时期，这里成为嫔妃居住的寝宫。长春仙馆岛西岸，建有御膳

崇庆皇太后居住的圆明园长春仙馆

房、御茶房、御药房、太监值班房等。

长春仙馆正北，跨过小溪，建有一座美丽的亭桥，赐名“鸣玉溪”。

道光中叶，道光皇帝改建九州清晏帝后寝宫区时，亦曾寝居于此，这里成为了御园里的第二处帝后寝宫区。

长春仙馆作为乾隆皇帝母亲的寝宫，在每年春节过后，皇帝就要恭奉母亲移居于此。因此，这里留下了乾隆皇帝的大量诗篇，记述其奉养母亲的故事。乾隆十三年（1748），《新春恭奉皇太后幸圆明园》诗写道：

嫩日和风丽凤城，御园韶孟更鲜清。
恭陪慈豫行时令，乐向春台验物情。
冻柳临堤舒眼缬，温花向席发心荣。
初来别有生欣处，弥望鳞塍积瑞霙。

四次南巡回京，皇太后都是回到这里。乾隆四十二年（1777），皇太后在长春仙馆去世。从此，乾隆皇帝将这里改成佛堂，供奉母亲的牌位，以寄托对母亲的思念。

四　畅春园

畅春园，位于北京西郊海淀镇，圆明园南。其原址是万历皇帝的外祖父武清侯李伟修建的“清华园”，这里清幽静寂，宜于修身养性。园内古迹众多，主要区域有前湖、后湖、挹海堂、清雅亭、听水音、花聚亭等山水相依的建筑群。根据有关明朝史料笔记记载，该园占地面积，大约有1200亩，人称“京师第一名园”。清代时，充分利用清华园旧有的水脉河系和依山临石之建筑，在其旧址基础上，仿照江南名山胜水，营建一座崭新的园林，称为畅春园，作为皇帝在西郊之外听政、避暑的离宫。

畅春园园林山水的总体设计师是宫廷画师叶洮，皇帝钦定由其负责。同时，

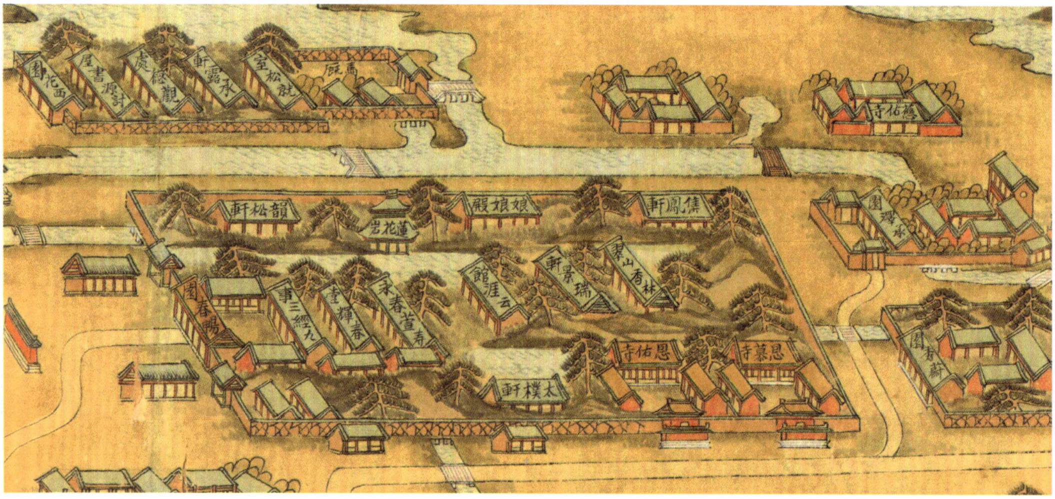

清人绘畅春园图

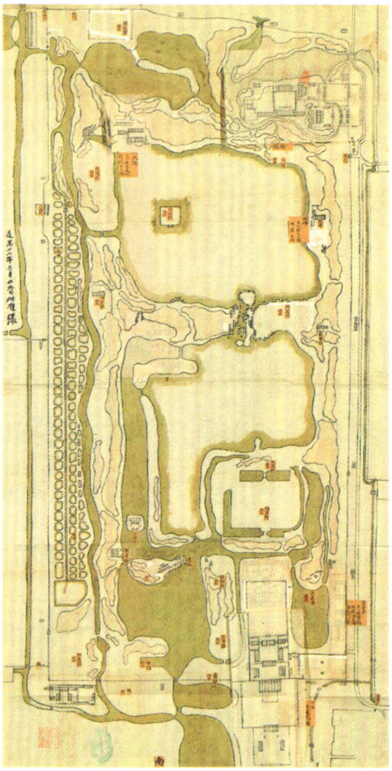

清宫样式房绘畅春园平面图

聘请江南有名的园匠张然负责营建园区的叠石假山。在皇帝的指点与造园名手的点缀下，一座著名的皇家园林就这样拔地而起了。

康熙皇帝与畅春园

康熙二十三年（1684），康熙皇帝第一次南巡回京后，着手建造畅春园。根据有关文献估算，畅春园南北长约1000米，东西宽约600米，占地约900亩，约60公顷。园中，园门5座，分别是:大宫门、大东门、小东门、大西门、西北门。畅春园分三路：中路、东路、西路。园区正门,位于南墙东侧。正门内，为皇帝理政区和居住区。

康熙皇帝出巡图

进正门，沿中路中轴线向内，依次为：大宫门、九经三事殿、二宫门、春晖堂、寿萱春永殿、后罩殿、云涯馆、瑞景轩、延爽楼、鸢飞鱼跃亭。亭北，有丁香堤、芝兰堤、桃花堤、前湖和后湖。东路，依次为：澹宁居、龙王庙、剑山、渊鉴斋、藏拙斋、兰藻斋、太朴轩、清溪书屋、小东门、恩慕寺和恩佑寺。西路，依次为：玩芳斋、买卖街、无逸斋、菜园、关帝庙、娘娘庙、凝春堂、蕊珠院、观澜榭、集凤轩等景点。园西，出大西门，为西花园，有四片湖泊，湖边建筑错落有致，散落着：讨源书屋、观德处、承露轩等建筑，是幼年皇子居住之所。

整座畅春园风景优美，以山水园林景观为主，各种建筑点缀其中，朴素、古雅，大多为小式卷棚瓦顶建筑，古香古色，不施彩绘。园墙则以虎皮石砌筑为主，山石砌成假山，堆土则为阜冈，不用珍贵湖石。园林之中，有大量明代以来遗留的古树、古藤，对它们充分保护和利用；此外，重新种植了各种普通花木，包括玉兰、牡丹、丁香、腊梅、桃树、杏树和葡萄等。山林土丘间，散布着麋鹿、孔雀、白鹤、竹鸡，景色优美，环境清幽。

畅春园是康熙皇帝精心营造的休闲园林，完全追求一种自然朴素之美。其独特的造园风格和朴素的造园艺术，影响深远，特别是对其后落成的承德避暑山庄，以及乾隆时期修缮、扩建的圆明园等皇家御苑，产生极大的影响。据史料记载，畅春园建成以后，康熙皇帝每年大约有一半以上的时间在园中居住，裁理政务。康熙皇帝很喜爱这座园子，专门写有一篇《御制畅春园记》，他称赞这里“酌泉水而甘，实养颐之胜地。”

据史料记载，康熙皇帝是在康熙二十六年（1687）二月二十二日，首次驻跸畅春园；康熙六十一年（1722）十一月十三日，康熙皇帝病逝于园内寝宫，前后

恩佑寺山门及门额，恩佑寺原为畅春园清溪书屋旧址，康熙皇帝病逝于此，后被雍正皇帝改建为恩佑寺。

36 年间，累计居住畅春园 257 次，3800 余天；康熙皇帝每年平均驻园 7 次，107 天，最短者为 29 天，最长者为 202 天。

驻跸畅春园时，康熙皇帝也会偶有诗作，在一首题为《雨后新月》的诗中，他这样写道：

园亭气爽雨初晴，
新月蒙胧透树明。
漏下微眠思治道，
未知清夜意何生。

乾隆皇帝与畅春园

康熙六十一年（1722）十一月十三日，康熙皇帝在畅春园清溪书屋去世。从此以后，清代皇帝很少选择在这里居住：雍正皇帝、乾隆皇帝通常居住在圆明园；畅春园凝春堂，改建为皇太后居所。乾隆皇帝的母亲崇庆皇太后，选择在园内寿萱春永殿居住，长达 42 年之久。

畅春园是康熙皇帝临幸之地、生活之地以及终老之地，后世对这里有一种别样的情怀。特别是乾隆皇帝的母亲崇庆皇太后，每年都有相当长的时间居住在这里。乾隆九年（1744），从春到夏，滴雨不下，皇太后在这里沐浴熏香祈雨。乾隆皇帝经常入园，给母亲问安，当他得知母亲在园中龙神庙跪伏祈雨时，皇帝心中不安，御笔写道：“自春徂夏，尚未得霑雨泽。皇太后步祈于园内龙神庙，朕恐惧惴慄，莫知所措。夫以朕之不德，上累圣母忧劳，遑敢以节序酒食之馔，尽承欢之小节乎？”

清人绘五园三山图

乾隆皇帝感慨系之，写下了《问安》诗：

蒲岸河洲泛玉津，铜龙双辟问安晨。
只因悯雨遵慈训，未敢称觞签令辰。
黄帽龙舟闲浦溆，绿枝虎艾缀楣桭。
分明旧岁端阳景，饶有新愁薄念频。

乾隆皇帝第三次南巡前后，皇太后居住于畅春园，乾隆皇帝都写有问安诗。乾隆二十六年（1761），乾隆皇帝在《问安》诗中写道：

雨中御园返，敬为谒思斋。
旋看雩禋逮，又当法驾排。
讵辞劳玉辔？惧久阔萱阶。
奏对烟郊况，端堪悦懿怀。

乾隆二十八年（1763），乾隆皇帝再写《问安》诗：

皇州冬尚暖，仙苑景如春。
温凊斯欣適，起居此敬询。
率因成例事，已觉阔多辰。
养志吾心切，那论来往频？

在这篇《问安》诗中，皇帝亲笔作注：“迩年，以皇太后喜居畅春园，故自木兰回跸，虽因冬令时享还宫，每间数日，辄命驾问安。冬至前，始奉皇太后还宫，率成例事。”

乾隆三十七年(1771),乾隆皇帝写《驻御园即事成什》诗：

畅春养志冀娱亲，来往问安年例循。
遂驻御园期信宿，适当子月景清真。
林无余叶山有骨，冰出平湖水入神。
傍晚西南云气重，翘思其雪麦根皴。

乾隆皇帝在诗中，亲笔御注：“每岁冬，朕自圆明园还宫。圣母以风景清胜，尚留园居，至节近万寿进京。朕间数日，赴畅春园问安。率驻御园信宿，以便再修定省。凡来往三四次，遂恭奉慈驾还宫。”乾隆皇帝在乾隆四十一年《还宫之作》诗中，御注写道：“冬令，昼短且寒。朕若园居，则奏事来者必冒冷宵行。数年来，率以冬孟还宫，而往来问安。既不误政，亦体人情之一端也。”

五　启跸京师

卢沟桥

卢沟桥，位于北京广宁门西南大约30里。卢沟，也就是永定河之源头，古代代郡之古桑干水。石桥横跨河上，长约二百余步。据史料记载，石桥建于金明昌年间，最初，名广利桥。康熙八年（1671）重建石桥。康熙皇帝亲自御笔撰文，刻石纪事。乾隆时期，史书记载：“南有河神庙，沙平坡转，古树苍然。东为拱极城，百雉崇墉，环若云幄。桥当往来孔道，轮蹄络绎。每晓星初霁，素月暖空，西山诸峰，罗列如画。乾隆辛未岁，御书：卢沟晓月。并赐以诗，敬勒碑于亭，以志胜景云。”

乾隆十五年（1750），乾隆皇帝过卢沟桥，写下了《过卢沟桥》诗：

石桥跨浑波，坚久谁所制。
过此为桑干，古以不治治。
筑堤讵得已，皇祖为民计。
经世未疏浚，疏浚劳不易。
加以沙性淤，骑墙行必致。
今春清苑回，临堤一亲视。
束手苦乏策，无已示大意。
入夏霖雨溢，遂告堤云溃。

南望弥戚忧，阡陌成弃置，
赈恤岂有吝，排筑筹次第。
秋分潦势杀，狂澜庶由地。
徒怀瓠子歌，实逊涂山义。

乾隆十六年（1751），乾隆皇帝第一次南巡过卢沟桥，感于卢沟桥之雄伟，又写《卢沟桥》诗：

石桥卧冻波，来往行人渡。
乘时每断流，狂澜归何处。
去岁决畿南，至今困沮洳。
固愧人力为，讵容诿诸数。
疏浚付河臣，古今重防护。

乾隆二十三年（1758），乾隆皇帝第二次南巡，两次路过卢沟桥，写诗吟咏：

拱极城西度石桥，春风客路故相撩。
谒陵指日知程近，程近吾心越觉遥。
汛过桃花涨影退，上流犹自易堤防。
北南下口屡迁就，惭愧终无永逸方。

《南巡盛典》中的卢沟桥

桑干节近敛洪波，沙积川中兀已多。
大抵有源要求尾，小黄河剧大黄河。

乾隆三十年（1765），乾隆皇帝第四次南巡，再写《过卢沟桥》：

通闰迟节候，
河冰尚未开。
径行谁病涉？
（冰上行人往来，竟似不知有河。）
堤防似虚堆。
（两堤上，积土成堆，盖夏秋以备不虞。）
因悟乘时要，
难言永定该。
遥源溯代地，
西北万山崔。

良乡

良乡位于北京西南，距京城约20公里，地理位置十分重要，是北京西南地区重要的门户。此地民风淳朴，素称“人物俱良”。汉代时，良乡设县，属于涿郡。晋时，隶属范阳国，直属于燕都。北齐年间，良乡并入蓟县。隋朝时，属于涿郡。大唐时期，复设良乡县，县治在涿郡北40里。明清时期，良乡县属于顺天府，县治在府城西南。

清人绘良乡县图

良乡之地，东西 32 里，南北 60 里。往东，至宛平县界 20 里。往西,到房山县界 12 里。往南，距涿州州界 45 里。往北，抵房山县界 15 里。往东北，至宛平县治 70 里。往西北，到房山县界 20 里。往东南，距固安县治 70 里。往西南，抵涿州州治 70 里。

明洪武元年（1368），设北平府；永乐元年（1403），改北平府为顺天府，下辖良乡县。明成祖时期，确立北京为首都，这里作为首都南进之重要门户，军事地理位置极其重要。良乡土城，城墙二丈。隆庆年间，知良乡县事贵阳人安上达，特地上书明穆宗朱载垕，认为良乡只有土城，墙高仅两丈，没有石郭拱卫，这是不适宜的，奏请建造石城。经过大臣商议，皇帝批准了奏请。这样，在旧土城基础上，将城墙加高增厚，高至三丈二尺；土城之外，建造石城。最后，几经增建、修缮，良乡建成了一座初具规模的城池，有东、南、北三座城门，城门各建有瓮城，只有西门没有建筑瓮城。大约 20 年后，济阳人王道定奉旨知良乡县事，特在西门增建瓮城。这样，良乡便形成了一座完整的、能够派兵把守的坚固城池，牢牢地守护着北京的西南。

良乡名胜——昊天塔

良乡是南入京城的要冲之地，地位特殊，引来无数文吟咏。文人傅逮写《述游赋》，赞美良乡："出北蓟，历良乡。登金台，观武阳。两城辽廓，旧迹冥茫。"文人李濂经过良乡，感慨良多，写诗述怀："春色南逾丽，萧萧旅思分。年芳摇树影，晴彩荡川文。沙雁冲车起，洲莺隔岸闻。暮看霞气近，疑是汉宫云。"文臣陈邦瞻同样写了一首《良乡道中》诗，写尽了诗人客居他乡的离情别绪："作客三千里，闻鸡戒早征。严程趋赤县，王气近神京。塔势中天出，觚稜向日明。白头思报主，莫动望乡情。"

文庙是良乡县的标志建筑，位于良乡

南街路东，是明清时期祭祀孔子的场所。它始建于明代，清代时，多次重修，基本上保持了原建筑的规模。文庙坐北朝南，建筑巍峨庄严。山门外，建有一座石拱桥，石桥两侧，砌以玉石栏杆。石桥之旁，建有泮池。泮池内，池水清澈，游鱼戏水，水中栽种许多荷花。石桥两旁，竖立着一对石狮，左右对称，十分威武。石桥桥头竖着一块石碑，碑文记录了文庙的兴衰历史。穿过石桥，正面耸立着三座大殿，大殿两侧，有配殿、庑室各五间。文庙主殿是大成殿，它是文庙的核心建筑，采用明三暗九的建筑格局，重檐庑殿式，殿顶铺设灰瓦。大成殿正中，供奉着孔子牌位。两旁是配殿，各为五间。大殿前，建有月台。

黄辛庄行宫

清代时，为了方便皇帝、太后到西陵祭祀时休息，从京城到西陵之间，一路之上建造了四座行宫：黄新庄行宫、半壁店行宫、秋澜行宫、梁格庄行宫。

黄辛庄行宫建于乾隆十三年（1748）。乾隆皇帝每年前往西陵拜谒帝陵，出京第一站的驻跸之地就是这座行宫。关于黄辛庄名称的来历，有不同的说法，主要有如下三种：

乾隆《南巡图卷》中的黄辛庄行宫宫门

其一，黄辛庄，原本叫皇亲庄。据说，这座行宫修完之后，乾隆皇帝做了一个奇怪的梦。在梦中，乾隆皇帝信步走到一个美丽的村庄，这时，他突然看见路边的瓜棚之下站着一个姑娘，正在全神贯注地碾玉米。细细看，姑娘干净纯朴，十分美丽，乾隆皇帝心中欢喜，刚想上前和姑娘说话，却突然醒了。乾隆皇帝大为懊恼，方知是一场春梦！不久，乾隆皇帝前去西陵，圣驾行至黄辛庄村，他感觉非常震惊：这个村子太熟悉了，道路、村落、眼前景象都似曾相识。突然，他目瞪口呆，一眼看见路边瓜棚之下，站着一位姑娘，正全神贯注地碾玉米，姑娘的容貌十分美丽，神态纯朴。乾隆皇帝感觉极好，觉得这里又熟悉，又亲切。他想，这不做梦吧？这眼前的女子，不正是梦中的姑娘？乾隆皇帝上前，和姑娘说话。姑娘干净、清纯，声音甜美。后来，这位姑娘成为乾隆皇帝的妃子。于是这个村庄就被人称为皇亲庄了。后来，皇亲庄谐音叫成了黄辛庄，村名一直延续至今。

其二，黄辛庄，是明朝皇亲庄。据说，明朝时，这里已经是一处有名的村子，土地肥沃，一片平原，成为明朝皇亲的庄田。因此，人称皇亲庄。后来，皇亲庄谐音成为黄新庄、黄辛庄。

其三，黄辛庄，是皇帝御用行宫之所在。乾隆皇帝前往西陵，出京城第一站就是这个地方。皇帝一行要在这里休息，更换新衣。当时,近侍们轻喊:换新装。所以，这个村子就被人称为了"换新装"村。后来，"换新装"三个字谐音变为黄辛庄。

黄辛庄行宫设计精巧，建筑宏伟，构造别致。这座行宫是三进院落，分为三路，宫殿气势磅礴。大殿之旁，松柏参天，太湖石堆砌的假山构成一座别样的行宫花园，曲径通幽，环境清雅，别有洞天。在这片荒郊之地，这样一座行宫巍然耸立，确实令人赏心悦目。行宫规模较为宏大，占地面积达 40 余亩。当时，清朝宫廷画家在《乾隆南巡图》长卷第一卷中，如实地描绘了这座行宫的盛况，让我们能够真实地观赏当年行宫的规模和辉煌。

乾隆十六年（1751），乾隆皇帝第一次南巡。正月十三日，出宫后第一天，驻跸良乡的黄新庄行宫。乾隆皇帝亲至皇太后行幄，行礼请安。随后，奉皇太后观看烟火。这是乾隆皇帝的第一次南巡，准备许多时日，终于成行，皇帝心情极好，龙颜大悦，特旨施恩：赏赐扈从王公大臣、文武百官，以及直隶大小官员等膳食。

乾隆皇帝南巡均驻跸黄辛庄行宫，他在这里的吟咏良乡之作达 27 首。乾隆十六年（1751）南巡驻跸时，乾隆皇帝铺纸挥毫，写下《良乡行宫作》：

冬前回跸因巡豫，春孟登程为渡江。
两月风光那争异，闲斋日影渐移窗。
来往云何不惜劳，勤民匪止为游遨。
人文江左遥相望，却虑经临句未豪。
十六年来廑保赤，近光引领自舆情。
纵饶解泽输鬛涌，有惭苍生爱戴诚。
浙东西及大江南，分付韶光莫太酣。
指日六飞应驻跸，观民余暇试清探。

此时正值上元佳节，皇帝在这行宫之中举行家宴，之后观赏火戏。乾隆皇帝非常高兴，又写下了《良乡行宫侍皇太后宴兼陈火戏》：

梅信催人未可迟，
（江南梅花，春半即盛，故早起程。）
祈辛礼罢翠华移。
那无酬节同民乐，且喜称觞是处宜。
风定紫澜迎五夜，春辉银蓝灿千枝。
一家中外嘉宾集，
（蒙古王公送驾者，命随一顿观灯。）
依约观灯上苑时。

乾隆十八年（1753），乾隆皇帝欣赏黄辛庄行宫的晚景，写下一首《良乡行宫晚坐》：

又驻行时跸，萧斋可意清。
去来时屡易，今昔念交萦。
习武遵前迹，均劳验众情。
春云傍晚重，希泽为新耕。

乾隆二十二年（1757），第二次南巡再次来到良乡，驻跸黄新庄行宫，有感而发，写下了《驻跸良乡行宫作》：

青旗练吉指姑胥，元气凭看果复诸。
五载狩巡方过一，三春景物恰临初。
明窗温席清依永，昔日今时静赏余。
到处栖迟有行馆，两言惭愧是怀居。

当夜，清辉照室，月华似水。乾隆皇帝想起了皇宫，不禁思绪万千，写下了《月》诗：

过弦轮渐圆，先节光偏耿。
灯事且迟迟，纸窗照清迥。
大野寂人声，虚庭散松影。
斯景常在斯，相值意为永。

堂皇而寂静的行宫让皇帝回想起上一次南巡，正月十三日启程，当天驻跸这里时，大家一起举办盛大的家宴，观赏灯火。于是，乾隆皇帝在灯下写道："辛未（乾隆十六年）南巡，十三日起程，故即在此陈灯火。今岁，以十一日起程，命于十四日，赵北口侍皇太后赏灯，并许民同观也！"写罢，乾隆皇帝诗兴大发，文思泉涌，写下了《良乡行宫叠旧作韵》：

首顿庭轩近帝里，长途车骑指胥江。
不迁者问伊谁是，风在寒檐月在窗。
欲悉灾余耕织劳，南巡讵为事清遨。
江山秀亦天然助，颇觉遄飞兴已豪。

迩来颇有南来者，都道群黎望幸情。
然乎疑信吾犹半，信者吾衷保赤诚。

塔影凌空旷野南，节前古月正清酣。
奉慈兼欲同民乐，赵北灯宵即景探。

这次南巡回程路上，乾隆皇帝又来到良乡，继续驻跸黄新庄行宫。临近京城，傍晚时分，良乡十分幽静。皇帝欣赏着这里的乡村野趣，不禁写下了《良乡行宫晚坐》，赞赏这里的美景：

停銮来往近皇都，瞥忆南巡此启途。
三月光阴诚迅矣，百年久暂岂殊乎。
展义从来重豫游，曰休曰助悉心求。
观丰未觉饶同乐，视歉惟因切先忧。
越水吴山揽结余，北来饶得事何如。
清欢未抵殷忧盛，不在苏杭在沛徐。
瓯香研净值几闲，记里诗篇自改删。
却我无心恋江国，是谁有意赋东山。

郊劳台

良乡县城南大约三里，有一处非常特别的建筑，就是郊劳台。当年，这里是乾隆皇帝郊迎功臣之处，也就是说，这是乾隆皇帝接见征战功臣的地方。郊劳台，意思是皇帝亲临郊外，搭建高台，慰劳凯旋归来的将士。据记载，乾隆二十四年（1759）春，准噶尔大捷，乾隆皇帝特地在良乡搭

乾隆二十五年（1760）二月二十七日，乾隆皇帝迎劳兆惠将军于良乡郊劳台。

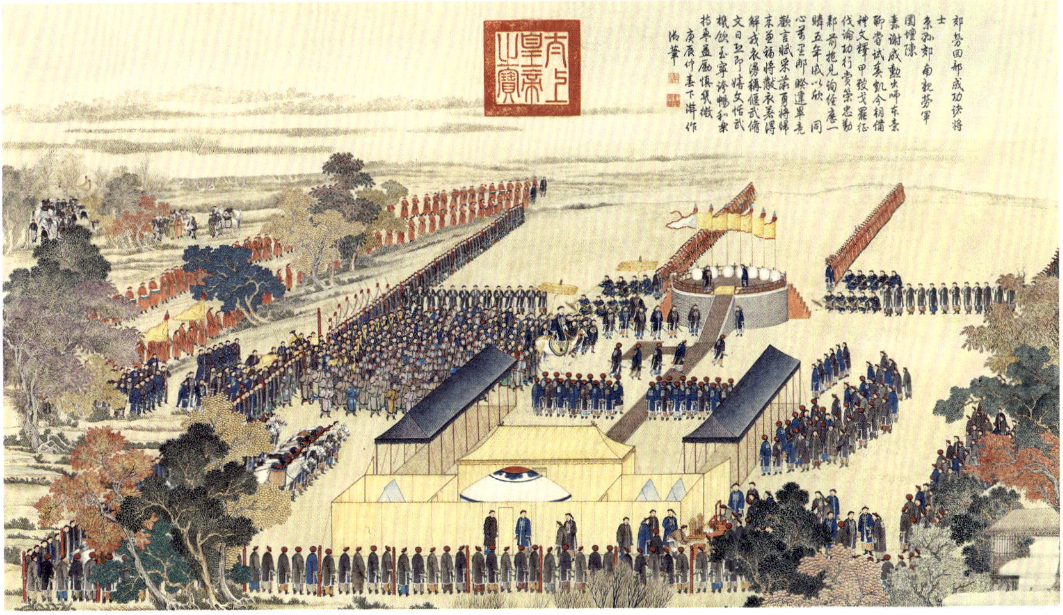

建郊劳台，隆重接见大将军兆惠、副将军富德等凯旋将士。二十五年（1760）二月二十七日，将士凯旋当日，乾隆皇帝在郊劳台与大将军兆惠行抱膝礼，在这里厚赏诸将士。乾隆四十一年（1776），两金川大捷，四月二十七日，乾隆皇帝再次莅临郊劳台，隆重奖赏大将军阿桂等凯旋诸将士。

据史料记载，郊劳台高五尺，宽五丈，台四周是汉白玉围栏。皇帝劳军时，由御林军护卫，南出京城，来到几十里外的良乡，登台慰劳凯旋将士。皇帝坐在高台上，身穿礼服，接见统兵大将军和凯旋归来的主要将领。将军、将领身着戎装，步伐严整，来到御前，趋身行抱膝跪见军礼。旧制规定，凡出征将领，功成凯旋归来，行抱膝跪见礼，拜见皇上，以示优礼。皇帝面南而坐，按照古礼慰劳将军和众将士，赐座、赐茶，亲切询问征战经过，分别给予嘉奖和赏赐。此时军乐齐鸣，锣鼓喧天。百姓围观，纷纷前来一睹皇帝天颜，以及百年难遇之王师凯旋的盛况。凯旋将士全副武装，甲胄耀日，紧紧跟随着皇帝的御林军，向京城进发，凯旋班师。

郊劳台是皇帝的御用建筑，气势雄伟，

乾隆四十一年（1776）四月二十七日，乾隆皇帝迎劳阿桂将军于良乡郊劳台。

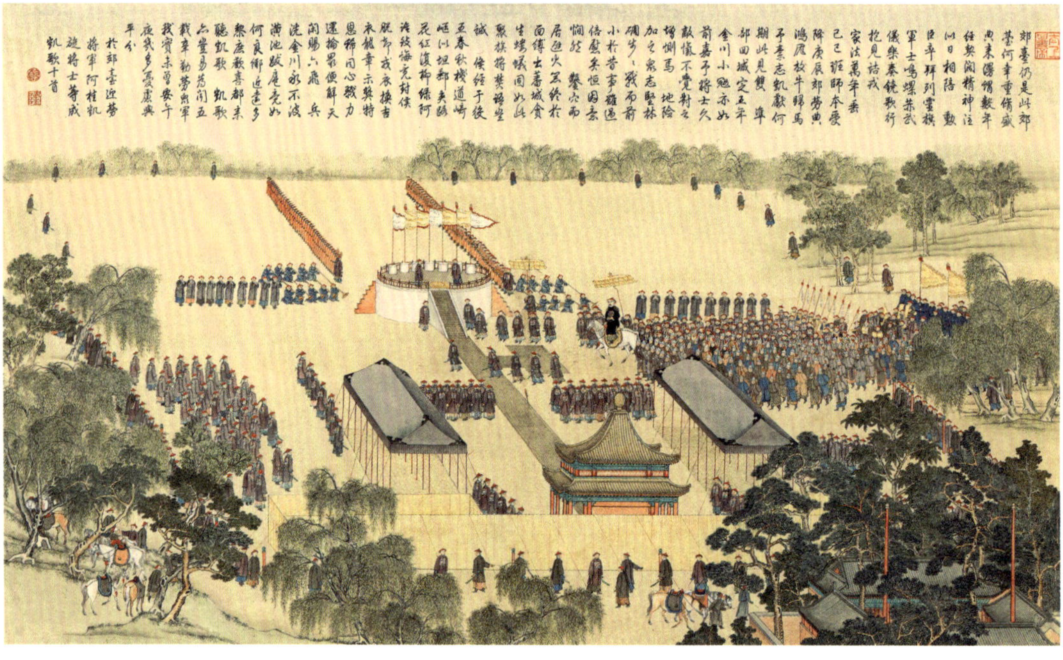

巍峨壮丽，门前是八角御碑亭，亭台高 1 米余，亭内是汉白玉石梁石柱。石柱分内外两层，每层各 8 根，上面用石梁连接。碑亭中间，树立着一块石碑，碑上刻有乾隆二十五年（1760）二月二十七日撰写的劳军御制诗：

京县郊南亲劳军，圜坛陈纛谢成勋。
出师本意聊尝试，奏凯今朝备礼文。
释甲弢戈罢征伐，论功行赏策忠勤。
膝前抱见询经历，一瞬五年戚以欣。
同心万里那睽达？毕竟欢言赋采薇。
勇将归来兼福将，黻衣著得解戎衣。
漫称偃武修文日，恐即嬉文恬武机。
饮至宁夸畅和乐？持盈益励慎几微！

乾隆皇帝南巡，吟咏郊劳台多达 12 次。乾隆二十七年（1762），乾隆皇帝写《郊台》一诗：

广阳南五里，封土建郊台。
每过钦天佑，非关诩域开。

《南巡盛典》中的郊劳台

战袍解昔劳，缠帽扈今来。

（年班来谒诸回人，皆令随行，过上元始分路，命侍卫带往各城。）

回忆诚儌幸，渊衷益慎哉。

乐毅墓

郊劳台东南不远处，又是一处特别之地，就是乐毅墓。

乐毅，战国时燕国将军。他是灵寿（河北灵寿西北）人，魏将乐羊之后，精通兵术。燕昭王建黄金台，下诏求贤。乐毅作为魏使，出使燕国，被燕昭王求贤之诚所感动，留在燕国，任为亚卿。公元前284年，燕、赵、楚、韩、魏五国合纵，联合伐齐，共推他为上将军。总领五国联军，在济西大败齐军。接着，他带领燕军，长驱直入，横扫齐国，攻破齐都临淄，一口气连下70余城，威震天下。他功勋卓著，封于昌国（山东淄博东南），号昌国君。燕昭王去世，燕惠王立。齐田单使反间计，燕惠王信以为真，夺其军权，将他贬调他处，以骑劫代他统兵。乐毅无奈，走投无路，只好出奔赵国。赵王器重他，将观津（河北武邑东南）良地封赏于他，号望诸君。最后，他终老于赵国，一直没有返回功成名就的燕国。

史料记载，乐毅墓在良乡县南三里。“望诸君墓，在良乡县治南三里，近卢沟堤决，役夫舆墓碑筑堤，恐后无征矣！”魏时，卢道出任燕郡太守，他仰慕乐毅功德，上任之后，就吩咐修缮乐毅、霍原之墓，并建造祠堂，以示纪念。祠堂内，设有乐毅木雕坐像。清文华殿大学士、翰林院掌院学士于敏中考察良乡，考证此墓后称：“乐毅，卒于赵，当是返葬于此。今其墓地，大数亩，高丈余，题曰‘望诸君墓’，其来已久，无年月。”

《北京市房山区志》称：封土墓3600平方米，高约10米。据称，墓前有一座石碑，四个石凳，以及大量其他建筑遗物。石碑上刻着四个大字：望诸君墓。石碑旁边，还有一些其他石碑。石碑中间断裂，碑上是对联，字迹依稀可辨：

偏师下七十城，旷世奇勋，
往迹空嗟昙影幻；
崇祠亘三千载，而今遗爱，
此邦独系枣花深。

细辨碑文，原来此石碑是民国十一年（1922）所立，立碑者是良乡县长周志忠。从碑文看，这里曾经枣树林立。唐代大散文家柳宗元敬仰乐毅的为人和功勋，特地写文凭吊。他在序文中说：

许纵自燕来，曰燕之南，有墓焉，其志曰乐生之墓。予闻而哀之，其返也，与之文，使吊焉。辞曰：大厦之骞兮，风而萃之。车亡其轴兮,乘者弃之。呜呼夫子兮，不幸类之。尚何为哉！昭不可留兮，道不可常。畏死疾走兮，狂顾彷徨。燕复为齐兮，东海洋洋。嗟夫子之专直兮，不虑后之为防。胡去规而就矩兮，卒陷滞以流亡。惜功美之不就兮，俾愚昧之周章。岂夫子之不能兮，无亦恶是之遑遑？仁夫树赵之悃款兮，诚不忍其故邦。君子之容与兮，弥亿载而逾光。谅遭时之不然兮，匪谋虑之不长。跽陈辞以陨涕兮，仰视天之茫茫。苟偷世之谓何兮，信余心之不臧！

明代戏曲作家汤显祖曾亲临墓地，感慨乐毅之不幸，含泪写下了吊乐毅诗：

昭王灵气久疏芜，今日登台吊望诸。
一自蒯生流泪后，几人曾读报燕书。

经学大师邵雍先生感怀往事，写诗凭吊乐毅：

乐毅事燕时，其心有深旨。
破齐七十城，迎刃不遗矢。
其留即墨莒，却与燕有二。
欲使燕遂王，天下自齐始。
岂意志未申？昭王一旦死。
惠王固不知，使人代其位。
强燕自此衰，何能复振起？
自古君与臣，济会非容易！
重惜千万年，英雄为流涕！

乾隆元年（1736）正月，乾隆皇帝刚刚即皇帝位，怀着宏图大志，临《乐毅论》。十年后，乾隆十一年（1746）正月，乾隆皇帝再临《乐毅论》，写道："予十年前，曾临乐毅论。今重摹一过，觉笔法较前差胜。"于是，他写下了《偶摹乐毅论因成》诗：

换鹅内史突悬针，褚相神锋重背临。
展卷古香浮动处，黄金却忆礼贤心。
去国何曾为洁名，夷吾事业伯夷清。
太初果识前贤意，岂必区区论二城。
灶下香闻真迹无，独传登善善誊摹。
几余一室春和永，消得临池作静娱。
休夸内外景黄庭，见说犹胜遗教经。
净几明窗评响榻，十年前事鹿蕉醒。

第四部分

燕南赵北走直隶

一　涿州行宫

涿州，是乾隆皇帝南巡必经之地，出京城后第一站就是涿州。涿州位于河北省中部，保定市北部，西邻涞水县，南连高碑店市，东接固安县，东北及北侧毗邻北京市大兴区及房山区。涿州城区距北京很近，到天安门广场的直线距离仅62公里。涿州历史悠久，人杰地灵，地理位置十分独特：一方面，涿州紧邻京城，文化灿烂，古迹众多，经济较为发达；一方面，其地理位置重要，扼守京城之南，人称京城南

清人绘涿州图

大门、“天下第一州”。乾隆皇帝南巡时，车驾驻跸涿州，曾以“日边冲要无双地，天下繁难第一州”来形容这里。在其诗文中如此赞美涿州：

长烟初泮晓风清，画意诗情面面迎。
万古江山黄帝野，谁教此处独传名。

涿州是一座历史文化古城，有着2300多年的历史。秦时，正式置涿县，历代设官治理。汉时设涿郡，曹魏时设范阳郡，唐时为范阳县、涿州，元时为涿州路，明清时期先后隶属北平府、顺天府。涿州古往今来名流辈出、群星灿烂：汉昭烈帝刘备、汉桓侯张飞、东汉名臣卢植、北魏地理学家郦道元、六祖禅师惠能、初唐四杰之一卢照邻、苦吟诗人贾岛、宋太祖赵匡胤、易学大师邵雍等，都出自这里。以东汉政治家卢植为代表的卢氏家族，望出涿郡，千百年来，名人辈出，文武兼备，诗礼传家，成为在中国大陆仅次于孔氏的一大望族。这里还有中国最长的石拱桥永济桥，有千年之久的辽代双塔等。

除了悠久的历史、显赫的人物，涿州一地的民俗光景也颇为人称道，列为“涿州八景”之首的通会灯市，就是当地闻名遐迩的民俗盛举。

在花灯的历史上，自古就有“南有扬州，北有涿州”的说法，涿州花灯之精美，能和闻名天下的扬州花灯相媲美。据说，元宵节闹花灯，最早是从西汉时期开始的。唐代时，元宵节是大节，宫廷中十分热闹。据史书记载，当时在花灯制作上，各地相互攀比，争奇斗妍。灯匠艺人挖空心思地制作各种各样花样翻新的灯笼，全国花灯之精、之美，盛况空前。当时，扬州花灯被公认为天下之最。传说唐玄宗李隆基对扬州花灯曾十分好奇，特地微服私访，来到扬州，观赏花灯。扬州灯匠非常自豪，为了保持花灯第一的声誉，工匠们

传承至今的涿州灯会

约定，制作花灯的技巧概不外传。传说扬州灯匠之中，有一位涿州籍人，名叫王兴。涿州一带的花灯艺人们为了与扬州争夺第一，不惜重金，召王兴回到家乡。正好王兴是个热爱家乡之人，有故土之恋，他真的应约回到涿州，带来了绝妙的扬州花灯技术。于是，涿州花灯吸收南北之长，大放异彩，与扬州花灯并驾齐驱，名闻天下，所以就有了“南有扬州，北有涿州”的说法。

元宵之时，涿州寻常百姓之家都自制花灯，家家户户悬挂，相沿成俗。据说涿州人在农闲时，用秸秆、竹皮等物，弯折几下，糊上红蜡纸，做出各种喜庆的“南瓜灯”等。手巧人家在花灯之上描绘松柏、竹丛、梅花、牡丹等吉祥图案，尽量与众不同。据记载，每年正月里，涿州街道两侧店铺林立，家家悬挂各式各样的奇巧花灯：糕点铺挂“大寿桃灯”；鞋帽店挂“鞋灯”、“帽灯”；羊肉铺挂“羊头灯”；烟店挂“烟袋灯”；酒店挂“武松打虎灯”，各种花灯，真是千姿百态，各具匠心。

涿州旧城之中，有一道夹城，城门名“通会门”。夹城上，有重楼三间，名“通会楼”，俗称鼓楼。鼓楼上，左鼓右钟，楼高四丈，是涿州古城的标志建筑，二十里之外，就能遥遥在目。每年正月十五的闹花灯日，从通会楼至南门，设置 72 架木制大牌楼。在十字路口设置灯棚 7 座。这一天，涿州大街小巷，张灯结彩，喜气洋洋。人们耍龙灯，舞狮子，踩高跷，燃烟火，放鞭炮，真是火树银花，通宵达旦。元宵之夜，人们登上高高的鼓楼，远眺灯

涿州通会楼旧影

火通明的长街，龙飞凤舞，十分壮观。“通会灯市”之名，即如此传开。

涿州因为距离京城很近，通会灯市自然引来了王公贵族的光临。咸丰年间，庆亲王奕劻曾来到涿州观灯，因为人太多了，道路拥挤，庆亲王碰坏了一架牌楼灯，结果他就索性赔偿给涿州三架牌楼灯，每架牌楼，都是四柱三楼，黄瓦覆顶，人称“金牌楼”。

涿州双塔旧影

涿州八景

通会灯市似火龙，双塔晴烟报主凶。

邵村花田景优美，督亢秋成退肖兵。

拒马长虹行逆水，胡良晓月除夕明。

楼桑春社松齐顶，盘坡积雪不易融。

《南巡盛典》中的拒马河永济桥

这是一首描写涿州八处著名历史风物的诗，涿州八景：通会灯市、双塔晴烟、拒马长虹、胡良晓月、邵村花田、督亢秋成、楼桑春社、盘坡积雪。除了上文提到的通会灯市，另外七景亦别有风味。

双塔晴烟。双塔，南名智渡寺塔，北名云居寺塔。双塔矗立在涿州城内东北，古朴典雅，巍峨壮丽。据记载始建于辽代。关于“双塔晴烟”一景的由来，一直有两种：其一，风和日丽之时，远远看去，双塔如两缕青烟，在蔚蓝天空的映衬下，袅袅升起。其二，晴朗之日，双塔顶部，总有几缕青烟萦绕。有人以诗记道：

丰碑犹自纪金辽，双塔凌增逼九霄。
佛火不明铃语寂，晴烟几缕逐飘零。

拒马长虹。涿州城北的拒马河上，有一座永济桥。桥拱跨度大，造型优美，飞跨拒马河两岸。大桥倒映在河中，宛如一道彩虹，因此，人称“拒马长虹”。

胡良晓月。涿州城北十里，有一条胡良河，河上横跨着一座古老石桥。行人南来北往，登上这座石桥，不禁停步驻足，欣赏河上美景。特别是黎明时分，雄鸡报晓，天色微明，在东方泛白的晨光之中，胡良河水静静地流淌。天上明月，水波荡漾，波光月光，桥影月影，如梦如幻，景色分外迷人。故曰：

破晓事行役，去去之胡良。
残月淡如水，天寒知欲霜。
钟声逗曙色，宿火明渔庄。
晨鸡时一鸣，隐隐腾朝阳。

邵村花田。涿州城西北，稻田区百尺竿乡，有大、小邵村。这一带地方位于胡良河畔，沟渠纵横，水源充沛，土地肥沃，环境优美，人称“小江南”。这处邵村，是大名鼎鼎的易学大师邵康节的故乡。“邵村花田”，是指邵村这一带的一年四季的宜人农景。特别是每年稻田插秧以后，一块块方田披上新装，绿秧如茵，莲花摇曳，青山绿水，炊烟袅袅，极富田园诗意：

山光泼翠水托蓝，获稻分秧事事谙。
十顷荷花万株柳，卜居须住小江南。

督亢秋成。战国时，涿邑隶属燕国。督亢，是指当时涿州东南部一带，大面积的肥沃土地。荆轲易水高歌，奉督亢之图入秦，谋刺秦王，功败垂成，最后被秦王所杀。“图穷匕首见”的慷慨悲歌故事流传千古。督亢最美的季节是秋季。有诗为证：

荆卿图督亢，献地秦人喜。
风萧自古传，黄云复万里。
丰年禾黍多，百室歌盈止。
壮士何处寻，西风吹易水。

楼桑春社。在涿州城南十五里，有楼桑村，为汉昭烈帝刘备故里。汉昭烈帝庙，宏阔壮丽。庙宇之中，各种神像都是木制的，威严肃穆。寺院内，古柏参天，碑碣林立，花木繁茂。人们来到这里，瞻仰远眺，流连忘返。每年农历三月二十三日，这里都要举行盛大庙会，称为春社。春社日，方圆数十里，人们扶老携幼，纷纷赶庙。各家商号，大开店铺，招揽客人。小商小贩，江湖艺人，蜂拥而至，热闹非凡。“父老相携载酒游，果然春社胜于秋”说的就是当时此景的盛况。

盘坡积雪。盘坡，又称三坡，距涿州城二百里，是涿州城的“飞地”。每年冬天，盘坡积雪，十分壮观，吸引无数游人前来观看。盘坡现称野三坡，隶属涞水县。古诗云：

连云一白接天涯，积雪犹堆六出花。
十丈红尘飞不到，玉山深处有人家。

乾隆帝赞美涿州

慕名前来涿州观灯者中，最著名的人物，也是最令涿州人自豪的人，就是乾隆皇帝了。乾隆皇帝六次南巡，几乎每次都要驻跸涿州行宫，不仅观赏花灯，而且，还提笔写下了大量诗文。从史料记载上看，乾隆皇帝南出京城，巡幸各地，基本上都要经过涿州，对涿州的人文风物和涿州特有的“凹”字城印象深刻，他曾多次写诗吟咏涿州城及其风景。乾隆十五年（1750），乾隆皇帝写《涿州城南》诗，让人对涿州耳目一新：

涿州城南柳色新，光风摇扬青韶春。
弹鞭拟挽长条问，阅尽征途几许人。

长烟初泮晓风清，画意诗情面面迎。
万古江山黄帝野，谁教此处独传名。

盈畴绿麦已芊绵，都道春膏胜往年。
野老相将修耒耜，未交寒食便耕田。

乾隆十八年（1753），乾隆皇帝恭奉皇太后阅视水围，太后非常高兴，皇帝兴奋之余，写下了《恭奉皇太后阅水围是日大安舆亦至涿州问安述事六韵》：

高年合颐豫，恳止谒桥陵。
迎奉安舆驾，欣舒色养承。
水禽群集渚，春淀早开冰。
赵北行将近，燕南景尚仍。
舟围排绖猎，士气鼓飞腾。
拟博慈颜笑，如川算益增。

涿州城北的一泓春水之中，野鸭成行，叽叽哇哇，十分热闹。放鸭人自由自在的吆喝之声，在旷野萦回。乾隆皇帝听后，感觉特别欣慰，鸭鸣水中，人打鸭跑。皇帝觉得眼前景象就是梦寐以求的太平盛世，他愉快地写下了《打鸭行》：

涿州城北春水生，涿州城南野鸭鸣。
鸣鸭集水人打鸭，我亦因为打鸭行。
打鸭非缴亦非罗，臂鞲鸭鹘沿溪河。
放鹘旋空鸭避匿，长竿驱出芦丛多。
鸷鸟下击才一瞥，水禽落魄脑觜裂。
烂湘细脍固畅意，腥风泣釜何由说？
我欲试观淀池澳，虞人致词颇中窍。
打鸭于河不于淀，汪洋竿击殊难到。
诡辨善避姑漫论，寻思究亦弗观妙。
鹘乎鹘乎尔胡不，为牛不解捕鹿为。
珍羞秃蹄穿领服，田畴以生，
百榖无疆休。

涿州行宫

涿州南关之地，有一座药王庙。药王庙东侧，有一座佛家寺庙，称为保庆寺。这座佛寺，始建于明嘉靖年间。乾隆皇帝南巡时，对这里大加改建、扩建，建成一座幽静的行宫，人称涿州行宫。皇帝南巡时，车驾南出京城，每隔60里，要设立一座颇具规模的行宫。出京城后，涿州行宫是皇帝驻跸的第二座大行宫。行宫前临清水，背倚青山，远处双塔凌空，晴烟数缕。乾隆皇帝入驻涿州行宫，不禁龙颜大悦，御笔题写《涿州行宫作》诗：

千山远作屏，一水清而抱。
阶墀足松石，节棁无山藻。
省方适静憩，汲古资幽讨。
不独容膝安，已觉悦心好。
涿鹿正面南，塔影秋云表。

据史书记载，当时涿州行宫的改建工

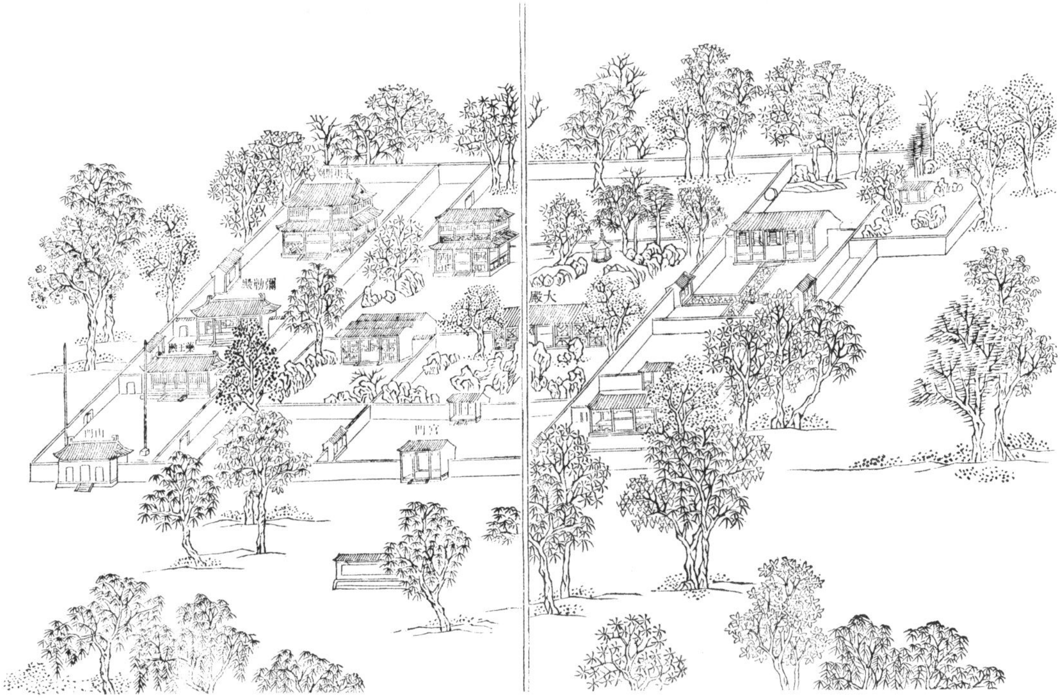

《南巡盛典》中的涿州行宫

程非常浩大。几经商讨，最后确定，不保留原有寺庙，而是在寺庙的基础之上进行全面改造，将寺庙改建成皇帝行宫：保庆寺大佛殿，改建成皇帝休息的正殿。寺庙东院，是相对独立的院落，辟为皇后寝宫。寺庙后殿非常安静，也十分安全，乾隆皇帝选定作为太后寝宫。皇帝、太后、后妃的寝宫确定了，为了迎合风雅皇帝的观赏需要，在寝宫之后，建造高大的观风楼，观赏远近风景。观风楼后的土山上遍植树木，花草满地，极富野趣。

涿州行宫不仅注重皇帝、后妃的居住安全，还特别照顾到乾隆皇帝在造园方面的爱好和情趣。督造大臣知道皇帝喜爱江南风格，特别在正殿之前，收集奇峰怪石，堆成假山，形成进入正殿之前的一道屏风：进入行宫，一座假山挡住视线，不知道山后是什么光景；假山巍峨，迎行宫大门而立，大臣进入正殿朝觐，恭敬、惶恐，必须经过蜿蜒曲折的甬道，穿过假山到达大殿，曲径通幽。

假山后的甬道，分左右两条，幽静、隐秘，弯弯曲曲。甬道左右穿山而过，假山之上，古藤蔓野，绿树环山，目光所极，天地之间一片葱绿。太湖石、云片石、青石层层叠叠，斑驳陆离，纵横交错。假山建造很独特，山上有峰，峰上有雾；山下有涧，山中有洞，峰上、洞中，云雾缭绕，峰云起伏；山间、峰下，怪石嶙峋，犬牙交错。恍惚之间，犹如置身于蓬莱仙境。穿过假山，眼前豁然开朗，大殿巍峨宏丽，耸立在假山之前的小片开阔地上。大殿两边，是东西配殿。

中国古典园林滥觞于商代。汉唐时期，帝国强盛，经济发达，皇宫苑囿遍及都城，园林艺术得到极大的发展，形成了中国造园艺术的第一个高峰。进入宋代，经济鼎盛，造园叠山之风大行其道。宋徽宗时，在皇宫西北建造艮岳，将造园艺术推向高潮，形成中国造园艺术的第二个高峰。明代时，南京紫禁城、北京紫禁城并立，皇家园林富丽堂皇，讲究和谐对称；私家园林遍及南北，造就了各不相同的园林风格，形成中国造园艺术的第三个高峰。清代时，园林建设如火如荼，高潮迭起。乾隆皇帝醉心于园林艺术，一方面在北京三山五园大兴土木，建造气势非凡的皇家园林；一方面，巡行各地，吸收南北造园艺术，建造皇帝行宫。于是，以江南私家园林为显著特色的园林、假山，如雨后春笋般地建成，形成中国造园艺术的第四个高峰。

据明代园林专著《园冶》记载，园林造山，包括：园山、厅山、楼山、阁山、书房山、池山、内室山、峭壁山等。每一类之叠山，各有自己的特点。其中，在行宫园林之中，园山、厅山建造较多。从建造技术角度划分，园林之中，有多种方法造山，主要包括旱地叠山、四季叠山、点石成景、独石构峰、依水叠山等。据专家研究，涿州行宫中的园林造山主要是园山、厅山，其建造方法就是旱地叠山。

据专家研究认为，涿州行宫园林假山，有 4 大特点：一是主体突出，层次分明，高低错落；二是曲折蜿蜒，凹凸有致，顾盼有序；三是疏密其间，累重相宜，虚实兼备；四是整体造型朴实无华，无矫揉造作之嫌。古人的“三远”之说，在涿州行宫中得到了别样的阐释。所谓三远，前低后高，谓之高远；两山并峙，犬牙交错，谓之深远；平岗小阜，错落蜿蜒，谓之平远。

观察涿州行宫，院内假山，人工堆砌的山石主要取自北京的房山，属青灰色细砂质水成岩，为片岩石。这种山石不像太湖石那样，具有窝、环、沟、洞等奇丽形态。其石体较为扁平，层层叠叠，所以，叠石之时，常常采用“连”、“接”、“斗”、“挎”、“卡”、“垂”、“挑”、“托”等特殊技术，所造假山形状，宛若徐徐云朵，飘浮于空中。专家说，行宫大殿前假山两侧两条环抱的小路，将假山分为三部分。中间部分打破常规，略显低平，两边稍高，但主体正、背面各有一似天然形成的窝洞，宛如释氏子弟修身之“方丈”，可谓既有高远之险峻飘逸，又有深远之深邃。而西边的部分与中部，看上去似乎雷同，但细看却不然，或高峰，或平顶，错落有致。东边的部分，则杂以近似湖石的灰岩，形成婀娜多姿的秀丽峰峦。

涿州行宫山石与植物的搭配也很有特色。据专家说，山石之上，夹植树木。一为椿科植物，阔叶无华，其叶蓁蓁。另一种则是栾树，春时生叶，夏时生出类似“倒挂金钟”的碧绿兜囊，垂于绿叶之下，秋时囊内生长粒粒圆珠，晶莹可爱。另外，几株古藤，或盘山而长，或绕树而生，更显无限古拙、幽雅，增添了几分仙家之气。厅堂前后，叠筑假山，旨在点缀，贵在玲珑生趣。古人有曰：“或有嘉树，稍点玲珑石块。不然，墙中嵌理壁岩，或顶植卉木垂萝，似有深境也。”

乾隆十六年（1751），乾隆皇帝第一次南巡驻跸涿州行宫，正值上元灯节，皇帝访谒皇太后，隆重进宴，一起共庆佳节。随后，赏赐扈从王公大臣。以及直隶大小官员等上元佳宴。乾隆皇帝这次驻跸涿州行宫时，向直隶总督方观承接连发布了两道蠲免钱粮的谕旨，施恩天下。

乾隆二十二年（1757），乾隆皇帝第二次南巡驻跸涿州行宫，写下了《涿州行宫作》一诗，赞美涿州行宫：

练吉巡江国，重临凹字城。
轩楹无藻饰，几席有余清。
兴与新春发，心依古月明。
金吾何必禁，爆竹喜声声。

乾隆二十七年（1762），乾隆皇帝第三次南巡驻跸涿州行宫，当时夕阳西下，行宫悬挂着上元花灯，亭轩飘逸着彩带，西岭一片春色，景致极美。皇帝坐在窗前，不禁饱蘸笔墨，一挥而就《涿州行宫晚景》：

涿郡出南门，行宫向远原。
底须事藻会，亦自有亭轩。
西岭衔春旭，东蟾竚上元。

郊镫真足赏，民俗藉堪论。
岂不还淳念，其间同乐存。
清宵闲点笔，爆竹听村村。

乾隆四十五年（1780），70 高龄的乾隆皇帝精神抖擞，再次光临涿州。故地重游，时临古稀之年依然兴致勃勃。那时的行宫略显萧然，门径清幽，庭院深邃，鲜嫩的苔迹依偎着砌就的石阶，古树枝叶如盖，铺满了整个庭院。追抚先贤，凭吊旧迹，徒增感慨。乾隆皇帝不禁诗兴大发，再写《涿州行宫作》诗：

行馆城南兹重临，萧然门径窃而深。
嫩苔依砌才生色，古树铺庭未张阴。
抚旧迹惟增慨叹，消余闲衹以清吟。
遥知南去江乡景，何日能忘此际心。

督亢陂

督亢陂，是古地名，早在战国时，属于燕的膏腴之地。据称，在今河北省涿州市东南之地，有督亢陂，其附近定兴、新城、固安诸县一带平衍地区，皆为燕之督亢之地。史学家司马迁记载："太子丹，阴养壮士二十人，使荆轲献督亢地图于秦，因袭刺秦王。"清诗人阎尔梅写《燕赵杂吟》，

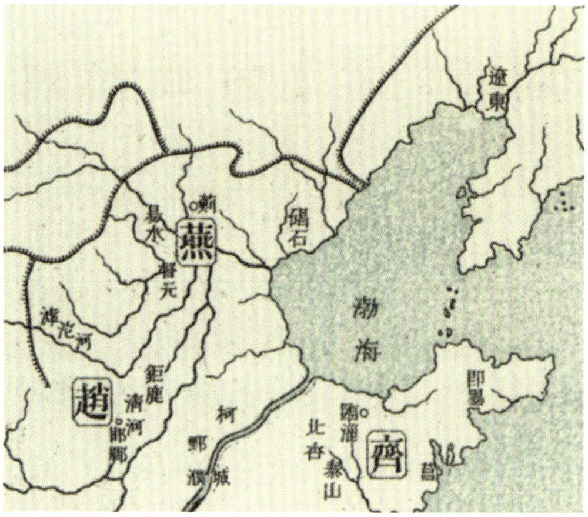

战国时代督亢形势图

吟咏这段往事："上古膏腴环督亢，中山意气感壶餐。"清学者顾大申感叹这件史事，写下了《始发良乡》的名句："地随督亢依山尽，河控桑干入塞来。"清人钱谦益喜欢论史，他在《直隶顺德府平乡县仇梦台授文林郎制》中说："尔其更列状以上，化沮洳为督亢，此吾之所急也。"清大臣曹寅写《送桐祈南归》诗，其之二称："雨收督亢天全绿，恰是诗人策马时。"

督亢因荆轲而闻名天下，荆轲因献督亢地图而垂名历史。督亢之地，区域并不很大。可是，秦王雄才大略，志在兼并六国，大势已成，为何耐不住性子，急欲一口吞下这弱燕的一隅之地？其实原因非常简单，秦始皇独独垂涎燕之督亢之地，是

因为督亢之地独特的地理位置，再加上这里是膏腴之地，太肥、太美、太富了。

为何督亢能成为膏腴之地？是因为这里先进的水利灌溉系统，这个水利系统同于都江堰、郑国渠，是十分成功的大型水利工程。督亢之地的中心区域是督亢泽，是一大片水乡。水引至督亢，为泽。史书上说：“泽，苞方城县”。也就是说，泽，包裹了方城县。督亢泽，周边长五十多华里，可大量蓄水，成一片泽国。

古时，称人工开凿的水道为沟。《周礼》记载：“九夫为井，井间广四尺、深四尺，谓之沟。”《大学衍义补》解释：“以河为主，为大沟，广一丈以上者，达河。开小沟，广四尺以上者，达大沟。”督亢，上有沟，引水注入。据史书记载，这条水沟“上承涞水于涞谷（涞水，即今拒马河。涞谷，位于今涞水县东。）……东经涿县郦楼桑里南……又南，迳督亢泽。”

涿州地区有山，多丘陵，先民们利用有利地形，开掘督亢沟，引拒马河水东行。这条人工水沟及其配套支渠，构成督亢地的灌溉网，造就了这片富裕之地。《水经注》说：“（督亢沟）引则长津委注，遏之则微川辍流。水德含和，变通在我”。这里的“引”和“遏”，说明在涞谷之地，人工兴建了一个完整的引水枢纽工程。人工修造督亢渠，史书多有记载：“范阳郡有旧督亢渠，径五十里……废毁多时，莫能修复。时水旱不调，民多饥馁，俊谓疏通旧迹，势必可成，乃表求营造。”“卢文伟说刺史裴俊，按旧迹修督亢陂。”“齐孝昭皇建中，平州刺史稽曜建议，开幽州督亢旧陂。”

督亢泽，又称督亢陂。“陂”，泽边，障水之岸，称陂。《淮南子》称：“十顷之陂，可以灌田四十顷。”督亢陂周边，建筑有人工障水堤岸，抬高水位，灌溉田地。需要用水时，经支渠引水，自行灌溉；水量充足时，经下行督亢沟（今白沟河），泄入拒马河。据记载，督亢泽，有支渠四支，极富灌溉之利。《太平寰宇记》是古代一部重要的地理著作，书中称:“曲络沟，源自督亢陂，迳县南。”《日下旧闻考》记载:“县西南三十五里，有曲沟镇，距督亢陂，二十五里”。曲络沟，是人工构建的曲折引水渠，两边有网状毛渠。

“督亢”，从字面上说，是指一个特定的区域，意为中央高耸、隆起，人称督亢地、督亢沟、督亢陂、督亢陌、督亢亭等，表示是灌溉之地。秦始皇执政初年，大力修建郑国渠，使“秦以富强，卒并诸侯”。秦始皇尝到了郑国渠的甜头，因此，对燕富裕的督亢之地早已虎视眈眈。燕太子丹明白秦王的雄心，派武士荆轲入秦，以督亢地图为诱饵，图内藏匕首，图穷匕首见，迅速刺杀秦王。可是，荆轲的行刺计划以失败告终。后来，秦始皇借机发兵，灭亡燕国，秦王垂涎的督亢之地终于落入秦王手中。秦拥督亢肥沃之地，秦国更加强大。

唐代以后，督亢陂一带因为水利过度开发，膏腴之地逐渐盐碱化。北宋天圣四年（1026），太常博士王治进奏说：“河北为天下根本，其民俭啬勤苦，古号丰实。……魏史起凿十二渠引漳水溉斥卤之地，而河内饶足。……唐至德后，渠废，而相、魏、磁、洺之地并漳水者，属遭决溢，今皆斥卤不可耕。”北宋科学家沈括说：“漳水、滹沱、涿水、桑干之类，悉皆浊流。”宋庆历六年（1046），监察御史何郯进奏:“河北一路，除沧、滨出盐外，其深、冀、邢、洺等十数州，地多碱卤，不可耕种，民唯以煮小盐为业，衣食赋税皆出于此。”宋本《都水监事记》云:“古燕赵之地，吾尝行雄、莫、镇、定间，求所谓督亢陂者，则固已废，何承矩之塘堰，亦漫不可迹。渔阳燕郡戾陵诸堰，则又并其名未闻，豪杰之意有作以兴废补弊者，恒慨惜之。”

北京永定河经常泛滥，它使燕地督亢彻底改观，最后变得满目全非。永定河，古称浑河、小黄河、芦沟水。这条河原本不流经固安，而是在金口（今石景山）往东南流，在武清向东入海。金代时，定都燕京。因为浑河暴怒，经常泛溢成灾，直接威胁京城安全。于是，金帝下令，迫浑河改道，让河水流往西南，在固安西北分为两支。从此燕京无洪水之虞，固安因多次决堤，饱受洪灾之苦。到明代时，这一带已是一片荒芜。明大臣夏言称：“北方地土，平夷广衍，中间大半舄卤薄瘠之地，葭苇沮洳之场，且地形率多洼下，一遇数日之雨，即成淹没，不必霖潦之久，辄有害稼之苦。”难怪明代才子袁中道路经固安，特地考察这片“膏腴之地”，大为疑惑，写诗提出质疑：

断搽流水卧枯杨，千里飞沙草木黄。
督亢如何称沃美，荆轲图去致秦王？

倒是乾隆皇帝，对督亢之地完全是从访古的角度来理解、体察的。在其第二次南巡时，写下了《督亢陂览古》：

马迁作史失辞驳，刘向传经具政模。
引水开田言则易，推行得尚竟谁乎？

督亢广衍旧膏腴，计使荆轲献地图。
持短入长奚济事？害成廷祸竟亡躯。

乾隆四十五年（1780），乾隆皇帝第五次南巡，又写《督亢揽古》：

白衣送荆卿，焉得无声闻。
秦岂乏耳目，自败密谋迅。
及至图穷处，何不速奏刃？
逡巡先伤股，那见神勇奋。
行险以儌幸，宣尼有定论。
然而马迁书，大都难尽信。

二　紫泉行宫

紫泉行宫，位于河北新城县西南部。这里地势奇特，山水秀丽。因为其西北十五里之处，有紫泉喷涌，所以人称此处

清人绘新城县图

为紫泉。据《水经注》考证："紫泉上承督亢沟，于乃县东，东南流历紫渊东。"乾隆时期，学者们追源溯流，指出："今按方位，紫泉，即紫渊，其名旧矣。源出龙堂村，迳钓鱼台，绕县城而西。其有奥区，碧流环带如练。"

乾隆十六年（1751），乾隆皇帝第一次南巡，在碧流环带的风景胜地建造行宫，称为紫泉行宫。行宫依照皇宫规制，宫室巍巍，红墙黄瓦。数重院落内有古埭、修竹，曲径通幽。院中有假山、小湖，拳石耸立，内建画舫、风亭。史书记载："乾隆辛未岁，建行陛于中。画舫风亭，清幽飒爽。埭旁，植修竹，拳石秀峙，略酌纡回。树杪篬筜，掩薄洲渚。爰荷天章，谱为十景焉！"

紫泉行宫景致优美，不同景区各具特色，形成10个各具特色的风景区，乾隆皇帝称为"紫泉十景"。乾隆二十一年（1756），乾隆皇帝东巡祭祖，驻跸紫泉行宫，对行宫十景非常赞赏，分别写诗吟咏，为《紫泉行宫杂咏》：

《南巡盛典》中的紫泉行宫

敞轩

春和近全揽，野绿远偏延。

宋祖开门意，洞明我与然。

屏山

迭石为假山，威纡曲屏展。

一览戒无遗，如旒之蔽冕。

镜湖

其源来紫泉，输注成半亩。

载舟彼已然，濯缨吾何有。

舫室

临湖筑舫室，不系常涵虚。

米家书画式，津逮今纷如。

棕亭

一笠栖集嵘，望之疑阆风。

来往是何侣，琴高及韩终。

虹桥

宛转界平湖，一亭乃宛在。

镜清本爱凭，沚芳复可采。

鱼罾

石梁系鱼罾，举之无一呈。

莫拟空行笑，此间水至清。

石径

结构肖天然，崎岖复岨峿。

一宿之栖迟，移竖可借许。

紫泉行宫龙潭

紫泉行宫水中舫室

竹埭

傍轩种嫩篁，娟娟四五个。

何必羡渭川，亦有清风簸。

箭厅

三楹向平远，用备试弧矢。

习武重巡方，是诚我所喜。

乾隆皇帝是从二十一年时开始入住紫泉行宫的。他对于紫泉行宫有一种特殊的记忆，先后24次吟咏这里。继乾隆二十一年吟咏紫泉十景之后，第二、第三、第四次南巡，先后3次吟咏紫泉十景，从不同的角度欣赏、赞美和品评这行宫10处别具一格的景致。

乾隆二十二年（1757），第二次南巡，御驾行至紫泉河，乾隆皇帝临河观望，看河水清幽，皎然宁静，感叹千年岁月，逝者如斯，写《紫泉河》诗：

澄渟曲注皎然清，千载如斯天一生。

何事相传中夕变，至今留得紫泉名。

入住紫泉行宫后，乾隆皇帝再次品评行宫十景之美、之奇、之特，欣然《再咏紫泉行宫十景》：

敞轩

一区十亩县城陲，密室敞轩各得宜。

路便重临风日好，吾心与物共春熙。

屏山

门径萦纡足幽趣，一拳亦自得称屏。

设如真展潇湘画，翻厌施丹与着青。

镜湖

去年波影开奁滟，今日水光照座新。

可识冻融何碍镜，往来都是镜中人。

舫室

重宇湖心还号舫，层层迭石固阶基。

载舟得托常安稳，吾亦因之悟所宜。

棕亭

栖崖一笠只容身，满受春风迥出尘。

设拟应真留下物，能参背触又何人。

虹桥

朱栏诘屈不嫌长，势作垂虹饮练光。

天水心情斯小试，遄飞兴早到维扬。

鱼罾

未出轻鯈冻尚凝，不教缀景设鱼罾。

当春生养资涵煦，育物吾心别有凭。

石径

竖峰曲栈致多佳，屧步因之到竹斋。

却是小窗堪望远，郇居野幕入观皆。

竹埭

琅玕几个得天然，便拟坡仙与懒仙。

此去云栖幽绝处，明知万玉戛晴烟。

箭厅

悦心惟是励无逸，观德端知重有方。

驻辇恒因试弧矢，承平武备讵宜忘。

三　赵北口行宫

赵北口行宫，位于任邱县北五十里，人称赵堡口。据《后汉书》记载：其地“燕南，垂赵北际也。”这里是西淀诸水的汇集之地，山清水秀，湖光山色十分美丽。河堤坚固，万柳夹岸，十一座大桥跨立，为南北往来之交通要冲。康熙时期，曾在这里举行水围活动，开始着手建造行宫。当时，选择在端村、郭里口圈头两处，各建一所行殿。从此，赵北口行宫初具规模。赵北口行宫环境优美，造园独特，整个园林风格犹如江南景致，湖光烟霭，水槛风廓，帆影云飞，碧空如洗。史书称：

亘以万柳堤桥，十有一虹跨其上，为南北通衢。西淀诸水，由此东注。圣祖仁皇帝举水围之典，葺治行殿，并于端村、郭里口圈头各建一所。岁戊辰，皇上敬循故事，命水虞行春围焉。銮辂时巡，屡邀临驻。湖光烟霭，帆影云飞。水槛风廓，环映于莲。泊沙塘之际，晴空一碧，写咏鸢鱼，仿佛江南图画也！

乾隆皇帝六次南巡，每次都驻跸赵北口行宫。关于赵北口，乾隆皇帝一再写诗吟咏，先后作诗 43 首，包括赵北口 21 首，赵北口行宫 22 首。

《南巡盛典》中的赵北口行宫

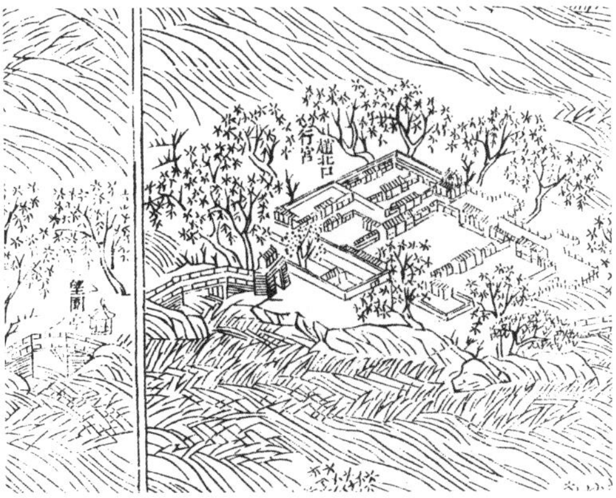

清人绘赵北口行宫与十一连桥

乾隆十六年（1751）第一次南巡，皇帝驻跸与此，游幸于素雅整洁的行宫，纱灯高悬，陈设着唐花瓷钵；窗明几净，室中珍玩琳琅满目。御案上摆放着文房四宝，书架上满是经史子集。乾隆皇帝坐在案前，心静如水，写下《赵北口行宫作》诗：

初岁临行馆，开韶景已妍。
会心即在此，得句偶思前。
瓷钵唐花茁，纱檠银蒜悬。
淀池冰未泮，不必命虞船。
帘卷和风细，窗含嫩日明。
两间供静玩，万汇快新晴。
冻浦凫仍聚，春林鸟不惊。
文状净棐几，书史最怡情。

乾隆皇帝一行驻跸赵北口行宫正是在上元节后，行宫里张灯结彩，早已灯火辉煌，乾隆皇帝奉皇太后在行宫中过节，观赏灯火，写下《上元后夕观灯火》诗：

绞缚烟花冻浦间，水天火戏胜尘寰。
春雷惊起鱼龙蛰，云物团成虎豹关。
真是水仙朝贝阙，谁教海客驾鳌山。
踏灯词尽饶佳丽，此夜风光未许攀。

上元节前后三天都是灯节，花灯五彩缤纷，争奇斗妍。按照清宫规定，御苑灯火的管制是十分严格的，只是在正月十三日至燕九节陈设灯火。燕九节，是为纪念丘处机真人而设的传统宴节活动。明清宫廷对丘处机真人很敬重，对于燕九节十分重视，纷纷举行庆贺活动，在灯火管制方面也给予了特别照顾，允许在这一天陈列花灯，施放烟火。元人熊梦祥《析津志》称："正月初一至十九日，都城人谓之燕九节。倾城士女曳竹枝，俱往南城长春宫、白云观，宫观蒇扬法事、烧香同，纵情宴玩，以为盛节。"

明宫太监刘若愚熟悉宫廷生活和节令风俗，他说："正月十九日，名燕九是也。都城之西南，有白云观者，云是胜国时，丘真人成道处。此日，僧道辐辏，凡圣溷集，勋戚内臣，凡好黄白之术者，咸游此访丹诀焉。"清代诗人方文曾在燕九日观灯，这样描述当日盛况："京师胜日夸燕九，远近黄冠会白云。"

对于赵北口行宫的繁华灯节，乾隆皇帝感觉很满意。苍茫大地，月亮正圆，春风正柔，月华似水。行宫之中，胜景相连，风华如画。警跸之路，清幽通畅。远街近室，灯火辉煌。爆竹之声，不绝于耳，一浪高过一浪。乾隆皇帝欣然提笔，挥毫御笔题诗，写《上元后夕观灯》诗：

翼节月犹美，韶春风正柔。
烟郊余胜景，跸路畅清游。
继照灯偏艳，腾声爆更稠。
钱家余故事，虽好不须酬。

（御苑灯火，例以十三至燕九。兹以巡狩，只令陈节夕前后及燕九，余盖弗用。）

四　思贤村行宫

思贤村行宫，位于河北任邱县南大约十里，原名四善村。是汉太傅韩婴的故里。因韩婴故祠有"思贤"二字，故称这里为思贤村。韩婴生活在汉文帝时代，为朝廷的经学博士。汉景帝时，任常山王刘舜的王府太傅。韩婴潜心研究经学，精通《诗经》，推诗人之意，作内外诗传，达数万言。一时之间，韩诗之造诣，遐迩闻名。韩婴研究诗学，与齐鲁二家并称。燕赵之地，言诗者、学诗者、研诗者，多宗韩诗。韩婴研究诗学之外，还钻研易学，著有《易传》。

据韩诗自传所称，韩婴故居之中建有祠堂，其后有授经台。花木扶疏，浓荫如盖，院落静寂，曲径通幽。乾隆二十七年（1762），乾隆皇帝第三次南巡，在韩婴故里旁边修建行宫，称思贤村行宫。据史料记载：

惟韩氏自传，其学村有祠，授经台踞

清人绘任丘县图

其后，曲径通幽，卉木环荫，塍畦绮错，含秀铺芬。乾隆壬午岁仍旧宇修葺为驻跸之所，垣墙朴简，栏槛清旷，与远垌云树杳映带。皇上即景怀古，易村名曰思贤，并赐书授经台额。余葩流韵，叠被天章，洵昔贤之荣遇也。

乾隆二十七年（1762），喜欢韩诗的乾隆皇帝第一次驻跸思贤村行宫。当时，此村仍称四善村，皇帝缅怀古迹，看见韩氏古祠堂中有“思贤”之匾，即景怀古，赐赏村名为思贤村。乾隆皇帝御笔题诗，成《驻跸思贤村行馆题句》：

汉家太傅有遗祠，行馆于旁朴且宜。
两字思贤易新号，千秋稽古藉先资。
（旧名四善村，因易此名。）
闲庭不改风还月，敬案依然易与诗。
一宿明当发清跸，已安容膝底多为。

据史书记载，汉武帝时，董仲舒是一代大儒，其儒学的权威地位无人能比。韩婴以治诗闻名，治诗兼治易，是西汉时期韩诗派的创始人。他与董仲舒公然辩论，不为权威所屈。在《诗经》研究方面，韩、齐、鲁三家齐名。但是，韩诗与齐、鲁学派有所不同:韩诗推测《诗经》之意，杂引《春秋》之书，或者古事，与经义不相比附，与诸子百家之记载大相出入。一句话，就是引《诗》以事，不是引事以明《诗》。微言大义，指事发挥，纵论今古。于是，韩诗大行其道，影响极广，燕赵地区言诗者，基本上都是基于韩诗。赵子、贲生是其高徒，赵子传蔡谊，三传至王学，形成韩诗流派，学徒遍布天下。

韩婴直接承袭荀子思想，尊信孟子，

《南巡盛典》中的思贤村行宫

主张法先王，认为从性善。他说，福生于无为，而患生于多欲。因此统治者必须节制欲望，轻徭薄赋，使民以时，以谦德为立身之本。韩婴在韩祠之后，设立授经台，教授学徒。他在授经时，提出了著名的观点：德行宽裕，守之以恭者荣；土地广大，守之以俭者安；禄位尊盛，守之以卑者贵；人众兵强，守之以畏者胜；聪明睿智，守之以愚者哲；博闻强记，守之以浅者智。他的人生守则是：大足以治天下，中足以安国家，近足以守其身。

乾隆皇帝欣赏韩婴的才华，认为明君就当轻徭薄赋、使民以时、以谦德为本。所以，乾隆皇帝欣然赋《题授经台》诗：

高台喜识授经名，太傅犹称处事明。
河内后来传赵子，淮南先是受贲生。
诗殊东鲁意颇合，易是专韩义独精。
憩宇恰依林屋侧，罣然望古集遥情。

乾隆三十年（1765），乾隆皇帝第四次南巡来到思贤村，此时距离前次驻跸改四善村为思贤村已经三年了，燕九日刚过，阳春花灯刚刚收起，热闹的斋饭过后，行宫归于静寂。御案上有许多书籍和御笔诗稿，回忆当年的意气风发。55 岁的乾隆皇帝思绪万千，随性写下《夕》诗：

村名易思贤，所思因授经。（旧名四善村。壬午（二十七年）南巡，驻此，以地有汉太傅韩婴祠，因易今名。）

汉室重儒术，遗学赖用明。
太傅兴是邦，津梁接后生。
高台今复起，传实原以名。
三年此南巡，行馆重驻停。
昨日度燕九，春郊已收灯。
夕斋有余暇，闹后喜谧清。
简编亦在案，回忆当年横。
注疏我未逮，惟是最躬行。

乾隆皇帝驻跸行馆，翻阅旧作，看到自己常用“行馆”二字，特地解释，作诗《思贤村行馆叠旧作韵》：

常山太傅授经祠，津逮拎斯憩息宜。
汲古端知稽此要，经邦宁复藉他资。
自专韩氏惟传易，众好燕人尤述诗。
不号行宫号行馆，爱伊朴简契无为。

五 河间

河间位于河北中南部，冀中平原腹地，其地历史悠久，早在新石器时代就有人类聚居，先民在这里繁衍生息。据地方志记载，河间之名，始于战国时期。后来历代在此建府、立州，设郡、置国。明洪武元年（1368），明太祖朱元璋改河间路为河间府，属新设之河南行省。洪武二年三月癸丑（1369年4月20日），河间府正式划归北平行省。永乐十九年正月初一（1421年2月1日），朱棣将河间府划归京师（北京）。明末，河间府下辖10县2州。10县是：河间、献县、阜城、肃宁、任丘、交河、青县、兴济、静海、宁津；2州是：景州（领吴桥、东光、故城3县）、沧州（领庆云、南皮、盐山3县）。

清代时，河间府辖10县1州。10县：

清人绘河间府图

河间、阜城、肃宁、任丘、交河、宁津、吴桥、故城、东光、献县；1 州：景州。

乾隆二十二年（1757），乾隆皇帝第二次南巡，途经河间府，感慨河间之地，这里人文荟萃，书乐彬彬；先圣后贤，薪火相传；列仙传里，有名有姓；广川台前，贤良如云。乾隆皇帝心神向往，作《河间道中杂咏》诗 6 首。其中一首写道：

请书献乐甚彬彬，华表千秋景行新。
令史诸侯传曾读，最心许者是斯人。

六 太平庄行宫

太平庄行宫，位于河间城南十五里。据史书记载：“太平庄行宫，在河间县南，旧有毛公祠。”据《后汉书·儒林传》记载：“毛苌也，武帝时，为河间献王博士。治诗，于齐、鲁、韩三家，授同国贯长卿。平帝时，立于学。”据乾隆时的文献记载，毛公祠为元代王思诚所建。堂庑朴素，丛木苍郁。清流襟带，环绕其北。苔垣竹牖，倒影玻璃。“壬午（乾隆二十七年）春，翠华临幸。

《南巡盛典》中的太平庄行宫

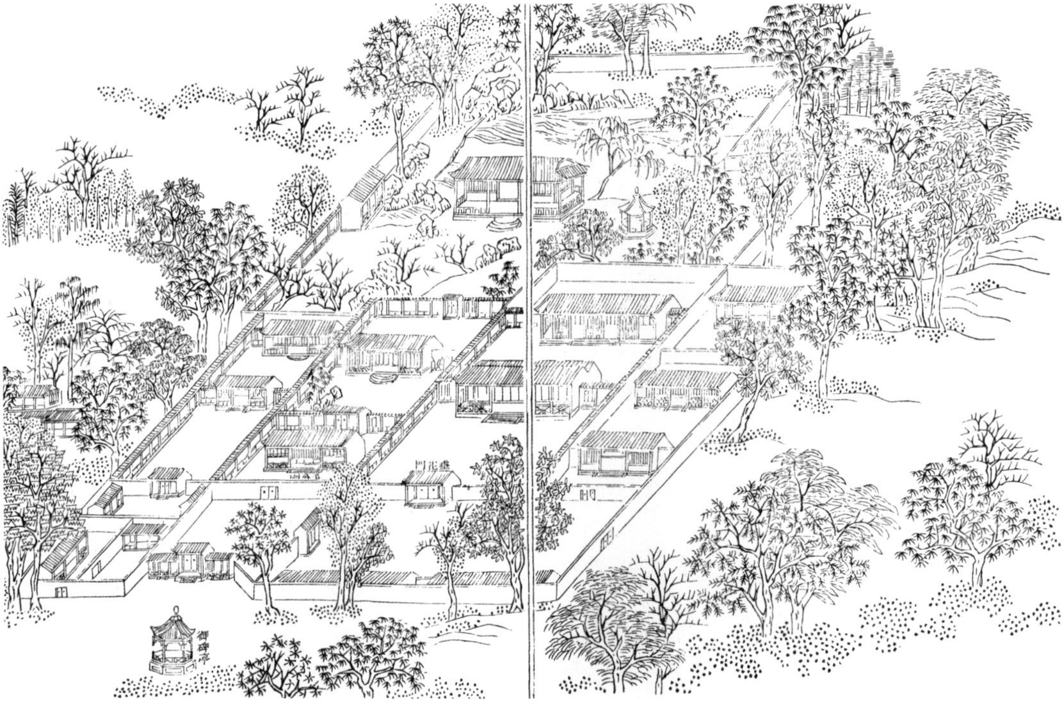

缮葺规模，不事雕文藻绘。轩窗潇洒，天笔扬葩。风雅流传，于兹勿替矣。”

从史书记载上看，这座行宫原为元代王思诚建造的毛公祠，祠堂有堂有庑，简洁朴素，林木葱郁，环境十分清幽。祠堂之北，有一条如襟带一样的河流，苔藓古垣，竹牖倒影，风景如画。乾隆二十七年（1762）春，乾隆皇帝第三次下江南，在这里修建了一座规模较大的行宫，称为太平庄行宫，其南巡进入河间府后，通常驻跸于此。

太平庄行宫占地面积约 1.5 平方公里。其地域范围，南到龙华店，北至太平庄，东接兴隆店，西傍福海庄。行宫建筑分为三进院落，有宫殿、偏殿、庑室以及办公值房、军机处、毛公祠等。行宫是宫廷式建筑群，红墙碧瓦，雕梁画栋，金碧辉煌。除宫殿式建筑之外，还有花园、牌坊和陪同官员的公馆。花园内有毛公讲诗台、金鱼池以及平湖秋月、别有洞天、湖山在望等景点。可惜，这座行宫被毁，毁于何时，无据可考。如今，行宫仅存乾隆皇帝题汉白玉碑，收藏在当地的文保所中。

据当地老人回忆，太平庄地区有皇帝行宫和随扈大营之别。皇帝行宫，在毛公祠旁边。距皇帝行宫大约三里，是御林军等侍从人员的扈卫大营。皇帝行宫大约占地 18 亩，随扈大营大约占地 300 亩。出于安全考虑，皇帝行宫南面较为空旷。为防意外，紧急情况时，特地设立烟火台。这座用于报警的烟火台，设在随扈大营东面，现在是太平庄学校。据称，这座皇帝行宫毁于农民起义军之手。

七　红杏园行宫

从史料记载上看，乾隆皇帝巡行直隶，其驻跸行宫主要有 7 处：涿州行宫、紫泉行宫、赵北口行宫、思贤村行宫、太平庄行宫、红杏园行宫、绛河行宫。其中，红杏园行宫在献县境内。

河北献县，历史悠久。夏商时期，这里属于冀州。春秋时，属于燕国。战国时，先后归属于燕、赵、秦。西汉时，属于河间国乐城县，境内形成了相当规模的城市，称为乐城，具有地域的影响力。汉高祖六年（前 201），设置河间郡。汉文帝二年（前 178），改河间郡为河间国。此后，河间或为国，或为郡，前后历时长达 700 年之久，其治所一直在今河北献县河城街南。直到北魏太和十一年（478），河间治所正式北徙。自此“河间”之名，迁出县境。献县，

清人绘献县图

一直是河间国（郡）的政治、经济、文化中心。

晋代葛洪在《西京杂记》中这样记载：“河间王（刘）德，筑日华宫，置客馆二十余区,以待学生。自奉养,不逾宾客。”当年，献王刘德，集齐、鲁、燕、赵儒士数百人，在此夜以继日编校古籍。这些儒士衣冠整肃，恃才自负。他们整理文献，弹冠勤奋，“或趋以跄，登降于堂”，一时之间，日华宫内，“殿阁灿烂，古光璀璨”。可以说，这里是当时汉朝最大的儒学研究院。汉以后，这里开始荒废。

隋初，河间郡改为乐寿县。隋开皇十八年（598），隋文帝杨坚改乐城县为广

《南巡盛典》中的红杏园行宫

城县。仁寿元年（601），隋文帝改广城县为乐寿县。隋末，起义军窦建德驻军乐寿，在此建立大夏国。唐时，沿为乐寿县。金天会七年（1129），金太宗完颜晟将乐寿县升格并改名为寿州。天德三年（1151），金海陵王完颜亮更名为献州。明洪武八年（1375），降州为县，始称献县，一直沿用至今。清代时，沿袭明制，属河间府。

红杏园行宫在献县南边大约30里。这里曾是河间献王日华宫的故址。献王喜好儒术，建置客馆二十余区。据称，一时之间，文学之士多从游赏，饮酒吟诗。据考证，今天的河北沧州泊头富镇严铺村，就是当年汉代日华宫所在地。明成化年间，

红杏园行宫中形同“半规”的月桥

御史王注发现并买下这里，建造别墅，种杏树数百株，故称“红杏园”。园内建有亭子，亭翼飞动。亭旁有池，清澈泓然。池上有月桥，桥形如同半规，蜿蜒曲折，通向台榭。据《嘉靖河间府志》记载：“以其河间献王封国，献陵在焉，故特名其州曰献。”

乾隆十五年（1750），红杏园被辟为行宫，乾隆皇帝在南巡前夕，得知红杏园前临滹沱河，河水常年奔流不息，特别是春天时，园中杏花盛开，群芳争艳。于是同意把这里改建为行宫，作为他南巡的驻跸之所。红杏园行宫的遗迹至今犹在。目前，村中散弃部分红杏园旧物，有假山玉石数方，还留存有清光绪年间所立“日华宫遗址”石碑一幢。

乾隆时期的红杏园行宫比汉时日华宫更加宏伟，巍巍壮丽。整个行宫呈长方形，南北长八十二步，东西长六十八步，周围砌有坚固的墙垣。行宫有宫门三楹，门内左侧是皇太后寝宫，右侧为皇帝寝宫，正殿三楹，殿后回廊逶迤，通向东北。转过池塘，中有平台与水中亭相接，穿水亭，过长桥，桥如月形，故名“月桥”。月桥北，是皇帝寝宫。寝宫有房数楹，两边各有长廊。宫院回廊蜿蜒，曲径通幽。池水清澈，内有莲荷菱藕。池边植有柳、槐，园中数百株杏树，枝叶繁茂。行宫之华美，有文为证：

骈柯庵叶，万萼绚在。
绉縠涟漪，菰芦一碧。
禽鱼翔泳，多会于栏槛之前，
爰惬宸襟睿藻焉。

乾隆皇帝六次南巡，每次都驻跸红杏园行宫，并在这里吟诗抒怀。在《红杏园》诗中，他如此表达自己对这里的敬仰之情：

渤海经古邑，芳园驻翠辇。
徘徊寻故迹，云昔日华馆。
三雍曾著称，五经亦赖显。
崇构早倾颓，土阶新拓展。
池台取略具，琴书供静遣。

物力毋亟劳，容膝斯已善。

乾隆皇帝在这首诗中，多有用典。所称古邑，就是古代沧州。芳园，即沧州泊头富镇严铺村。三雍，是《诗经》别称。据《泊头市志》记载："(此地)汉后荒废，至明成化中，御史王注得其故址，建别业，种杏树百株，称为红杏园。"

乾隆皇帝对于河间王刘德，有一种神心向往的感觉，恨不得生在同一时代。乾隆为何欣赏刘德？分析史料，主要有三：一是刘德是帝嗣，修学好古；二是广招善书之人，书法独特；三是精研儒经，进宫献乐，策对三雍宫，纵论天下，才华惊人。所以，乾隆皇帝感于刘德之德，御笔赋诗道：

请书献乐甚彬彬，华表千秋景行新。
令史诸侯传曾读，最心许者是斯人。

第一次驻跸红杏园，正是燕九之日。如果在京城皇宫，就会隆重庆贺10日。在红杏园行宫，乾隆皇帝上元佳节的余兴未尽，特旨陈列花灯，隆重设宴，庆贺燕九日邱仙之节。宴会上，雪花飞舞，雾霭浓郁。花灯耀眼，民风淳朴。一条条彩带如同百道彩虹，使佳节气氛更加浓厚。宴会之后，乾隆皇帝坐着肩舆，返回寝殿，诗稿已成。回到寝殿，毫无睡意的他，拿起御笔书就了《燕九日观灯》长诗：

上元余兴觉犹浓，灯事重陈景物融。
日纪邱仙沿俗例，地传毛氏想遗风。
继离腾照千村朗，应节纷悬万树红。
真胜御园听法曲，讴歌乐处与民同。
春云酿雪晓来浓，六出难分半就融。
更助景光媚佳节，便陈灯火阅民风。
垂虹百道连天耀，结焰千葩彻夜红。
宴罢肩舆返行殿，青郊盛事昨宵同。

八　绛河行宫

绛河行宫在景州，据《隋书》记载：开皇十六年(596)，隋文帝杨坚于长芦置景州。因辖境为古景城侯国之地，故州以"景"字为名。明洪武元年(1368)，河间路改为河间府后，景州属于河间府。雍正二年(1724)，原属景州之吴桥、东光、故城三县直属河间府，景州改为散州，直属河间府，州治均在今景县。

绛河行宫在景州城西北，因为绛河流进景州，故称景州行宫为绛河行宫。乾隆时期，史书如此记载绛河行宫：

清人绘景州图

斜抱村墟，环掩烟树，中构行馆。修廊回槛，曲通邃室。虹桥宛转，漾碧澄虚。月景岚光，随时延入亭榭。恭荷御题八咏，各赐书额，修市龙额之间，更增佳胜矣。

乾隆三十年（1765），乾隆皇帝第四次南巡，入住景州行宫，写《于景州行馆作》。在序言中，乾隆皇帝解释为何在此建构行宫。他说："地方官以皇太后高年，旃屋究不如瓦室之暖，因建行馆，以备憩息。义重温凊，且事已成，遂不峻拒。东省颇亦有之，然非朕本怀，故诗以志愧。"

行营向所谙，随处足停骖。
如曰高年养，无过数宇堪。

何来景历历，且复厦眈眈。
觉适以为恧，惟清信可耽。

牙籤供古鉴，纱牖纳春含。
未得忘言去，言斯自识惭。

《南巡盛典》中的绛河行宫

开福寺

景州除了绛河行宫外，还有一处名胜值得一提，那就是明代古刹开福寺。开福寺，位于景州西北。寺有乾隆皇帝御书“无量福田”匾。上署：“乾隆十三年三月颁赐。”开福寺侧，造御碑亭，亭内恭立乾隆皇帝《御制开福寺塔诗》石刻碑。史书记载：

（开福寺）在景州治西北，前明旧刹也。层檐叠架，博敞丰丽。杰阁峙其旁，名曰千佛。前有古塔，相传隋建，累十有三级。覆以铁笼，铜瓶，环以瑜栏，石砌盘回陡绝，洞户豁然。四围周眺，修城万雉。环贵村墟，栉比鳞次。康熙丙戌岁，圣祖仁皇帝尝驻跸焉。皇上经临，叠敷宸藻，慈云慧日，永丽于兰若间矣！

《南巡盛典》中的开福寺

第五部分

礼乐名邦问山东

一 德州行宫

德州位于山东西北部，坐落在黄河下游北岸，总面积一万余平方公里。德州北临河北、天津，南邻省会济南，西接山西，是出直隶后进入山东的水陆要冲，自古以来，就有“九达天衢”、“神京门户”之称，是北方地区极其重要的交通枢纽。《今县释名》称：“汉平原郡，有安德县，隋因置德州。”据司马迁《史记》记载：“汉高

清人绘德州图

祖十二年（前195），封银侯刘广，以德国为食邑。以故国名县。”西汉时，在今德州东境、古黄河边上，置安德县，取“德水安澜”之意,喻为“太平祥和之州”。之后，此名此意流行，人称此地为德州。隋朝时，开皇三年（583），隋文帝改安德郡为德州，治安德县。这是德州地名正式之始。此后，时废时复。唐乾元元年（758），复称德州，自此，历代皆称德州。

德州地处黄河故道，位于大运河之滨，是中国历史上河流文化造就的一座文明古城。远古时期，黄河之水，大浪滔滔，流经这里时，凝结了千钧之力，洪水经常泛滥成灾。著名的京杭大运河贯穿南北，德州正处于咽喉之地。清人顾祖禹著《读史方舆纪要》，他说：“德州控三齐之肩背，为河朔之咽喉。”

据史料记载，德州之“德”，源于“德水”。德水，是古黄河的别名。公元前221年，秦始皇灭山东六国，称帝天下。当时，有“五德终始之说”流行，五德即水、火、土、木、金。黄帝得土德，夏得木德，殷得金德，周得火德，互生互克。秦始皇因周为火德，能灭火者，水也，故而他自称得水德之瑞，所以秦能灭周。因此，秦始皇特地改古黄河之名为“德水”。所以德州因黄河而命名传世，因运河而闻名天下。

德州地处黄河下游，境内分布着广阔的冲积平原，地势较平坦，土层深厚，蕴水丰富，是农业耕作的天然理想场所。先秦时期，德州运河区域气候温暖，雨量充沛。古老的黄河、济水、漯水、鬲津河、马颊河、胡苏河、钩盘河、徒骇河等河流经境内，滋养着这块丰饶的土地，也滋养着这里淳朴的人民。德州西接清河，东临渤海，这些天然屏障，调节和保护着德州，使其在干旱或者战争兼并年代，也能充分发展经济，繁荣文化。

德州还是中国古代农业文明的重要发祥地之一。大汶口文化时期，德州就进入了锄耕农业阶段。然后,历经龙山文化、夏、商、西周的不断进步和发展,到春秋战国时期,德州已经成为一个农业大区。农业发展,依赖于农业技术和科学的进步。春秋战国时期,德州运河区域的农业科技十分发达,其农时学、地宜学、生产工具、耕作技术、农田水利等诸方面,都取得了很大成就。早在商代时,德州农具之中,就出现了青铜斧、镰、犁等。西周时期,德州运河区属于齐。德州人因地制宜,“劝其女工,极技巧,通鱼盐”。他们同时发展农业、工商业,列为政务三宝,将“大农”放在“大农、大工、大商”三宝之首。

德州历史悠久,文化底蕴丰厚,历史遗迹众多。早在旧石器时代,德州先民们就在这里繁衍、生息。这里出土的精美黑陶器,距今已有4000余年的历史。当年,禹王治水时,提出疏浚九河。九河之中,德州地区就有五河:鬲津、马颊、胡苏、钩盘、徒骇五条河流。据地方志记载,禹王亭遗址,位于禹城县之十里望村南。传说,夏代东夷族领袖后羿,就出生在这里。三国时期,临邑县弥家村人祢衡是位了不起的读书人,他曾不畏强暴,面对曹操的恶行,敢于公然“击鼓骂曹”。唐代时,大书法家颜真卿任平原郡太守,他曾亲笔书写《东方朔画赞碑》,此碑至今保存在陵县文化馆内。宋代时,建筑了一座古庙:文庙,建筑风格独特,至今屹立在夏津县城里。此地著名的历史风物还有平原文昌阁、千佛塔、陵县神头汉墓群、邢侗故居、乐陵五家冢遗址等。

乾隆皇帝对于德州,有一种特殊的情怀。德州是行驶御舟的重要起点,更是孝贤皇后的最后归宿之所。所以,乾隆皇帝每次驾临德州,都有一种异样的感觉,对于德州的风物、山水,情有独钟。乾隆皇帝在德州写有大量诗词,吟咏德州的御制诗,达30余首。

乾隆十三年(1748),乾隆皇帝东巡来到德州,山东巡抚率大小官员恭迎。乾隆皇帝感怀齐鲁大地的圣贤辈出与文明昌盛,写《至德州山东巡抚阿里衮率所属来接诗以示之》:

清跸临齐境,春风广陌开。
兆民看踊跃,百尔效追陪。
重道尼山近,绳踪尧德恢。
喜观群志戴,切忆去年灾。
求莫惊心矣,思艰蒿目哉。
底须勤供奉,不为豫游来。

乾隆十六年（1751），乾隆皇帝第一次南巡进入山东境，第一站就是德州。皇帝看着眼前的一马平川，心情激动，写下《入山东境》诗以述怀：

不争十里度平川，民俗全分齐与燕。
稍幸秋粮积囷篰，更逢春雪被原田。
初晴日上笼轻霭，薄冷天低幕晓烟。
运水北流津口近，那堪回首忆前年。

乾隆皇帝有感于南巡的大队人马顺利通过德州浮桥，写下《过德州作》：

运水浮桥螮蝀悬，重邱城郭富人烟。
观民喜见千家聚，问岁知逢五熟连。
调幕多惭休颂我，书禾有庆益祈天。
十分心始三分慰，次第评量驿路前。

据清代史料记载，德州行宫，在德州南门外，是古广川之地，汉代大儒董仲舒故里之所在。这里川原广阔，空旷辽远，松柏参天，林木繁茂。山东巡抚就其地势，恭建行宫大殿。用以皇上南巡之驻跸行宫。自乾隆二十二年（1757）以后，乾隆皇帝一再在此驻跸。德州行宫巍巍壮丽，庄严肃穆，彩画飞檐，实乃清幽之境。史书赞其："叠焕宸章，蕞尔微尘，传为胜地矣！"

德州行宫布局为一正方形，红色宫墙将行宫围成一个整体，宫墙内分中、东、西三路，其主要建筑都分布在一条中轴线上。

梁国治书乾隆帝《过德州作》诗

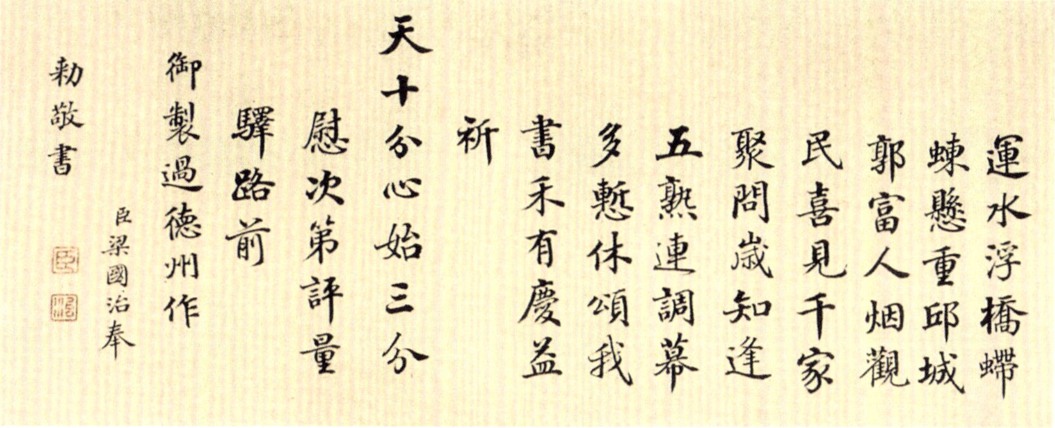

中路五进院落。大宫门三间，南向，八字门墙。宫门外建有一座别致的照壁。宫门内各有东西配房。二宫门正门三间，东西各开边门。二宫门内正殿巍峨，两边为东西配殿，两旁各连一条穿廊。正殿后为后院，建有东西过厅，连通东西小院。过一道垂花门，迎面一座正殿，这是后室，也就是寝殿。寝殿东西，各有穿廊。寝殿东边，别建一座小院落，为佛堂，专门用于烧香礼佛。寝殿后院，有一排北房，为照房，东西两边，各有穿廊。后院最北，紧靠外宫墙是三座北房，是护卫、侍从人员以及禁卫官兵的住所。

东路四进院落。外宫墙上开有一座便门，南向。第一进院内有一排南房，为办事朝房；一排北房，为膳房。第二进院子内有一排北房，为值事房。东面是外宫墙，开有一门，称东华门。值事房后，为第三

乾隆帝南巡过德州段运河时的场景

进院落。过垂花门，为第四进院落。院子内有一座北殿，北殿东西各有穿廊。最后是后院，有一排北房，为照房。

西路为花园。外宫墙上开有一座便门，南向。第一进院内有一排南房，为朝房；一排北房，为军机值房。第二进院内为御花园。园中有仙山青石、花草树木。园内建有一座凉亭，名“四明亭”。院子西南，亦建有一座小亭。北边，有大殿，大殿东

京杭大运河德州段今貌

《南巡盛典》中的德州行宫

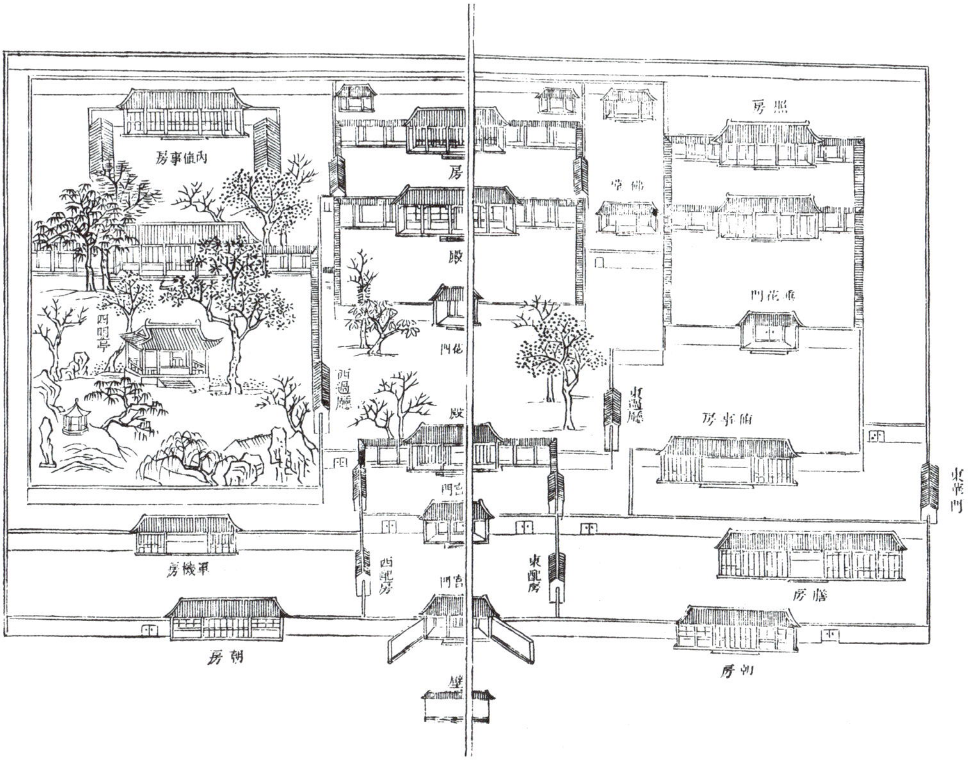

德州行宫四明亭

西各有穿廊。最后是后院，有一排北房，为值事房，东西两边，各有配房。

乾隆皇帝东巡、南巡，先后有 9 次经过德州，留下了 30 多首诗作。乾隆十三年（1748）三月十一日，乾隆皇帝携第一任皇后路过德州，皇后十分离奇地死在德州。为此，在德州建造了一座庙，纪念这位皇后，人称娘娘庙。乾隆皇帝路过德州时，先后有 5 次驻跸德州行宫，在德州行宫写诗 13 首。乾隆二十一年（1756），德州行宫建设完成。第二年，乾隆皇帝第二次南巡路过德州，特地驻跸德州行宫。入驻以后，乾隆皇帝对新建成的行宫建筑很是满意，认为有必要将在这里大兴土木的事情记上一笔，因为这座行宫是山东巡抚爱必达自己做主兴建的，快建成后才上奏皇帝，为此，乾隆皇帝御笔写下了《德州行宫示山东大小官吏》七律诗一首：

未敢深宫自宴居，省方展义每廑予。
按程移帐安犹便，择向开轩费则虚。
一宿迁他赏何有，万民得所乐宁如。
由来不说惟成事，此后无需慎戒诸。

乾隆二十七年（1762），乾隆皇帝第三次南巡，再次驻跸德州行宫。乾隆皇帝面对山东大小官吏，行书《驻跸德州示山东大小吏叠旧作韵》诗：

东省斯惟首顿居，狩巡五载又临予。
讵欣驻处闲庭廓，尚念灾余比户虚。
申命官箴宜恻尔，设云民感益惭如。
十行频有恩纶沛，要在推行善体诸。

乾隆皇帝奉母南巡，一路之上，让母亲高兴满意，是头等大事。传统上说，正月、二月节日密集，是庆贺佳节的日子。所以，乾隆皇帝奉母南巡，所到之处，行宫无不张灯结彩，热闹非凡。大型行宫里都会举行隆重宴会，晚上是烟火表演。燕九日慌慌张张过了，按照乾隆皇帝的圣谕，应当收起灯火，不再展陈花灯、施放烟火。然而，山东地方大吏热情恭迎，认为时值春正佳节之月，皇上进入德州，这是山东地方迎接圣驾的第一站，理当隆重庆贺，山东百姓也好就近一睹天颜。德州烟火是非常有名的，在茫茫夜色之中，烟火五彩缤纷，如万枝星箭，射向星空。烟火能变幻图形，闪出吉祥之语，比如万寿无疆等。乾隆皇帝接受了地方大员的安排，烟火庆赏，与民同乐。看着满天烟火，龙颜大悦，行书《恭奉皇太后观烟火即事》诗：

早传度节届灯收，大吏偏称备已周。
且是未过正月内，更兼来睹万民稠。
春郊合奉思斋赏，夕景何殊乐国游。
星箭腾空数无万，增龄都作海山筹。

第五次路过德州时，乾隆皇帝感觉德州民风淳朴，不愧是齐鲁诗书之地，仲尼礼乐之乡。便依皇祖康熙皇帝诗韵，写《四依皇祖德州即事诗韵》：

五度德州路，民风不改初。
有成尼父语，吾愧鲁论书。
去岁盛秋霖，协时乖曰肃。
竭力济昏垫，千村幸饱燠。

在德州行宫寝室，乾隆皇帝看到床头的扇面画和题诗，再依旧韵，提笔题诗，为《再叠画梅篷头诗韵》：

昔画梅梢一，今题诗句三。
见奇应在少，香雪待东南。

昨天，山东巡抚崔应阶率领大小官员，跪迎接驾。乾隆皇帝询问济南各府情况。崔巡抚奏报，乾隆二十七年以前，因为各种天灾，山东济南各府赋税、缓贷各项款额，积累白银约 13 万余两。入住德州行宫以后，乾隆皇帝感觉很舒适，经过考虑，决定施恩山东，降旨免除赋税。这是皇帝的德政，乾隆皇帝书《降旨免山东积欠诗以志事》诗，记述此事：

输多欠少讵能无，积少为多遂屡逋。
江浙已胥沾我泽，青齐忍听向其隅。
率因灾歉成陈负，概与优蠲俾众娱。
絜矩要从民所好，为民父母意殷吾。

二 晏子祠行宫

晏子祠行宫位于山东齐河县西北，是古城晏城之所在地。春秋时期，齐臣晏婴食采于此，所以称为晏城。后来，人们建祠祀之，沿袭至今。乾隆时期，山东巡抚在晏子祠西边建筑行宫，以供乾隆皇帝南巡、东巡之时驻跸歇憩。晏子祠行宫规模很大，自东至西，分为三进宫院：中线院落，依次是大宫门、二宫门、东西垂花门、正殿、照房。南线院落，依次为军机房、膳房、东西角门、辇道门。北线院落，依次为齐相祠、两卷房、正殿、照房、万字游廊、月牙池。

乾隆二十二年（1757），乾隆皇帝第二次南巡来到晏城，写诗赞美晏城千古斯贤，《晏城》诗云：

彰君赐固服桓子，执彼鞭犹慕史迁。
羸马敝车一时耳，晏城千古属斯贤。

乾隆三十年（1765），乾隆皇帝第四次南巡进入山东，来到齐河县境，入住齐

《南巡盛典》中的晏子祠行宫

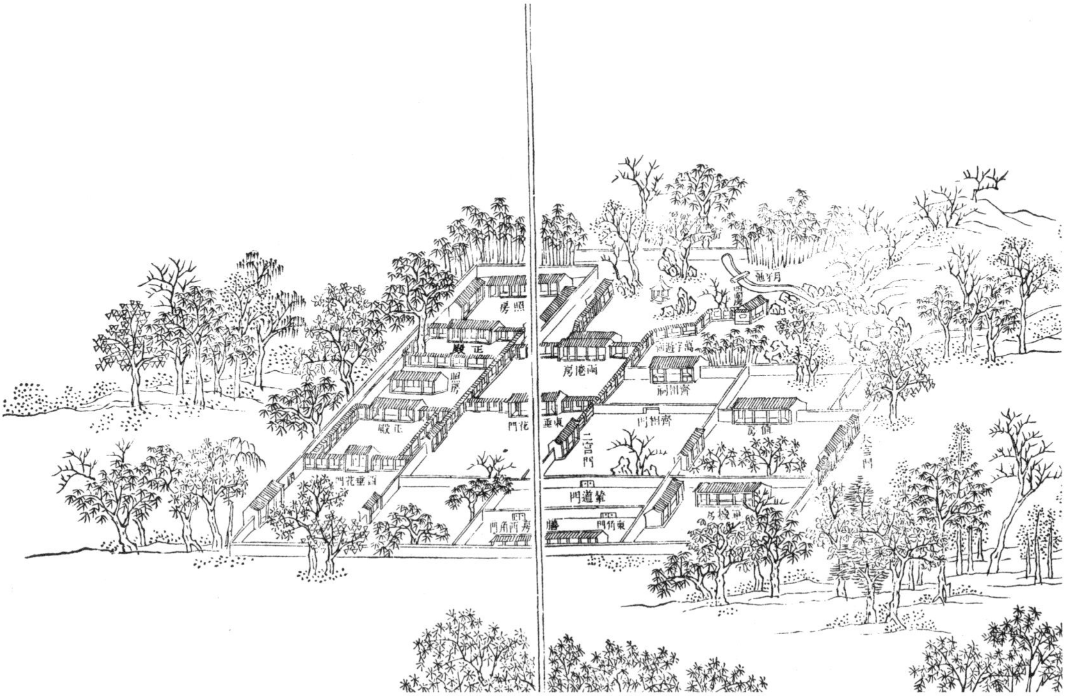

河县行馆。行馆面积约占十亩，建筑简朴。这里因为年代久远，苍松古柏，郁郁葱葱。乾隆皇帝觉得，这里十分幽静，是读书、品茶的好去处，目光所及，感慨系之，写《齐河县行馆作》：

晏子祠边十亩居，春风初度驻銮舆。
虽然数宇朴欣此，尚觉中人产廑予。
地久自饶老松柏，几闲相伴古诗书。
龙门合传无须读，比似伊周远逊诸。

晏子，名晏婴，字仲，谥平，习称平仲、晏子，夷维（山东高密）人。他是春秋时期著名的政治家，齐国上大夫晏弱之子。据说他身材不高，其貌不扬，然而他博览群书，以节俭生活、谦恭下士著称。他历任齐灵公、庄公、景公三朝宰相，辅佐政务，长达五十余年，七十八岁去世。孔子赞美晏子，称他为真君子：救民百姓而不夸，行补三君而不有，晏子，果君子也！

乾隆皇帝敬重晏子，游览晏子祠，写下《题晏子祠》诗：

肱股宁称见义为，委蛇以出赖工辞。
史迁偏有执鞭慕，解赎应怀石父知。

御制诗后，乾隆皇帝亲自注解：

尝谓庄公之事，晏婴成礼而出。史迁比之，见义而为，非正论也。且晏婴独非齐卿乎，既为卿，虽不必以身殉无道之君，独不当讨为逆之臣耶。乃游移其辞，尚自托于义，而委蛇以退，此宁可比于明哲保身之道哉。审如是，则孔子之请讨陈恒，反为不当乎？史迁无卓识，且毁誉背经者多矣。兹因过祠咏古，特申其义。至于执鞭之羡，益觉卑鄙。盖史迁悲已之陷罪无救者耳，而司马贞索隐谓之好贤乐善，后世热中标榜者流，率由斯道，只可鄙，无可法也。

三　济南

济南，又称泉城，位于山东省中西部，山东省省会。南依泰山，北枕黄河。济南历史悠久，是中华文明的重要发祥地之一，也是闻名世界的史前文化——龙山文化的发祥地。商代末期，帝乙、帝辛（纣）克东夷时，甲骨文卜辞中有“泺”（音洛，四声）字，据考证其为今趵突泉。由此，济南有文字记载的历史，可上溯至公元前1542年。济南文明发达，文化遗存众多。这里有新石器时代遗址城子崖，有先于秦长城的齐长城，有“海内第一名塑”灵岩寺宋代彩塑罗汉等。中国第一部诗歌总集《诗经》中，讽刺诗《大东》，是现存最早有关济南的文献。济南孝堂山郭氏墓石祠，是我国现存最早的地面房屋建筑。隋建四门塔，是中国现存最古老的石塔。中国五帝圣主舜就诞生在济南，留下了许多遗迹。

济南之名，“济”指济水（俗称大清河），“南”指南边，济南之意，就是济水之南。据史书记载，古济水发源于河南省济源市，流域面积大致相当于黄河山东段境。后来黄河改道，夺其河床，济水就成为黄河下游的干流河道。虽然时过境迁，但济南、济阳、济宁、济源等地名依然保存了下来。相传，舜曾“渔于雷泽，躬耕于历山”。历山，即济南南郊千佛山。济南市内，至今有各种历史地名，如“舜井”、“舜耕路”、“舜耕山”等。西汉时，设立济南郡。自汉至明清，延续济南之名。济南府，一直为山东治所所在地。

乾隆帝不入济南城

乾隆十六年（1751），乾隆皇帝第一次南巡时，不入济南城。但是他对于济南，还是有一种特殊的感觉。康熙皇帝东巡、南巡时，多次经过济南，反复吟咏。乾隆皇帝依皇祖诗韵，写《恭依皇祖南巡过济南韵》：

春月南巡过济城，敬绳家法念民生。
承欢更冀增遐算，后乐遑夸阅太平。
嗷雁昔怜凋羽翼，梦鱼今喜兆丰盈。
不堪历下驰遥望，倩取村烟一片横。

意犹未尽的乾隆皇帝想起乾隆十三年（1748）东巡之事，孝贤皇后一起同扶凤辇，恭奉母亲的情景。当时，皇后虽然生病了，可她怕牵连众人，还是不停催促皇帝抓紧行程，当年的一切历历在目。于是，乾隆皇帝饱蘸笔墨，书就《过济南杂诗》：

曲阜春巡忆戊辰，同扶凤辇侍慈亲。
行宫抱疾催旋辔，犹恐怀归劳众人。
大明湖已是银河，鹊驾桥成不再过。
偏翻彤史若齐贤，五日登舟咏断弦。
南幸奉亲重设闸，那能遽忘济城边。
清明节故断魂天，华注何堪重忆前。
却是山灵犹解事，连朝为我隐云烟。

乾隆皇帝六次南巡，每次经过济南境，对济南当地的名胜古迹多有吟咏。乾隆四十五年（1780），乾隆皇帝第五次南巡来到山东，依然过济南而不入城，只是远远地观赏华山、鹊山，第七次依皇祖诗韵赋诗，书《七依皇祖南巡过济南韵》：

昔曾一驻济南城，过弗入徒余恨生。
卌里近途只嫌远，卅年别意未能平。
夏秋登以三农庆，妇子宁还百室盈。
何异向临北闉见，华不直峙鹊山横。

乾隆皇帝刚刚从北京来到山东，感觉燕山和齐山有所不同，特别是一连十余日在平原行进，突然看见齐山，仿佛一枝独秀，雄奇险峻。乾隆皇帝感叹，写《见山》诗：

燕山小别见齐山，十日余行平甸间。
乍觉一棱写犀额，旋看几帷列云鬟。
那能仁者同其乐，且喜静兮对以闲。
计里明当玉符宿，更应餍饫领孱颜。

乾隆四十九年（1784），乾隆皇帝第六次南巡进入山东，再过济南，依然不入城，第八次依照皇祖旧韵，写诗《八依皇祖南巡过济南韵》：

八度经过弗入城，未为禅理契无生。
柳烟解令遮人远，莲性久应阅世平。
旧习合忘心芥蒂，新巡惟祝户宁盈。
赓诗益切绳祖武，胜向通儒经问横。

济南名胜

锦屏山

锦屏山在济南市东南三十里。山势奇绝，风景壮丽，是济南著名风景名胜。“锦屏春晓”位列济南八景之首。锦屏山群山环抱，层峦叠嶂，危峰耸立。其风景最佳之“独秀峰”上，有一座山岩，高达80余米，景色如锦，状似屏风，故称“锦屏岩”。岩周松柏苍翠，杨柳依依。岩壁青黛，花草如茵。明代文人刘敕目睹此景，不禁感叹：“丹碧点缀，晓霞掩映，绚若锦屏”。西峰悬崖上，是西龙洞。洞壁内，雕有佛像。洞顶上，钟乳密布，石花丛生。东峰悬崖上，有东龙洞，悬崖峭壁，难以攀登。相传，山上有金瓶、春晓二洞。每年立春，有阳气自洞中冲出，所有干叶枯草，随风飞扬。龙洞下，深谷中，原有寿圣院，建筑古拙，金碧辉煌。院落内，银杏蓊郁，松柏苍翠，有古碑数方。屋宇向西，山溪双壁若劈，谷深蜿蜒，犹如游龙盘曲。山涧内有清泉，溪水潺潺。悬崖古木成荫，山花烂漫，山清水秀。每年二三月间，春风轻拂，桃花烂漫，旭日东升，蜂蝶起舞，百鸟欢唱，一派生机勃勃，景色尤为奇绝。

趵突泉

济南泉水甲天下，人称泉城。众多清洌甘美的泉水从城中涌出，汇为河流、湖泊，形成济南美景。盛水时节，济南全城都涌泉水，形成“家家泉水，户户垂杨”的绮丽风光。宋代时，文学家曾巩就职齐州（济南）知州，他说：“齐多甘泉，冠于天下。”金代，有人竖立了一方碑，称为“名泉碑”，碑上列举了济南七十二处名泉。元代地理学家于钦感叹济南之美，称赞说：“济南山水甲齐鲁，泉甲天下。”清沈廷芳考察济南泉水后，经过统计，在《贤清园记》中说：“旧者九十，新者五十有五”，共 145 处。乾隆时期，文人盛百二在《听泉斋记》中这样记载：“历下之泉甲海内，著名者七十二泉，名而不著者五十九，其他无名者奚啻百数。“道光年间编纂《济南府志》统计济南泉水“总一百五十一泉”。

济南这大大小小百余处泉水，犹以趵突泉最负盛名。

趵突泉称为天下第一泉，与千佛山、大明湖并称济南三大名胜。据记载，这里“泉源上奋，水涌若轮”，“声若隐雷”，是济南一大特色奇景，人称“趵突腾空”。

趵突泉（伍容萱摄）

康熙帝御书趵突泉“激湍”碑

泉水水盛之时，清泉喷涌，雄豪绮丽。清代著名文人蒲松龄游览此地时，特地写了一篇《趵突泉赋》，生动地描述了自己的感受:“吞高阁之晨霞,吐秋湖之冷焰。……漱玉喷花，回风舞霰”。主泉喷涌如圆月，四周小泉密布，有的如鲤鱼吐泡，有的像线穿珍珠，有的则如同一朵朵绽开的珠花。

趵突泉瀑流飞溅，景色宜人，昼夜景观各异,四季变幻无穷。阳光下,空气清新，天地澄澈。夜色里，月华似水，轻波荡漾。阳光或月光照射，满池流金碎玉，恍如仙境。春天，水雾迷蒙。夏天，云蒸霞蔚。秋天，清澈见底。冬天，雾萦薄雪。

千佛山

千佛山位于济南市南部，海拔最高处是 285 米。据考证，千佛山是泰山余脉。距今约 5 亿年前，济南之地是一片海洋。大约 1.8 亿年前，发生燕山造山运动，沉积经年的石灰岩随泰山一起上升，造成巨大的穹窿构造，最后形成千佛山。唐代学者段成式在《酉阳杂俎》中这样写道：“齐郡接历山，上有古铁锁，大如臂，绕其峰再浃。相传本海中山，山神好移，故海神锁之，挽锁断，飞来于此矣！”

千佛山旧称历山，春秋时期称靡笄山。战国称靡山，南北朝时称舜山、庙山、舜耕山。隋开皇年间，依山势开凿石窟造像，建造千佛寺，人称千佛山。寺门外，西南上方山崖上，刻有“第一弥化”四个篆体大字，每字四米见方。山上有隋代石像 60 余尊，十分珍贵。唐太宗贞观年间，重新修缮寺院，千佛寺改称兴国禅寺。从此，千佛山香火兴旺，四方信众前来叩拜烧香。元代时，每年举办九九重阳节庙会，长盛不衰。沿盘山西路登山，途中建古亭一座，称为唐槐亭。亭子旁边有一棵古槐，相传是唐朝名将秦琼拴马之树，树龄在 1500 年以上。半山腰竖立一座彩绘牌坊，人称“齐烟九点坊”。坊上有一览亭，登亭远眺，黄河如练，明湖似镜，泉城尽收眼底。

大明湖

大明湖位于济南市中心东北处、旧城区北部。唐宋时期，大明湖美景即已闻名遐迩，人称天下第一湖。它是由城内众多泉水汇流而成的天然湖泊，面积很大，几乎占据了旧城的四分之一，又称中国第一泉水湖。大明湖两大特点：一是蛙不鸣，蛇不见；二是久雨不涨，久旱不涸。市区诸泉汇入湖中，再经北水门，流入小清河。昔日，大明湖湖面很大，碧波万顷，遥接

20 世纪初，大明湖上的园林风光。

群山，气势壮阔。现在，湖面大约 690 余亩，平均水深 2 米，最深处 4 米。清四家之一的铁保这样描述济南和大明湖："四面荷花三面柳，一城山色半城湖。"

大明湖历史悠久，有文字记载的历史长达 1400 余年。北魏时期，著名地理学家郦道元在《水经注》中称："泺水北流，为大明湖。西即大明寺，寺东、北两面则湖。"早期，大明湖称为历下波、历水波。其湖域面积较大，北到鹊华二山，南至濯缨湖。当时的大明湖、五龙潭和北园连成一片，形成一个大的湖泊，湖面达数十里。六朝时期，湖中生长着大片莲荷，荷香四溢，风景如画，人称莲子湖。隋唐时，人们既称莲子湖，又称历水陂。宋代时，称为西湖。宋以后，大明湖名扬四海，名士称之为天下第一湖。

北宋熙宁五年（1072），大诗人曾巩任职齐州（济南）知州。为了防止水患，曾巩组织人力，修建了北水门，引湖水入小清河。从此，大明湖湖水长年累月，水位恒定，不涨不涸。曾巩富于情趣，在沿湖两岸，建造湖堤桥坝，"问吾何处避炎蒸，十顷西湖照眼明。"金代时，大明湖专指城内湖区。金代大诗人元好问写《济南行记》，正式称之为大明湖。明代，重修济南城墙，修整湖面。清代时，清淤整治，植荷栽柳。

大明湖南岸不远，有一湖中最大之岛。岛上，有历下亭、名士轩、蔚兰轩、御碑亭、高阁、曲廊等名胜古迹。岛上建筑十分精致，红柱绿瓦，古朴典雅，雕梁画栋，蔚为壮观。这里风景美丽，历代文人纷纷前来游览，饮酒相聚，写诗吟咏。清代时，蒲松龄游历此地，感慨良多，曾作《古历亭赋》，对此赞美有加：

笼笼树色，近环薜荔之墙；泛泛溪津，遥接芙蓉之苑。入眶清冷，狎鸥与野鹭兼飞；聒耳啄嘈，禽语共蝉声相乱。金梭织绵，唼呷蒲藻之乡；桂揖张筵，客与芦荻之岸。蒹葭挹露，翠生波而将流；荷芰连天，香随风而不断。蝶迷春草，疑谢氏之池塘；竹荫花斋，类王家之庭院。

大明湖风景秀丽，四季景色宜人。春天，湖边垂柳依依，杨柳堆烟，湖岸、沙洲、岛上，柳树千姿百态。柳丝飘荡，清风徐徐，完全是一幅风软柳摇的阳春景象。夏天，碧波荡漾，荷浪翻滚，一大片葱绿荷叶之上，摇曳着点点嫣红，荷香飘逸数十里，分外迷人。深秋，芦花雪白，柳叶飘零。寒冬，湖水清澈，到处银装素裹，分外妖娆。一年四季，景色奇异，生机勃勃。黄鹂鸣翠柳，鸥鹭点清波，笙歌扬远韵，荡舟游香国。大明湖古迹众多，著名的有历下亭、铁公祠、南丰祠、北极庙、汇波楼、遐园等。

汇波楼

汇波楼位于济南城内，大明湖畔。珍珠、濯缨、芙蓉等泉水汇波于大明湖中，然后由大明湖东北隅的晏公庙出，经北水门，最后注入小清河。晏公庙侧，建有晏公台，

今日大明湖（刘宇轩摄）

台较高大，视野开阔，从台上可清楚地看到大明湖北面的秀丽景色。台下不远，有一座拱桥，名为“汇波桥”，桥北就是北水门。北水门由砖石发券筑成，券门四周皆植垂柳，清风徐来，吹皱湖水，柳丝轻拂，微波荡漾。大明湖中大片水域栽种荷花，田田荷叶，犹如女裙。层层绿叶之中，点缀朵朵荷花，景色迷人。夕阳西下，晚霞从券门斜射过来，夕阳倒映水中，斜阳如血，柔和的阳光将湖面染成一片橘红色。这是大明湖的美景之一，人称“汇波晚照”。元初时，在水门之上建造阁楼。从此斜阳不能射入，这幅美景消逝了。不过在汇波楼上，人们可以看到另一幅绮丽景色：从楼上向南看，晏公庙巍峨壮观。晏公台上，古柏葱郁，修竹森森，杨柳成荫。湖面一片荷花，荷花远处，碧波粼粼。夕阳西下，晚霞万道，湖山尽染，画面十分迷人。

鹊、华二山

鹊、华二山位于济南市城北，山势雄伟，挺拔俊秀，景色迷人。鹊山没有主峰，山上林木青葱，苍翠如黛，横列如屏。山顶上，旧有鹊山院、鹊山亭及扁鹊墓等古迹。相传山下有钟、鼓二石，以石相击，清音传扬数里。每年七、八月间，鸟鹊云集，形成一大景观。明朝人王象春游历鹊山，曾写有《鹊山》诗:“万岫千岩济水蟠，如屏孤逗出河干。秋高鸟鹊集何事，霄汉空疑斗女寒”。

鹊山隔黄河相望者，正是华山。北魏地理学家郦道元考察华山，在《水经注》中如此描述：“单椒秀泽，不连丘陵以自高。虎牙桀立，孤障特拔以刺天。青岸翠发，望同点黛。”唐朝大诗人李白游历华山，为其峻秀所动，写道：“兹山何峻秀，绿翠如芙蓉”。山顶上建有华阳宫、三元宫等庙宇寺观。宫院内，古柏苍翠，枝叶如盖，蔚为壮观。

鹊、华二山之间，原有鹊山湖，景色极美。阳光灿烂之日，这里湖光浩渺，碧波万顷；飞鸿翔集，鱼游水底;青山倒映，水天一色；水村渔舍，花红柳绿;渚生蒲苇，水浮荷菱；微风轻拂，波光粼粼;浪花飞溅，舟载歌声。每当阴云低垂之际，两山相连，若即若离。云雾缭绕，时隐时现。烟雨迷蒙之际，远远望去，两山山头犹如青烟，看上去恰如一幅绝色的水乡画，古人称为“鹊华烟雨”。

珍珠泉

珍珠泉大院，原是历代王府官邸，内有濯缨湖，由珍珠、濯缨、珠沙等泉汇集而成。昔日湖面宽阔，景色秀丽。据《珍珠泉铭序》中称："潆泓冲融，清澜百步。旁流带垣，通舟二里。鱼鸟荇藻，怡怡悦性。"岸边建有白云楼，原是元朝大臣张宏的官邸。元散曲家张养浩游览此楼，写下了《白云赋》，如此赞许："翼截华鹊之烟雨，背摩霄汉之日星"。登临白云楼，向北，明湖碧波，黄河帆影，尽收眼底；向南，梵宇簇立，群山青葱，心旷神怡。如此美景，有诗人描述："且当雪霁白云缭绕，下接水光，上浮天际，宫殿隐隐在烟雾中，宛然如画。"

春天，湖波荡漾，修竹婆娑。杨柳垂荫，百花斗艳。虹桥曲径，蜂飞蝶舞。楼台亭阁，倒影入波。龙舟轻荡，湖水清澈。远处，萧鼓悠扬，声韵飘逸。文人称此处为"人间福地，天上蓬莱"，感叹为"宇内未有之奇处"，"贵人词客，莫不咏觞于斯"。

寒冬之时，雪后景致更美。凭栏远望，晴光普照，四野茫茫，景色绮丽，悦人心目，人称"白云雪霁"。

《南巡盛典》中的灵岩行宫

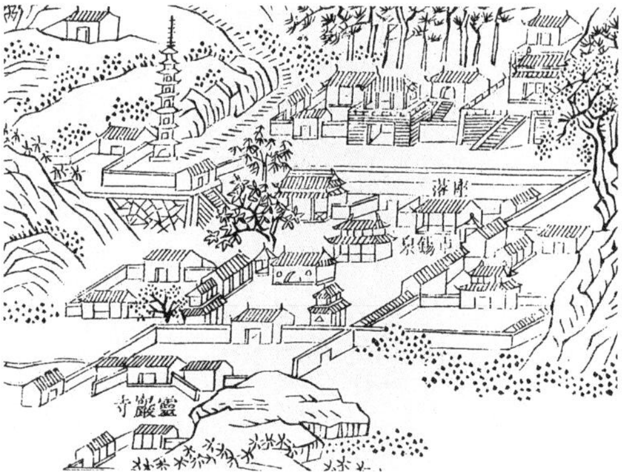

灵岩寺

四 灵岩行宫

灵岩寺

灵岩寺位于山东济南市长清区万德镇境内，坐落于泰山西北麓。北距济南城六十里，南离泰安五十里。灵岩寺历史悠久，始建于东晋时期，距今大约有1600余年，佛教文化深厚，文物古迹众多。大约从唐代开始，灵岩寺就闻名遐迩。当时，灵岩寺和浙江国清寺、南京栖霞寺、湖北玉泉寺并列，称为“海内四大名刹”，灵岩寺居于首位。寺内名胜古迹俯拾皆是，主要有北魏时期石窟造像、隋唐时期般舟殿、唐代宇寺塔以及辟支塔、铁袈裟、宋代的泥塑画等，特别是寺中罗汉泥塑像是宋代杰作，人称“海内第一名塑”。

灵岩寺坐落在峰峦耸翠、风光独特的环境中，寺院以山谷幽深、泉石秀丽著称于世。寺周群山环抱，山风如歌，景色如画。寺外有摩顶松、千岁檀、朗公石，以及“镜泄春晓”、“方山积翠”、“明孔晴雪”等名胜古迹。寺内殿宇巍巍，古木参天，松柏苍翠。山岩怪石林立，奇峰峥嵘。这里岩灵，洞幽，溪曲，涧深，青峰突兀，翠峦披茵，古刹精舍，绿荫环绕。

灵岩寺相传为印度僧人宝掌结茅处。曾名护国光林寺、会福寺。明洪武、永乐年间，重建寺院，改名为灵岩寺。明代时寺院香火旺盛，是其极盛时期。谭钟岳在《峨眉图志》一书中，谈到灵岩寺之繁华时，这样记载:“寺宇四十八重，僧众千计。由山门至后殿，有十余华里。”由此可见，其规模之宏大，僧侣之众多，香火之繁盛，在峨眉山寺宇中是首屈一指的，故人称其寺院：九处过堂（吃斋饭），十处烧香，烧香要骑马。

灵岩寺位置独特，地处峨眉金顶三峰之后山麓。灵岩寺北面，青山万重，云雾缭绕，完全是一幅优美的天然图画。放眼远望，千佛顶、万佛顶和金顶三座巨峰巍巍壮观，横亘天际。金顶三峰，多姿多彩。深秋，草木枯黄，树叶血红；冬季，山风呼啸，树拥残雪。最美是阳春时节，油菜花盛开，山麓一片金黄。山上松柏挺立，枝繁叶茂。目光所极，青峰起伏，绿草如茵。清溪流淌，茂林修竹，漫山遍野，气象万千。诗人感慨道："灵岩翠秀耸高台，遥望天门跌荡开。"

灵岩寺山门称为金刚殿，元代建造的山门前有一对石狮，是清初旧物。这里曾有"千崖"、"万壑"两方石碑，为山东左布政使张钦于明嘉靖十一年（1532 年）书写的。山门后，也曾立有两块石碑，分别镌刻着"绝俗"、"持戒"二字，是明隆庆年间大臣李复初的手笔。大殿内供奉护法天神二尊，他们手持宝杵，形象十分威武刚猛：右为"那罗延金刚"，左为"密执金刚"。山门内，清溪奔涌，涓涓细流汇聚成河。河上架有三桥，东曰"虎溪"，中曰"聚善"，西曰"接引"，三桥精巧别致，为建寺之时建造的。寺内僧人送客至三桥则止。

溪桥之北，耸立着一座四合院，院落大门上悬挂一匾，上书：天王殿。大殿为单檐硬山式结构，殿之基址、柱础等为旧物，是宋代 建筑遗存。大殿内有一片碑林，在左右山墙之上镶嵌着唐、宋、元、明、清各个时期的 17 方碑碣。大殿中央耸立着一座经幢，是北宋皇祐年间旧物。天王殿北，东西两侧分别为钟楼、鼓楼，是北宋末年寺内住持妙空法师主持建造的。钟楼内置有明正德六年（1511）十一月住持

灵岩寺山门

大灵岩寺碑碣

正昂法师铸造的一座铜钟。

钟鼓楼东西两侧是廊庑建筑，其北侧正中高台之上，是大雄宝殿。这座大殿原为宋代时的“献殿”，它是“礼拜五花殿”之前堂，北宋崇宁、大观年间由本寺住持仁钦法师主持建造。明正统年间，德王就国济南，特地捐塑佛像于此殿。清中期重建大殿，为硬山顶、卷棚式抱厦，面阔五间，进深六间，红立柱，青灰瓦。大殿左右，粗壮的古银杏树参天蔽日。乾隆二十二年（1757），乾隆皇帝第二次南巡，莅临此殿，乾隆皇帝特题“卓锡名蓝”匾。题匾之后，乾隆皇帝御笔题写一副楹联：“奇松尔日犹回向，诡石何心忽点头。”诡石，就是“朗公石”；奇松，即“摩顶松”。摩顶松耸立在大雄宝殿西北隅，松树四周砌以石栏。旁边是明嘉靖年间山东巡按监察御史张鹏所题写的“珠树莲台”、“名山胜水”。其中心位置竖立着乾隆皇帝御笔“摩顶松”三字碑及御制诗碑。康熙年间编纂的《灵岩志》这样描述此摩顶松：“大可数围，内空外窍。老杆尽枯，孙枝独茂。翠色欲滴，苍古可爱，真不老物也。”

千佛殿在摩顶松北，是灵岩寺寺庙建筑的代表，保存最为完好，规模最为宏大。这座庄严宏伟的古寺建筑是唐贞观年间本寺住持慧崇法师集资建造的。宋仁宗嘉祐六年（1061），寺内住持琼环法师募资重修。明嘉靖年间再次重建。后虽然历经了多次修缮，但其基本形制保存了下来，其主体建筑仍然是宋时风格。千佛殿为单檐庑殿顶结构，面阔七间，进深四间。丹柱碧瓦，飞檐翘角，木质斗栱错落有致。整座殿宇建在高两米的台基之上，显得巍峨雄壮，金碧辉煌，气派非凡。

千佛殿内中央台座上，供奉着三尊大佛，中为毗卢遮那佛，端坐于莲花高台上，藤胎髹漆，宋治平年间由僧惠在钱塘制作；东为药师佛，明成化十三年（1477）以铜铸造；西为阿弥陀佛，明嘉靖二十二年（1543）以铜铸造。殿内四周曾排列着数以千计的坐佛，约为明代所置，多数木质，少数铜质，故称“千佛殿”。现存之物，已不及半数。

殿中周围墙壁前的台座上，排列着40尊泥塑罗汉，其中29尊为梵僧罗汉，11尊为中国高僧。这批罗汉像多数塑于北宋，少数塑于元明。罗汉塑造技艺精湛，写实性强，形体、比例与真人相像。其情态各异，有的禅坐，有的执杖，有的屈膝，有的光足，有的怒目，有的沉思，有的争辩，有的说法，无一雷同，生动传神。其衣饰彩绘也处理得干净利落，线条有的柔美流畅，有的刚健有力，有曲有直，有深有浮，富于节奏。色彩丰富，点染涂描，技法纯熟，堪称我国古代泥塑遗存中的艺术瑰宝。1922 年 7 月，著名学者梁启超挥毫题字，誉之为“海内第一名塑”。

御书阁在千佛殿的东北侧。唐代本寺住持慧崇法师创建，曾供有唐太宗、宋太宗、宋真宗、宋仁宗等御书，故名。北宋大观年间，住持仁钦法师重建，并篆书颜额。金代，寺遭战火，御书尽焚。明代重修，并先后于内塑菩萨、玉皇像。阁为两层，下为石砌台基，券以拱门；上为阁体，飞檐起脊。阁前拱门之上石隙间生出古青檀，盘根错节，枝柯纵横，状若游龙、云朵，名曰“云檀”,为寺内一大奇观。阁基内外，嵌石刻颇多，其中以宋代写的《圆通经》最为著名。

《圆通经》写于北宋元符二年（1099）十二月，共四叶，草书 1400 余字，字体潇洒俊逸。刻石也妙，仍能保持该书法之韵味。明嘉靖间，学士方豪跋语曰：“灵岩名笔固多，惜多为石工所败，惟此字独佳。”该《圆通经》石刻与天王殿内元代汉藏文对照碑、鲁班洞中李邕《灵岩寺颂并序》碑，均为寺内珍品。

千佛殿周围砌筑矮墙，形成独立院落。院内有一翠柏，虬盘鳞结，苍劲挺拔，传为汉柏。旁有明万历三十六年（1608）四月立的《汉柏记》石碑一通，碑文曰：“此柏方萌芽，汉文帝梦灵岩庙左右有千柏，命通往观之。至，惟见一萌芽，回以实报。文帝祭而祝之，曰：‘当与此山并传不朽’。”

乾隆二十二年（1757），乾隆皇帝第二次南巡。此时灵岩行宫刚刚建成，山东地方大吏盛情相邀，叩请乾隆皇帝驻跸灵岩。乾隆皇帝熟读《济南府志》等史地著作，对于济北名山以及名山的传说了然于心。驻跸行宫以后，乾隆皇帝就有点迫不及待了，他站在山前诗兴大发，出口赋出《驻跸方山》：

济北名山驻玉符，欣于始遇畅清娱。
梵宫高下罗诸岫，行殿朴淳别一区。
容膝已安谓多矣，奇观何限讵穷乎。
润州此去栖霞揽，吉甫均标十道图。

方山灵岩寺，闻名天下。乾隆皇帝从灵字入手，信手拈来，出口成章，再书《灵岩寺》诗：

方山亦有灵岩寺，吴下灵岩不独灵。
立字安名由个个，今来古往镇亭亭。

砌瓴塔尚干云矗，卓锡泉常注窦渟。

希有佛曾出现地，既云希有现何形。

五 泰岳

泰岳，五岳之首，又称泰山、岱山、岱宗、岱岳、东岳、泰岳等。泰山、衡山、恒山、华山、嵩山五大名山，合称五岳。泰山因地处东部，故称东岳。泰山最早见载于《诗经》。“泰”，意为极大、通畅、安宁。《五经通义》云：“宗，长也，言为群岳之长。”所以，人称泰山“五岳之尊”、“天下第一山”。华北之地，广袤无垠，在齐鲁古国的大平原边上，泰山突兀耸立。

泰山位于山东中部，其地北依省会济南，南临圣城曲阜，东连齐都淄博，西滨滔滔黄河。泰山历史古老，文化深厚，名胜古迹俯拾皆是，其现存古代建筑以明清为主，风格独特，将建筑、绘画、雕刻、山石、林木融为一体，是东方古

《南巡盛典》中的泰岳

代文明的象征。

泰山前邻孔子故里曲阜，背依泉城济南，面积达 426 平方公里。主峰玉皇顶，海拔 1545 米，拔地而起，气势雄伟。泰山名胜以泰山主峰为中心，呈放射状分布，将自然景观和人文景观融为一体。从泰城岱庙，到泰山封天之玉皇顶，有长达十公里的名胜古迹带，构成了这里独特的自然地理与历史人文景观。泰山从低到高，跨越 8800 余级台阶，构成地府—人间—天堂的朝圣主轴线。泰山之神圣，汉代史学家司马迁写道:“人固有一死，或重于泰山，或轻于鸿毛。”杜甫吟咏泰山,《望岳》诗云:“岱宗夫如何？齐鲁青未了。造化钟神秀，阴阳割昏晓。荡胸生层云，决眦入归鸟。会当凌绝顶，一览众山小。”

皇帝封禅与东岳泰山神

数千年来，泰山成为历代帝王心目中的圣山。帝王君临天下，第一件大事就是前往泰山，封禅祭天。据文献记载，先秦之时，先后有七十二君驾临泰山，祭告天地。秦始皇、秦二世、汉武帝等君主，都亲自来到泰山，举行封禅大典。历唐、宋数百年，泰山渐渐成为帝王们心目中的圣山。明清时期，泰山的神圣地位通过典礼的形式固定了下来。特别是清代康熙、乾隆时期，封禅泰山成为皇帝临御天下最重要的祭典。泰山地位极高，达到了神圣不可侵犯的地步，抬高到无以复加的程度。封禅泰山，祭祀天地，绵延数千年，贯穿了整个专制时代之始终。随着泰山被帝王神化，泰山渐渐成为独一无二的圣山、神山,人称“五岳之长”。帝王将相、文武大臣、名流文士、佛道之流，各方人物纷至沓来，在泰山、泰安留下了足迹、墨迹和数不胜数的名胜古迹。如道教称泰岳为“第二小洞天”，称岳神为“天齐王”。

据史书记载，泰山是中国历史上唯一受皇帝封禅的名山。同时泰山也是佛、道两教的兴盛之地，因而是历代帝王的朝拜之山。帝王所到之处，建庙塑像，刻石题字，留下了众多古迹。除皇帝外，历代名人宗师对泰山亦仰慕备至，纷纷到此游览。历代赞颂泰山的诗词、歌赋数不胜数。走进泰山，就是走进历史。从泰安城西南祭地的社首山、蒿里山至告天的玉皇顶，无数名胜古迹、摩崖碑碣遍布山中。岱庙内，汉武帝植下的柏树翠影婆娑；红门宫前，孔子“登泰山小天下”的感慨，余音缭绕；回马山上，唐玄宗勒马而回的怯懦，神态犹现；云步桥畔，秦始皇敕封的五大夫松，瘦骨昂藏；十八盘道，李白、杜甫等历代文人“笑拍红崖咏新作”，墨意未尽，豪风犹在；碧霞祠里，隆重的封禅仪式绰绰伊始。还有岱庙、普照寺、王母池、经石峪、碧霞祠、日观峰、南天门、玉皇顶等，泰山之胜，傲世天下。

泰山有四大特色，就是古、丽、幽、妙。人文景观里，泰山上有古代建筑群 20 多处，名胜古迹 2000 多处，历代文人雅士题匾题诗、吟咏题刻，其摩崖石刻不可胜数。泰山庙宇观堂遍布山野，且座座雄伟壮丽。自然景观里，泰山山峰巍峨，景观雄奇，山谷幽深，悬崖俊秀。闻名于世的景观包括天柱峰、日观峰、百丈崖、仙人桥、五大夫松、望人松、龙潭飞瀑、云桥飞瀑、三潭飞瀑等。

从一天门经中天门到南天门，全长约十里，盘路曲折，6000 余级台阶盘桓而上。沿途峰回路转，风景多样，各种古木怪石鳞次栉比。途中，名胜古迹包括：岱宗坊、关帝庙、遥参亭、正阳门、唐槐院、东御座、秦泰山刻石、铜亭、岱庙坊、汉柏、天贶殿、大众桥、五贤祠、三阳观、一天门、孔子登临处、红门宫、万仙楼、斗母宫、经石峪、壶天阁、中天门、云步桥、五松亭、望人松、对松山、梦仙龛、升仙坊、十八盘等。过了十八盘，登上南天门，进入岱顶。主要名胜古迹包括：南天门、月观峰、天街、白云洞、孔子庙、碧霞祠、唐摩崖、玉皇顶、探海石、日观峰、瞻鲁台等。另一条登山盘路较为险峻，山路两旁峰峦竟秀，峡谷深长，瀑布高悬，泉冷潭深，溪水潺潺。

孔子登临处，后为天街坊、红门

岱庙主殿天贶殿

主要名胜古迹包括：黄溪河、长寿桥、无极庙、元始天尊庙、扇子崖、天胜寨、黑龙潭、白龙池等。

宋天贶殿，位于岱庙仁安门北，是岱庙中的主体建筑，据说建自宋代。元代时，称为仁安殿。明代称峻极殿。民国时期始称天贶殿。这座大殿缘自宋真宗假造“天书”的故事，故名天贶殿。殿堂巍峨壮丽，殿前露台高大雄伟，周围环绕着汉白玉雕栏，云朵形的望柱昂首挺立，气势威严。殿堂面阔九间，进深五间，八根大朱柱托起大殿，重檐九脊，黄瓦飞甍，是典型的宋代宫殿式建筑。大殿之中主祀东岳大帝。

岱庙坊，位于岱庙正阳门前。康熙十一年（1672），山东巡抚、兵部右侍郎赵祥星会同提督、布政使施天裔，创建这座石坊。石坊造型雄伟，雕工精细，重梁四柱，周身浮雕。石坊立柱上，镌有一副

岱庙坊

岱庙汉柏

对联：”峻极于天，赞化体元生万物；帝出乎震，赫声濯灵镇东方。“前后设抱鼓石，石上有圆雕蹲狮两对，姿态各异，栩栩如生。

汉柏，在岱庙寺院内，因有此柏，故称汉柏院。院内有汉柏五株，树形奇特，苍古葱郁，扭结曲折，若龙若虬，翻转若蟠。“汉柏凌寒”是泰山胜景，为泰安八景之一。据汉《郡国志》记载，这棵古柏是汉武帝登封泰山时所植。乾隆帝南巡时，曾御绘《汉柏图》，并赋《题汉柏作》一诗刻于石上。

秦泰山刻石，位于岱庙东御座内，是泰山众多古代石刻之中时代最早之作品。刻石内容是记述秦始皇功德的铭文和秦二世的诏书，由丞相李斯篆书。这块刻石，原先是在岱顶之玉女池旁，后来才移至此地。刻石原文222字，历经两千年多的沧桑，到今天仅存十字，而且只有七字略为完整："臣去疾臣请矣臣"，"斯昧死"三字残泐。秦泰山刻石是秦代留存于世的稀有之物，可谓稀世珍宝，被列为国家一级文物。

泰山古称东岳，自古以来，受着皇帝和百姓的顶礼膜拜。后来，好事者将东岳拟人化为东岳大帝，取姓氏名讳，定婚配子女。东岳大帝世俗化大约是汉代开始的，历六朝至宋，基本完成。汉代《纬书》记载："东方泰山君神，姓图，名常龙。"汉张华《博物志》称："泰山神有女，嫁为西海之妇。"《魏书》记载："泰山神有子，与段晖同学。"另有史料称："东岳有子五人，惟第三子，后唐封威权（一说威雄）大将军，本朝封炳灵侯"。

大约从西汉时期始，中国民间就认为泰山神是主管阴间的，是阴间中鬼魂之最高主宰。泰山是人死之后灵魂的归宿之地。汉代《纬书》曰："太山天帝孙，主召人魂。""东方万物始，故主人生命之长短"。这一观念，从东汉墓出土的"镇墓券"中可以得到印证："生人属西长安，死人属东太山"，"生属长安，死属太山。死生异处，不得相防（妨）"。历代史籍之中，有大量记载，称人死之后，东赴泰山，任泰山府君、泰山令、泰山录事等事。

东方是日出之地，也是万物交替、春

染大地之源。东岳泰山一直被视为日出东方的象征，因此，从秦始皇开始，统一天下以后就着手封禅泰山：“东南有天子之气，因东游，以厌之。”“登临泰山，周览东极。”秦始皇五次巡游，三次登临泰山。汉武帝二十多次巡游，七次从长安东巡封禅泰山。光武帝刘秀先是拒绝封禅泰山，认为这是欺天之事，晚年时，为了江山社稷，防止“诸吕之变”的出现，还是亲自封禅泰山。唐玄宗开元十三年（725），李隆基封泰山神为天齐王。宋真宗大中祥符元年（1008），真宗皇帝封禅礼毕，下诏加号泰山天齐王为仁圣天齐王；五年（1012），又加封为天齐仁圣帝。至元二十八年（1291），元顺帝加封泰山神为齐天大生仁圣帝。

明代时，东岳泰山神由主管鬼魂的阴间之王，变为“掌人间善恶之权”、“注死录生”之大神。传说，三月二十八日是东岳大帝生日。这一天，各地道观都要举行盛大庆典。明朝田汝成说：“三月二十八日，俗传为东岳齐天圣帝生辰，杭州行宫凡五处，而在吴山上者最盛。士女答赛拈香，或奠献花果，或诵经上寿，或枷锁伏罪。钟鼓法音，嘈振竟日。”清代学者顾铁卿说：“（三月）二十八日，为东岳天齐仁圣帝诞辰。城中玄妙观有东岳帝殿。俗谓神权天下人民死生，故酬答尤虔。或子为父母病危，而焚疏假年，谓之‘借寿’，或病中语言颠倒，令人殿前关魂，谓之‘请喜’。祈恩还愿，终岁络绎。至诞日为尤盛。虽屯僻壤，多有其祠宇。在娄门外者，龙墩各屯人，赛会于庙，张灯演剧，百戏竞陈，游观若狂。……俗以诞日前进香者，乡人居多，呼为草鞋香。”

乾隆皇帝游泰山

乾隆皇帝尊崇泰山，几乎每次东巡、南巡，都要前往泰山祭拜泰山神。乾隆皇帝巡游时，吟咏泰山之御制诗达 20 余首。

《南巡盛典》中的岱庙

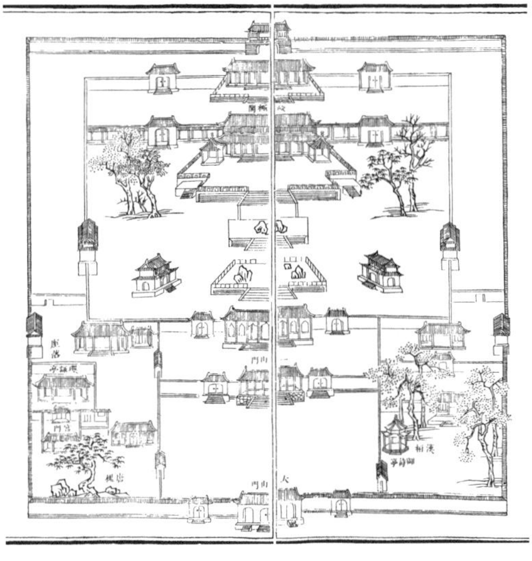

《南巡盛典》中的岱顶行宫

乾隆十六年（1751），乾隆皇帝第一次南巡进入山东，到达泰山。初春时节，山头积雪消融。白云飘忽，红日当空。山色灵秀，佳岚之气化作浮烟在山前浮动。乾隆皇帝在岱顶之上的云巢行宫，放眼四顾，心旷神怡。于是，他御笔手书《过泰山恭依皇祖诗韵》：

才看积雪消峰脊，又觉轻云翳日头。
岂是山灵邀客住，故教岚气作烟浮。
赓吟尚忆尧登顶，结揽遐思禹画州。
阿那天门门左侧，云巢三日我曾留。

乾隆帝御书岱庙“资生普润”匾

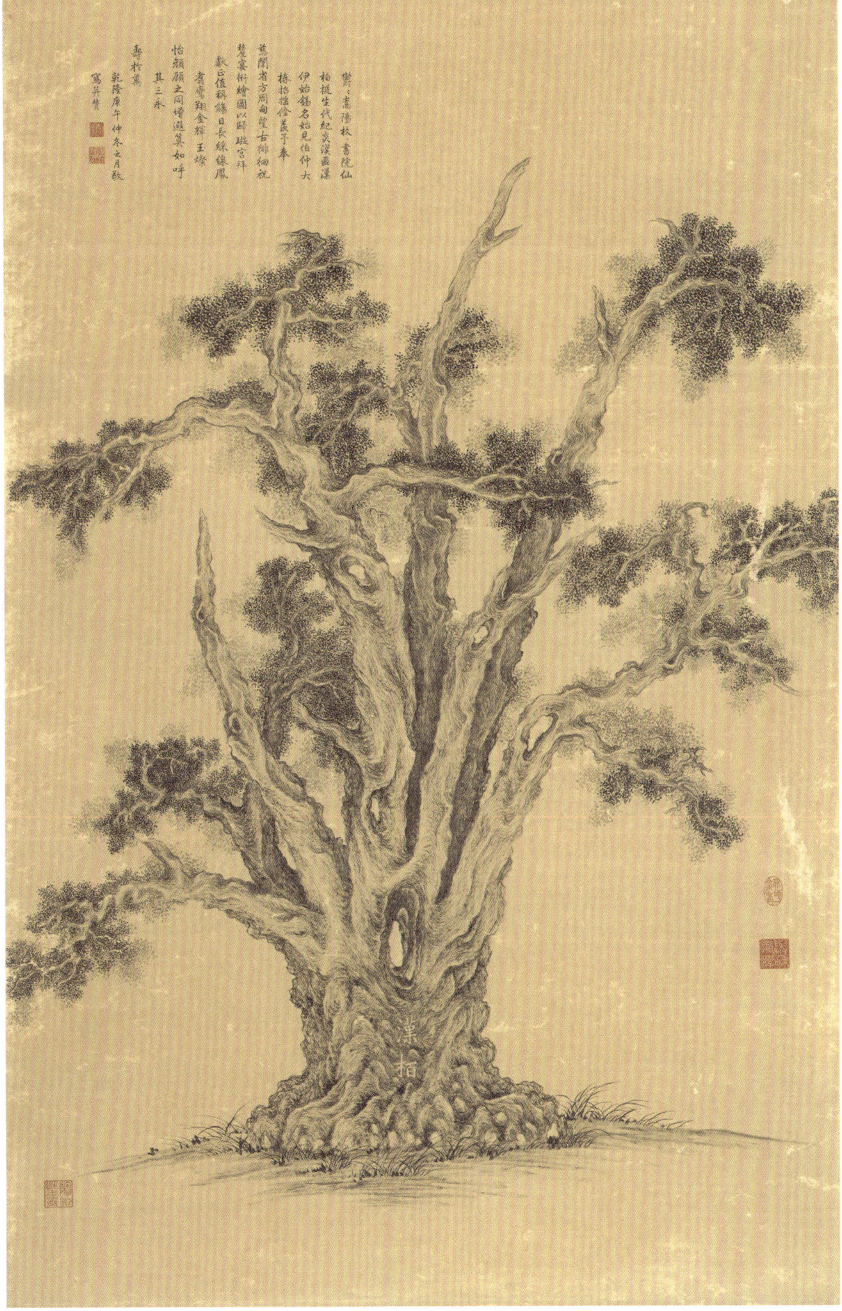

乾隆帝为诗中提到的那株“嵩岳树”（嵩阳汉柏）描绘的图画

仄路盘旋出谷口，岱宗俯视众峰头。
试思前度游如在，了识百年梦亦浮。
稍喜省方近吴会，岂辞问路自齐州。
若云此地山川景，只合驱车不合留。

岱庙，位于泰山南麓的泰安城内，是历代帝王们到泰山封禅之时驻跸、宴会和举行大典之所。据记载，这里在秦汉之时就已经有了接待皇帝的行宫建筑，即所谓的“秦既作畤，汉亦起宫”。唐玄宗时，封泰山神为天齐王，礼加三公一等，令建祠庙。从此，正式营建岱庙。从宋真宗到宋徽宗的百余年间，岱庙建筑规模不断扩大:“凡为殿、寝、堂、阖、门、亭、库、馆、楼、观、廊、庑，合八百一十三楹。”

岱庙面积大约近一万平方米，完全依照皇帝宫殿建造：中间是一条中轴线，由南到北，是岱庙大门和主要殿堂，东西两边是配殿、廊庑。四面为城，甃以砖石。城墙厚实，高三丈。城周三里，周围共八门。正南为南大门，称正阳门。门上有额曰：“岱庙”。这座门平时关闭，只有皇帝到来时才打开。东为东华门，西为西华门，北有鲁瞻门。南边正阳门及东西掖门之上，建筑有巍峨华丽的五凤楼。乾隆皇帝第一次观赏岱庙时非常震撼，即景写下《望岱庙》诗以述怀：

自有苍精协震亨，崇祠象设始谁成。
灵趋汉县群黎赤，事纪茅家三弟兄。
香和岱云千仞合，钟传汶水十分清。
凭舆揭尔驰遥睐，鳞绣郊原渐可耕。

岱庙寺院内据说是汉武帝封禅泰山之时栽种的柏树，有2000多岁的高龄。乾隆皇帝对这棵汉柏十分敬重，特地写诗《寄题汉柏》，表达敬意：

瑶阶汉柏盘童童，柏下吟情想象中。
不及同时嵩岳树，受名曾共颍川冯。

六　孔子故里

曲阜

曲阜位于山东西南部，春秋战国时期，这里是鲁国都城亦是儒家学派始祖、著名思想家孔子的故乡。孔子曾在此地学习古礼，著书讲学，成就斐然。人称其为素王，就是不在帝王之位的帝王。曲阜地位独特，孔子天下至尊，所谓：“千年礼乐归东鲁，万古衣冠拜素王。”曲阜有孔府、孔庙、孔林，合称“三孔”，是中国历代纪念孔子、推崇儒学的象征，也是历代帝王们东巡、南巡必到之地。汉武帝独尊儒术、尊奉孔子，汉代以后，祭孔活动绵延不断，祭祀规模不断扩大。明清时期，祭祀孔子的活动达到顶峰，称为“国之大典”。

孔府

孔府是集衙门、住宅合一的建筑群，是孔子后代世代相袭的孔家府第。孔府始建于宋代，历代不断修缮、增建、扩建，形成一片占地200余亩，有房舍480余间的庞大宅邸，这里官衙和住宅建在一起，是一座中国较为典型的贵族庄园。孔府的衙署大堂，是接受皇帝颁发圣旨、封爵、赏赐之地，也是孔子家族处理族内事务之所。孔府的宅院是孔子嫡系子孙的生活之所，府中保存了大量各个时代的陈设器物。孔府后院是一座风景绝胜的花园，园内布局典雅，清新别致，匠心独具，是中式园林之佳作。

孔林

孔林是孔子及其家族的坟墓。孔子后裔中，有超过十万人埋葬在这里，是中国

《南巡盛典》中的孔林

延续年代最久、保存最完整的家族墓地。孔林又称为至圣林，占地 3000 余亩，周围砖墙长达十四里。孔林内古木参天，柏桧夹道，浓荫如盖。前有 1200 米的林荫墓道。后面依次穿过石牌坊、石桥、甬道，到达孔子墓前。孔子坟墓庄严肃穆，封土高达 6 米。墓东，是孔子之子孔鲤和他的孙子孔伋之墓。孔林之中，依身份不同，墓葬的规格各异。有的墓前排列着石雕华表、石人、石兽。孔林以其延续时间之长、墓葬规模之大、坟墓保存之完好，为世界所瞩目。

孔庙

孔庙是为纪念孔子而建，经过千百年的增建、改建、扩建，发展成为今日占地 328 亩、100 余座殿堂的庞大古代建筑群。孔庙有前后九进院落，以纵向中轴线建筑

《南巡盛典》中的孔庙

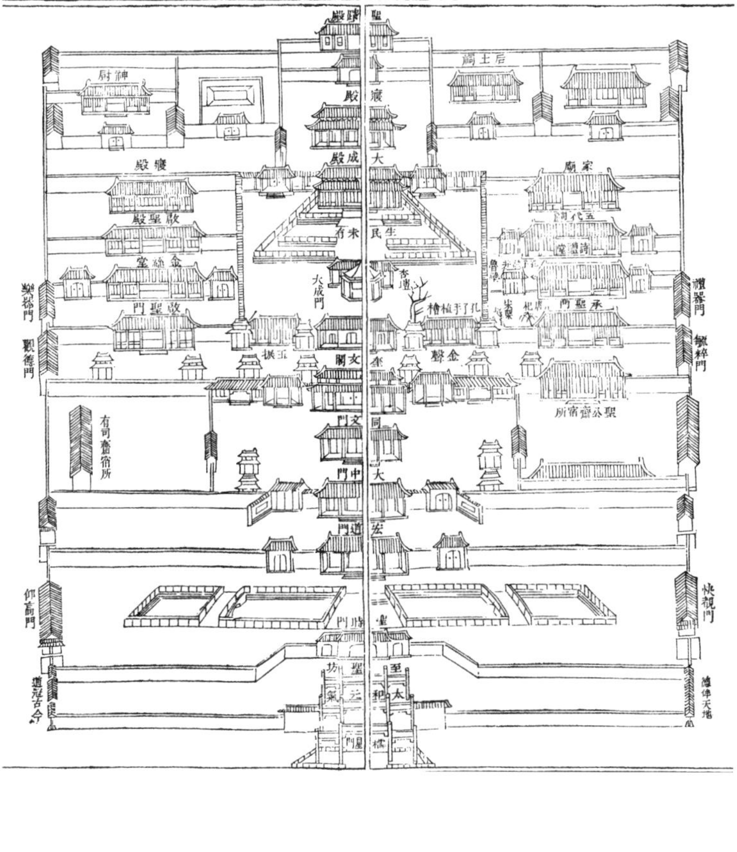

为主要殿堂。整座庙宇左右对称，布局严谨，气势宏伟。其殿堂庭院采用廊庑围合的建筑模式，是十分经典的宋式风格，亦是宋金时期封闭式祠庙形制建筑中鲜见的遗例。

棂星门

棂星，即灵星，又名天田星。古人认为，天田星“主得士之庆”。中国古代祭天时，先要祭祀天田星。孔庙设棂星门，意思就是说：尊孔，如同尊天。棂星门位于泮水桥后，四楹，三间，石柱，铁梁，铁梁精铸龙头阀 12 个。四根石柱滚圆，柱上缀饰祥云朵朵，柱顶耸立天将，怒目端坐。额枋之上精雕火焰宝珠。明间额坊由上下两层石板组成，上层额枋，精刻缘环花纹；下层额枋，镌刻乾隆帝御书“棂星门”额。明代棂星门为木制，清乾隆十九年（1754），重修时“易以石”。

棂星门雪霁

棂星门里建有二坊：南为太和元气坊，北为至圣庙坊。太和元气坊建于明嘉靖二十三年（1544）春。坊额题字出自山东巡抚曾铣手笔，称赞孔子思想是太和元气，犹如天地一样，生育万物。至圣庙坊，额坊题刻为篆字，明代时原刻“宣圣庙”三字，清雍正七年（1729）重修改为至圣庙坊。坊为汉白玉质，三间，四柱，柱上装饰祥云，额坊上饰火焰宝珠。

人们赞颂孔子，用八字形容其功德为“德侔天地”、“道冠古今”。因此，孔庙第一进院落左右，修建了一对左右对称的木质牌坊，东题“德侔天地”，西题“道冠古今”。二坊三间，四柱，五楼，上为黄色琉璃瓦，如意斗栱，明间十三踩，稍间九踩，中夹五踩小屋顶。坊下各饰八只石雕神兽，中为四只天禄：披麟，甩尾，长颈，利爪；两旁为四个辟邪，怒目，扭颈，威武。两座大坊建于明初，具有明显的明代建筑风格。

圣时门

孟子说：“伯夷，圣之清者也。伊尹，圣之任者也。柳下惠，圣之和者也。孔子，圣之时者也。”孟子的意思是说，在圣人之中，孔子是最适合时代的，孔子学说是最为入世的。据此，清雍正八年（1730），雍正皇帝钦定孔庙正门为“圣时门”。圣时门始建于明永乐十三年（1415），最初为三间，弘治年间扩为五间，中设三券拱门，碧瓦歇山顶，四周是红墙，券内杏黄墙里，前后石阶各有石刻龙陛。

过圣时门，眼前豁然开朗。偌大庭院，古木参天，松柏森森，绿荫匝地，芳草如茵。三架拱桥飞设，溪水横流，碧波潺潺。环水有玉石栏杆，精细雕刻，玲珑剔透。史载这里的水是“壅绕如壁”，因此称为“壁水”。拱桥因水而名，称为“壁水桥”。桥南有东西二门，中以甬道相连，东边门上有匾，名“快睹门”，取意李渤“如景星凤凰，争先睹之”之语，就是“先睹为快”的意思。西边门上有匾，上书“仰高门”，取自《论语》“仰之弥高”，意思是赞颂孔子学问之高深。按照规定，此二门只有皇帝祭祀之时才可以打开正门，皇帝专用；平常之时，普通人只能从仰高门进入孔庙。

弘道门

壁水桥北，为弘道门，是孔庙的大门，建于明洪武十年（1377）。清雍正七年，雍正皇帝据《论语》“人能弘道”之语，改名为弘道门，这是称赞孔子的学说弘扬了尧、舜、禹、汤和文、武、周公之正道。弘道门前有两块元代碑，东为四棱碑，是曲阜县历代沿革的碑志，详细记录了曲阜的历史和变迁。西为“处士王处先生墓表”碑。

大中门

大中门原名中和门，较之弘道门，大中门略长且窄，门共五间，原为宋时孔庙之大门，明弘治时重修，清代重建。穿过大中门，进入孔庙第四进庭院。院落较为开阔，树木疏朗，古柏葱郁，环境优美。这里禽鸟翔集庭院，喜鹊翩翩，鹳飞鹤舞，白鹭飞翔，雀鸦噪晚。门旁有绿瓦拐角楼，元至顺二年（1331）造，角楼三间，耸立在正方形的高台之上，台内有马道，可通上下。

奎文阁

过大中门，迎面是同文门。门阔五间，深二间，斗栱疏朗，黄瓦歇山顶。清初此门名“参同门”，顺治以后改名为同文门。过同文门，北边一座高阁拔地而起，巍巍壮丽。阁顶檐下，精雕群龙环绕的一块木匾，上书“奎文阁”三个大字，这里是孔庙闻名遐迩的藏书楼。奎文阁始建于宋天禧二年（1018），最初即被命名为“藏书楼”。明昌二年（1191），金章宗重修此楼，改名为“奎文阁”。清乾隆时期，乾隆皇帝巡幸孔庙，御赐御笔“奎文阁”匾。

关于此阁名称的由来，需要做一介绍。“奎”，是星宿之名，二十八宿之一。西方白虎之首，有星16颗，“屈曲相钩，似文字之画”。《孝经》称：“奎主文章”。汉代《纬书·孝经援神契》中，亦有“奎主文章”之说。东汉学者宋均注解：“奎星，屈曲相钩，似文字之划。”因此“奎星”逐渐演化成文星，是天上文官之首，为主宰文运、左右文章之主神。所以，各地纷纷建造奎文阁，历代相沿。汉代以后，帝王们为赞颂孔子，尊敬儒学，将各地孔庙之藏书楼，均命名为奎文阁。

奎文阁，高24米，阔30米，深约18米，黄瓦歇山顶，三重飞檐，四层斗栱。奎文阁结构精巧，建筑合理，且固坚异常。阁内两层之中，夹有暗层，为层叠式构架；底层木柱之上施以斗栱，斗栱之上排立木柱。明弘治十七年（1504），重修奎文阁后，阅数百年的风雨侵袭而安然无恙。阁前廊下，有石碑二。东边石碑，为“奎文阁赋”，由明代著名诗人李东阳撰文，著名书法家乔宗手书；西边石碑，为“奎文阁重置书籍记”，详细地记述了明代正德年间，皇帝命礼部重修书阁，赐书庋藏阁中之情况。阁西有碑亭，记载了康熙年间地震之情况，这座石碑见证了奎文阁的辉煌和坚固。

奎文阁前，耸立着两座高大精致的御碑亭。碑亭内外，共有四方明代御碑。每方石碑高约6米，宽约2米，碑下龟趺高约1米。碑额之上，精致雕刻着盘龙绕日，栩栩如生。阁东南露天之处，有一方“重修孔子庙碑”，立于成化四年（1468），是成化皇帝朱见深重修孔子庙后所立，人称“成化碑”。碑文为楷书，书法遒劲端庄，文章结构严谨，其内容极力推崇孔子道：“朕惟孔子之道，有天下者，一日不可暂缺！”

奎文阁两边各有一所院落，称为东院、西院。两座院落各自独立，称为“斋宿”。祭祀人员在祭祀孔子之前，于此沐浴戒斋。其中东院地位尊贵，是皇帝以及“衍圣公”之专用斋宿所。据史料记载，清康熙、乾隆皇帝东巡、南巡之时祭祀孔子，就曾驻跸于此，在此沐浴斋戒。而西院则是祭祀官员的斋宿之所，清乾隆以后渐渐废弃，仅存院落。道光年间，孔子七十一代孙孔昭薰改建院落，将孔庙内的许多珍贵收藏，包括宋、金、元、明、清五代文人墨客、文武大臣等人约130

余块拜谒孔庙之碑文集中起来，精心镶嵌在院墙之上，称为“碑院”。

十三御碑亭

穿过奎文阁，就是孔庙第六进庭院。这片院落较为狭长，院落之中矗立着十三座御碑亭。御碑亭分两行排列，南边八座，北边五座。碑亭覆以黄色琉璃瓦，在阳光照耀下，金光灿烂，耀人眼目。碑亭斗栱飞翘，檐牙高耸，构造别致。这十三座御碑亭全部是为历代皇帝的御制石碑而建造的。御碑亭内存碑 55 通，包括唐、宋、金、元、明、清以及民国七个时代所刻的石碑，碑文分别由汉文、八思巴文、满文等文字撰写、镌刻。碑文内容大多是皇帝表达对孔子的崇敬、对儒学的敬仰的文字，以及历代帝王对孔子追谥、加封、拜庙、祭祀、修缮庙宇情况的记述。

南边八座御碑亭，四座是金、元时期的建筑：东起第三座、第六座，为明昌六年（1195）金章宗所建。金章宗好文，喜爱儒术，敬仰孔子。两座金代碑亭呈正方形，斗栱奔放豪迈，别具一格，是孔庙之中存世最早的古代建筑。东起第四座，为至元五年（1268）元世祖忽必烈所建，东起第五座，为大德六年（1302）元成宗所建。其余四座则为清代所建。北边五座御碑亭，均为清代建造，分别建于康熙、雍正、乾隆年间。

御碑亭之石碑，大多以似龟非龟之神物为趺，这种神物叫赑屃，传说是龙之子。龙生九子，各具才能，九子之中，赑屃体壮，最擅长负重，所以用以驮碑。御碑亭中年代最早的有两方唐碑：一是唐高宗总章元年（668）碑，称为“大唐赠泰师鲁先圣孔宣尼碑”；一是唐玄宗开元七年（719）碑，称为“鲁孔夫子庙碑”。这两方碑都位于南排东起第六座的金代碑亭中。御碑亭中最大一方石碑，是清康熙二十五年（1686）所立石碑，位于北排东起第三座御碑亭内。这方石碑重约 35 吨，加上碑下为趺之赑屃、水盘，重约 65 吨。据史料记载，这方石料采自北京西山，由西山辗转运往千里之外的山东曲阜，而安然无恙，确实令人惊叹。

御碑庭院的东南部和西南部，自成体系，各有一片碑碣，如同丛林，人称碑林。庭院北墙，朱栏围绕，内有大量刻石，其内容是历代帝王、大臣以及信众们修庙、建庙、拜庙、谒庙、祭庙之文，大都是赞颂孔子的。书法上，碑林中书体多样，真、草、隶、篆，各具特色。十三座御碑亭院两侧，建有两座门，东边是毓粹门，西边是观德门，供出入之用，人们依皇宫建筑格局，称之为东华门、西华门。

大成门

十三座御碑亭北，有五门并列，正中一门名大成门。这是一道很重要的门，是孔庙之中的第七道大门。“大成”，意思是集大成者，是孟子对孔子的评价。孟子说：“孔子之谓集大成，集大成也者，金声而玉振也！”这是称赞孔子，赞颂他的思想博大精深，集古圣先贤之大成。这里五门大开，由此按照承先启后的血缘次序，分为三路：东路，进承圣门，内中供奉和祭祀的是孔子之上五代祖先；西路，进启圣门，内中供奉和祭祀的是孔子的父母；中路，进大成门，内中供奉和祭祀的是孔子夫妇；两边则是历代先贤、先儒，配享从祀。三门两边，为左右掖门：左掖是金声门，右掖是玉振门。

杏坛

杏坛相传是孔子讲学之地，“孔子杏坛设教，有教无类。”“杏坛”之名最早见于《庄子》：“孔子游于缁帷之林，休坐乎杏坛之上。弟子读书，孔子弦歌、鼓琴。”杏坛原址何在？不可考。宋天禧二年（1018），孔子四十五代孙孔道辅监修孔庙，将正殿后移，加以扩建。在正殿旧址之上“除地为坛，环植以杏，名曰‘杏坛’”。金代时，开始在坛上建造亭子，由当时著名文人党怀英篆书“杏坛”二字匾。

杏坛建筑古朴，结构较为独特：十字结脊构造，四面悬山式；黄色琉璃瓦顶，朱漆栏杆；雕梁画栋，彩绘精美；坛亭古雅，装饰华丽。杏坛之前，设有香炉，精雕石刻，十分精致。杏坛两侧，杏树枝繁叶茂，迎风招展，特别是春暖花开之时，鲜枝吐绿，红花摇曳，景色格外迷人。乾隆皇帝敬仰孔子，对于杏坛讲学十分神往，曾写诗吟咏道：“重来又值灿开时，几树东风簇绛枝。岂是人间凡卉比，文明终古共春熙。”

两庑

大成殿是正殿，其东西两侧之房，称为两庑。这里位于正殿两侧，是后世供奉先贤、先儒的地方。能够入此配享的先贤、先儒，都是后世令人敬仰的博学鸿儒，是各个时代的代表人物，包括董仲舒、韩愈、王阳明等。唐朝时，入此配享的先儒有20余人。历经数百年，不断增加、更换，民国之时，达156人。配享众人，最初是画像。

金代时，改为塑像。明成化年间，全部改为木制牌位，上书名字，供奉在各自的神龛之中。

东庑之中，保存着大约 40 余块石刻，包括汉、魏、隋、唐、宋、元时期的碑刻作品。其中最为珍贵之物，是汉魏北朝石刻，共有 22 块。西汉石刻之中，“五凤”无疑是最珍贵的；东汉石刻，“礼器”、“乙锳”、“孔宙”、“史晨”诸碑是汉隶奇珍；北朝之“张猛龙碑”，是传世的魏体典范。西庑之内，收藏有大量“汉画像石刻”，约有 100 余块，十分珍贵。内容方面，有神话传说之物，如青龙、白虎、朱雀、玄武；有社会生活之态，如捕捞、歌舞、杂技、行医、狩猎等。技法方面，构图精巧，线条或者细致，或者粗犷，各具风格。清乾隆年间，孔子后裔孔继涑收集历代著名书法家手迹，临摹书法，精雕细刻，共得 584 块，称“玉虹楼石刻”。

大成殿

由杏坛向北，放眼望去，是一片双层玉石栏杆。高大的台基之上，巍然耸立着一座高大建筑：大殿巍峨雄壮，凌空突起，金黄色的屋顶，重檐飞脊。正中悬挂着一方蓝底大竖匾额，匾额木刻，贴金，有龙纹环绕，上书三个大金字：大成殿，大字直径一米，金书，是清雍正二年（1724）大成殿火灾重建后，雍正皇帝的御笔。

大成殿是孔庙建筑规格最高、建造规模最大的建筑，殿高 25 米，宽 46 米，进深 25 米。重檐，九脊，黄瓦，有回廊环绕。大殿重檐飞脊，斗栱交错。殿中雕梁画栋，金碧辉煌。殿内的藻井枋檩之上，装饰云龙图案，金箔贴裹，白云呈祥，群龙飞舞。

大殿四周廊下，环立着石柱，共有 28 根，上面精雕云龙。每根石柱都是整石，高约 6 米，直径约 0.8 米，承以双层覆莲柱础。这些石柱原为明弘治十三年（1500）徽州工匠奉旨雕刻的，清雍正二年（1724）大成殿火灾后加以重刻。大殿后檐，有 18 根石柱，采用八棱磨浅雕法，饰以云龙图案。据统计，每面浅刻有 9 条团龙，每柱 72 条团龙，石柱之上，有刻写记录，统计雕刻龙共 1296 条。大殿前檐 10 根大柱为深浮雕，每根石柱双龙飞翔，盘绕升空。飞龙之间，祥云、火焰、宝珠光焰四射；柱脚缀以海涯、山石，波涛汹涌。据说，乾隆皇帝驾临曲阜祭孔时，大殿石柱用红绫包裹严实，不敢让乾隆皇帝看到。后世将曲阜大成殿与紫禁城太和殿、岱庙宋天贶殿并称为东方三大殿。

20 世纪初的孔庙大成殿

大成殿内，正中位置供奉着孔子塑像。孔子称为素王，就是不登位的皇帝，其穿戴如同皇帝一样。坐像高 3.35 米，头戴十二旒冠冕，身穿十二章服，手持镇圭，垂衣静坐，面南而治。其东西两侧，为四配圣人：东位西向者，是复圣颜回、述圣孔伋；西位东向者，是宗圣曾参、亚圣孟轲。四配之外，是十二贤哲：东位西向者六人，分别是闵损、冉雍、端木赐、仲由、卜商、有若；西位东向者六人，分别是冉耕、宰予、冉求、言偃、颛孙师、朱熹。殿内所塑坐像，都置身于木制贴金神龛内：孔子坐像是单龛，十三踩斗栱，龛前两柱，各雕一条游龙；四配、十二哲，分别是两人一龛，九踩斗栱，龛前有供桌、香案，摆满笾、豆、爵等礼器，以供祭祀时使用。

大殿之中，有祭祀孔子时的中和韶乐乐器和舞具。大殿之外，高悬十块匾额、三副对联。大门外正中，有雍正皇帝题写的“生民未有”匾额，大殿内正中，是康熙皇帝亲笔手书的“万世师表”匾、光绪皇帝题写的“斯文在兹”匾。大殿南面，高悬乾隆皇帝题写“时中立极”匾。每块匾额，长约 6 米，高约 2.6 米，馆阁体手书，端庄、肃穆、遒劲、圆满。匾额贴金，四周雕龙，十分华丽。

大成殿雄伟壮丽，建筑在两层高大厚实的台基之上。殿前是一座约 400 平方米的露台，高约 2 米，东西宽约 4.5 米，南北深约 35 米。四周有雕花须弥石座，围以双层玉石栏杆，底层是莲花栏柱，下为石雕螭首。南面正中，有两块大浮雕云龙石陛。殿前露台是祭祀孔子之时歌舞行礼的场所，孔子诞辰之日是农历九月二十八日，每逢此日，露台前都要表演祭祀孔子的八佾舞。

寝殿

由大成殿回廊向后回转，一层层栏围环绕之处，耸立着一座重檐大殿，就是孔子和其夫人的“寝殿”。寝殿构造别致，是供奉孔子夫人亓官氏的专门祠堂。殿阔七间，进深四间。殿内金妆彩绘，装潢华丽。殿枋殿檩之上，饰以游龙。藻井高悬，团凤吉祥，由金箔贴成。寝殿之中，到处浅刻凤凰、牡丹，其建筑规格和装饰如同皇后正宫。殿内设神龛，木雕，精刻游龙戏凤。龛内供奉着孔子夫人，内有木牌，上书“至圣先师夫人神位”八字。殿外回廊之上有 22 根石柱，主擎大殿、廊檐。

圣迹殿

圣迹殿是保存描绘、记载孔子一生事迹的石刻《圣迹图》之大殿。圣迹殿位于寝殿后面，自成院落，是孔庙之中最后一进院子，即第九进庭院。此殿修建于明万历二十年（1592），由巡按御史何出光主持。当时，孔庙之中原有记录孔子事迹的木刻版画《圣迹图》120 幅，史何出光奉旨巡视山东时，到达曲阜后，视察孔庙，建议将木刻《圣迹图》改为石刻。于是，由画师杨芝作画、增补，吴郡雕刻大师章草刻石。《圣迹图》完成后，嵌在圣迹殿内壁之上，每幅宽 38 厘米，长 60 厘米，生动、真实地记载了孔子从出生到成就功业的圣迹：第一幅，颜母祷于尼山，生下孔子；最后一幅，孔子去世，子弟结庐守墓。最后，附有两幅皇帝祭祀孔子图：一幅是汉高祖刘邦，一幅是宋真宗赵恒，以太牢大礼，祭祀孔子。

圣迹殿内，正中墙上高悬康熙皇帝题“万世师表”匾。御笔大匾之下，正中墙上，是唐代大画家吴道子所画的“孔子为鲁司寇像”。左边，是晋代著名画家顾恺之所画的“先圣画像”，人称“夫子小影”。孔子穿燕居服，尧头，舜耳，华冠，象佩，颜回从行。据说夫子这幅“小影”，最接近孔子原貌，是孔子所有画像之中最逼真的，其相貌、神态、五官等都最接近孔子的面容。殿内还有宋代大书法家米芾篆书“大哉孔子赞”，以及清康熙、乾隆皇帝的其他御笔。

乾隆皇帝巡三孔

乾隆皇帝尊奉孔子，称赞说：

至圣先师孔子，天纵圣仁，躬备至德，修明六籍，垂训万世。自古圣帝明王，继天立极，觉世牖民，道法之精蕴，至孔子而集其大成。后之为治者，有以知三纲之所由以立，五典之所由以叙，八政之所由以措，九经之所由以举，五礼六乐之所由以昭，宣布列于天地之间，遵而循之以仰！

乾隆十六年（1751）二月十一日，乾隆皇帝亲临孔庙，拜谒孔子。乾隆皇帝亲自拈香，恭敬行礼，三跪九叩。这一天是丁日，为何丁日祭祀孔子？去年，乾隆十五年（1750）的仲春丁日，乾隆皇帝就曾亲临太学，行礼祭祀。上丁之日祭祀孔子，最早见于吕不韦的《吕氏春秋》。后来，汉代儒生编纂《大戴礼记》，收录此礼仪。汉许慎《说文解字》称:“丁承丙，象人心。丁日祭祀，意思在于尧、舜之道，圣心相传;孔子承丙，丁日传心。”乾隆皇帝考证，古人以丁日致祭，是圣学传心之义。皇帝有感于此，写下了《二月十一日释奠先师叠去岁仲春丁祭韵》长诗：

昨岁精思释用丁，祭临日吉恰斯经。
为师永俾百王法，立教恒垂万代刑。
乐奏仰瞻心向往，礼成应退步犹停。
古稀何有不踰矩，舞象惟惭自幼龄。

乾隆四十一年（1776），乾隆皇帝再一次亲临曲阜，祭祀至圣先师。回京以后，皇帝颁旨，升热河为承德府，以府中六厅之地，建筑文庙，祭祀孔子。乾隆皇帝躬亲祭祀，还广增儒学学额，广召儒学人才。即使是新疆边远之地，包括巴里坤、乌鲁木齐等地，以及迪化、安西、宜禾诸州县，都建立文庙，增大学额，儒学之教，广披四野。乾隆四十九年（1784）二月上旬，乾隆皇帝又一次到达曲阜。74 岁的皇帝回想起自己推崇儒学的举措，甚为欣慰，遂依皇祖康熙皇帝的诗韵，作《五依皇祖过阙里诗元韵》诗：

春秋八阅度，日月迅堂堂。
徒以古稀岁，依然数仞墙。
道惟一贯约，教在万方长。
圣庙兴州建，弦歌习裻裳。

乾隆皇帝登基那年，特旨在孔庙立孔子石碑。当时，碑文是由翰林大臣撰写的。碑文内，有“后圣实承先圣”之语，皇帝每每读此，感觉不快，认为用词不当，言过其实。乾隆三十六年（1771），他曾写诗述怀，纠正过此文之错。乾隆四十九年（1784），皇帝再来孔庙，看到石碑依旧，不禁对整整50年的往事，心生感慨。写下了《题乙卯遣祭碑石阴仍用辛卯诗韵》诗：

五十年如一瞬云，宫墙景仰愧尊闻。
翰林撰语知非道，然究几人读此文。

按：御极告祭，刻石阙里，为礼官典故。朕乙卯御极所立碑石，原属翰林拟撰之文，内有‘后圣实承先圣’之语，甚为不当。辛卯，曾有诗志过。今距乙卯，五十年矣。然圣庙依例之碑文，亦无人过而读之。复叠前韵，并识如右。

乾隆时期，史书记载了乾隆皇帝拜谒孔林之盛况：“孔林，在曲阜县城北。桧柏森茂，黛色参天，广袤数十里，中有子贡手植楷树。康熙二十三年圣祖仁皇帝诣圣林，诏于孔林原额地外增扩地十一顷十四亩有奇，除免粮课。雍正九年奉诏重修圣林，门堂殿亭，益加宏丽。是时庆云叠见，端应丕昭。乾隆十三年，皇上恭绳祖武，亲诣致奠。二十二年及二十七年南巡回銮，纡道幸鲁，复诣林奠酒，尊师重道，圣圣相承，隆礼有加，度越前古。”

乾隆皇帝拜谒孔林，酹酒致祭，写下了《谒孔林酹酒》诗：

吉礼虔申释奠忱，祭台更诣酹乔林。
桑田大海有时变，方趾圆颅无不钦。
立教惟师真是独，作君则我愧于心。
柞枌闻说门人植，万古千秋永郁森。

七 古泮池行宫

史料说，呈半圆形的水池，上面建有

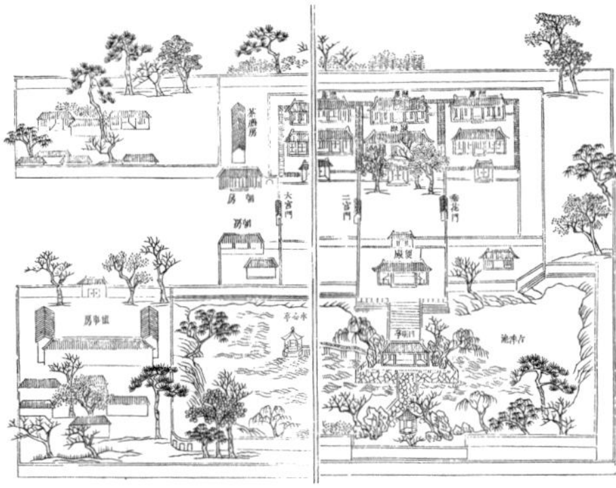

《南巡盛典》中的古泮池行宫

拱桥，称为泮池。古人认为，在学府之前建造泮池，能够振兴学业。因此，在孔庙、文庙、学宫等重要庙宇、学府之地，都建有泮池。周代时，《周礼》规定，天子宫前，设池，为圆形；诸侯设池，只许一半，称为泮池。同样，天子之学，称为辟雍，辟雍学府前，有水环绕。诸侯之学，称为泮宫，泮宫之水只许半之，因称为泮池。按照礼仪规定，新生入学时，在学官带领下，进棂星门，入孔庙，登桥，跨泮池。然后，进入大成殿，礼拜至圣先师孔子。最后到儒学署，拜见教官。这套入学仪式，称为入泮。

古泮池行宫，位于曲阜县东南隅。据史书记载，其地旧有泮宫台。郦道元在《水经注》中记载："灵光殿东南，即泮宫也。台高八十尺，台南水东西一百步，南北六十步。台西水南北四百步，东西六十步。台池咸瓦石为之。"乾隆时期，史书记载道："乾隆二十年，前抚臣恭建数楹，屡邀临御。二十七年，《御制古泮池证疑》一篇，援据详核，芹藻风流，千古不磨矣。"

古泮池行宫呈东西向，自西向东分为三路：中路，依次为垂花门、二宫门、大宫门、朝房；北路，依次为照房、寝殿、茶膳房；南路，依次为古泮池、便殿、四明亭、水心亭、值事房。

乾隆四十九年（1784），乾隆皇帝第六次南巡驻跸泮池，感于古礼，写《驻跸古泮池》诗：

到来即谒大成殿，斋宿退临古泮池。
瞻依一再心不足，躬行终始意犹怩。
有水有亭都好在，曰松曰柏益森其。
明当承祭亲释奠，八岁春秋逝者斯！

第六部分

江天一览访江苏

一　入江南境

乾隆帝御驾出郯子花园行宫南行，就进入江南省（江苏）境。在乾隆帝的心目中，江南似乎是一个分界线，每次进入江南，乾隆皇帝都有一种特殊的感觉，他都会吟诗述怀。乾隆三十年（1765），乾隆皇帝第四次南巡。55岁的皇帝经过了直隶、山东两省的长途跋涉，坐着御辇进入江南境。过境后，他换乘御马，好让江南臣民得以一睹天颜。为了让吏民百姓能够就近一阅龙颜，乾隆皇帝特地吩咐侍卫，不得呵斥、阻拦百姓近观，特别是年老体迈者。

进入江南之境的乾隆皇帝，感觉特别不同。两江总督、江苏巡抚、浙江巡抚等封疆大吏多次上书说江南之民“望幸甚殷”。经过实地巡幸，皇帝才真切地感受到百姓的热忱。按照大清礼仪规定，皇帝御驾所到之处，三十里内，所有地方官员必须身穿朝服，在路边跪伏，恭敬迎驾。御驾来到之前，鸿胪寺堂官以下主要官员，亲率鸣赞官赴御驾将临的沿途各地，召集地方官吏、士绅代表、耆民老妇以及地方生员，在空旷之地排列跪伏，不厌其烦地演习迎送仪式，直到烂熟为止。

皇帝御驾所及，沿途彩绸、彩带搭建的彩棚、点景、行营鳞次栉比。各景点前设立香案，官员、耆老专门守候，燃香迎驾。空旷之地，跪满了百姓，七八十岁以上老翁老妇，身穿黄绢、黄布外褂，手执高香，恭候在皇帝必经的路边，跪迎圣驾。漫山遍野、田野阡陌之上，成千上万的百姓欢呼拥戴，万岁之声此起彼伏。每当回味这一盛况，乾隆皇帝都倍感欣慰，不禁写道：“夹岸老幼趋随，欢呼瞻仰。每入舫室，民若失望，怜其诚，冒谅有所弗避也！”

每次路过乡镇城郭，乾隆皇帝必定舍舟登岸，策马徐行。这样做，乾隆皇帝说：

“既览闾阎景象，兼便民瞻就。”“长途虽御舆辇，每策马，则民得遂瞻，依趋随几至万人，亦盛事也！”夹岸老幼，欢呼瞻仰；巷舞衢歌，普天同乐。乾隆皇帝看着眼前的太平景象，盛世天子的自豪感不禁化入诗中。于是，挥笔写下了《入江南境》，并御笔注解：

雨霁仲春初，策骢却辇舆。
瞻依从众愿，呵禁戒相拎。
麦露含平垄，柳烟护远墟。
划圻各迎送，分野异青徐。
民望真怜彼，河防益厪予。
入疆欣幸者，气象较前舒。

江南是国家的经济命脉。首先，这里是财政收入的主要来源；其次，每年供给京城以及京畿之地的大量粮食，就是从这里的运河北上的。同时，江南地区也是人文渊薮，是科场上朝廷选拔士子的主要来源地，每年中举士子大约有一半来自江南地区。因此，乾隆皇帝南巡时，一再下诏要奖励江南，表彰江南地区的大小官吏。皇帝一再写诗，表达自己对江南官吏的倚重和欣赏。他在《四依皇祖示江南大小诸吏韵》中说：

士不谈王道，或致笑樵楸。
而况任保障，民瘼应细剖。
繄予巡江国，三年隔未久。
入疆古有庆，要务安黔首。
汉良二千石，召父与杜母。
政不在催科，心惟筹畎亩。
扬徽彼居前，继美谁当后。
其司水土臣，金堤在巩守。
文武纵殊途，和衷贵相友。
前度示训言，已勒琬琰寿。
赓韵重申意，实践毋虚负。

二　顺河集行宫

江苏宿迁宿豫区顺河镇，处于运河进入江苏地域的第一站。顺河镇，是京杭大运河畔的一个古老重镇，西隔大运河，与宿迁古城隔河相望，有着三百余年的历史。

京杭大运河由山东韩庄闸出韩庄运河进入江苏境内，称为中运河、中河。开凿中河，是清代河道总督靳辅在治河上的一大创举，也是京杭大运河上画龙点睛之笔。康熙二十六年（1687），靳辅力排众议，主张“避黄济运”，奏开中河，建立顺河兵营。中运河竣工的第二年，清廷在宿迁城东中河东岸，选择一处要地设置兵营，驻守人员的职责就是确保漕运的安全。因为这片建筑是顺中河而营建，所以人称

《南巡盛典》中的顺河集行宫

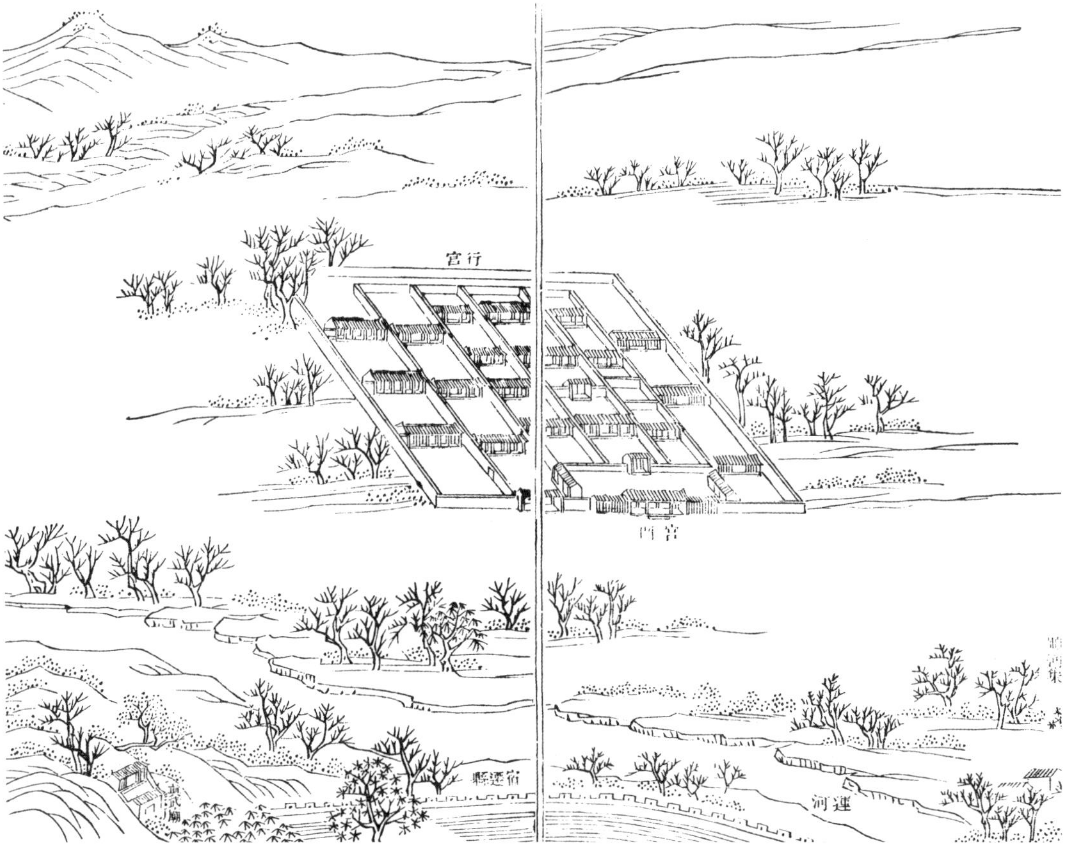

顺河镇。这里是运河的重要停泊地，也是水陆交通的交汇之所，地理位置十分重要。大运河漕运发达，官船如织，漕船如梭，商贾贸易络绎不绝。很快，顺河镇成为南北客商、各界人士云集之处，饮食、起居、娱乐、休闲，应有尽有，这里商铺林立，民居兴旺，渐渐形成大运河上一处繁荣昌盛的重要集市城镇，因在顺河镇上，人们习称顺河集。

中运河开通以后，水运十分顺畅。乾隆皇帝六次南巡，每次经过宿迁，均驻跸于龙王庙、王家大营、仰化大营、林家庄等地的行宫之中。据史料记载，乾隆皇帝驻跸顺河集镇次数最多，先后达 11 次，写有御制诗四首。乾隆二十七年（1762），乾隆皇帝第三次南巡，进入江南的第一站，就驻跸在顺河集行宫,乾隆皇帝写下了《顺河集行馆作》：

登舟尚迟四朝程，尽可修除张幕城。
何事居然亦室宇？稍欣未致大经营。
土香阶草才苏纽，风细盆梅欲放荣。
西望运河堤杰峙，几多酌剂系予情。

顺河集镇建筑独特，古迹丰富，整个集镇具有鲜明的运河特色。这里的御码头规模宏大，构造精巧。在顺河集北圩门西北，大约 200 米处（金沙江路中心），是乾隆皇帝当年的拴马台。其北门东北，大约 500 米（燕山路南北，长江路和珠江路之间），马路交汇处，是当年镇守中河的河防兵营，人称大营顶。北圩门内，东侧有一座建筑，称为财神庙；南侧有几座建筑，分别是火神庙、茶庵等。从北圩门到河防兵营之间，是一条重要通道，称为七条涧：这是一条从扬州北上，通向北京的清代通京大道。

乾隆二十七年（1762）第三次南巡时，建造顺河集行宫。当时，地方大吏考虑行宫距离运河登舟的御码头较远，有四个脚程，于是，就在这里构筑行宫，作为驻跸之所。

乾隆皇帝一路南巡，所驻跸的行宫非皇宫宫殿可比，这些行宫从表面上看，都是十分的自然简朴。驻跸顺河集行宫时，乾隆皇帝居住在寝宫正殿，数间房屋为御榻禁地，其外罗列布帐，如同行营之制。行宫之中有室数楹专养梅花，以供风雅的乾隆皇帝观赏。在春寒料峭之中，一盆盆梅花别具一格，生机勃勃，含苞吐香。皇帝兴致盎然，对以淳朴风格为主调、而处处充满野趣的行宫非常满意。乾隆三十年

十八世纪大运河畔的集镇

（1765），乾隆皇帝第四次南巡再过顺河集，写《顺河集行馆叠旧作韵》，细致地描述了顺河集行宫的情形：

桥过永济不多程，行馆西邻宿预城。
数宇瓦房朴非旧，周围布帐制如营。
柳丝墙外摇还弱，兰朵阶前馥以荣。
到处懋勤供研匣，舍斯何用遣闲情。

三　龙王庙行宫

龙王庙行宫在宿迁境内，宿迁风光秀美，景色迷人，中国四大淡水湖中的洪泽湖和水质独特的骆马湖滋养着这片土地，使这里成为著名的鱼米之乡。洪泽湖、骆马湖烟波浩渺，景色宜人。境内河渠纵横，水产丰富，珍禽比翼，渔舟晚唱，气象万千。乾隆皇帝六下江南，先后有五次驻跸宿迁，称赞宿迁是“第一江山春好处”。

宿迁在春秋时，为钟吾子国。后来，宿国迁都于此。秦时，置下相县。公元前113年，汉武帝封常山宪王少子刘商为泗水王，王都设于凌县，下辖二万五千余户，约十二万人，传五代六王，历时132年。后来，西汉废凌县，设下相县。从东汉至隋朝，约六百年间，下相县改称宿豫县。唐代宗宝应元年（762），为避代宗李豫名讳，宿豫县改为宿迁县。境内先后设怀文县、潼阳县、桃源县和临淮郡。宋、元、明、清时期，辖域屡有兴替。宿迁历史悠久，这里曾发现了最早的古人类活动遗址之一，称为“下草湾文化遗址”。西楚霸王项羽及其夫人虞姬，就出生在下相。

龙王庙行宫全称是“安澜龙王庙行宫”，乾隆皇帝御笔题匾“敕建安澜龙王庙”，行宫坐落在皂河古镇，所以又称皂河行宫。行宫位于大运河畔，北临骆马湖，南接古黄河，东连马陵山。乾隆皇帝六次南巡，曾先后五次驻跸这里，是乾隆皇帝较喜爱、至今保存较为完好的清代宫殿式古建筑群。

安澜龙王庙行宫是一座布局严整、规模宏大的建筑群，是典型的宫殿式寺庙建筑。行宫整体呈长方形，以中轴线为主体，

宿迁境内水域广阔的骆马湖

安澜龙王庙行宫南侧广场前的古戏楼

主次分明，左右对称，外围建有双重围墙，自南向北整座建筑群分为三进院落。

行宫最南端是古戏楼，这座戏楼只有在一年一度的初九庙会上以及清帝驾临之时才使用。戏楼额枋上悬挂着一方三字鎏金匾额：奏平成。古戏楼向北，是一片宽阔的广场，两边竖立着两根木质神杆，高六丈，神杆两边建有两座牌楼，与神杆相对应，分别书写着河清、海晏。据史料记载，乾隆皇帝五次驻跸龙王庙行宫时，每一次都是从河清、海晏牌楼进出。

广场北侧是一座山门，门旁有雌雄石狮一对，雄狮重约 2.8 吨，雌狮重约 2.76 吨，二狮造型威猛，前脚直立，后脚盘曲，昂首挺胸，威武雄壮。山门为青砖砌就，正中门额上镶嵌着乾隆皇帝御笔题写的七个鎏金大字：敕建安澜龙王庙。上有御印一方，书“乾隆御笔”四字。山门两旁，是典型的仿宫殿式规格：有两明两暗边门，两两对应，正中是皇帝的御用正门，两边是文武官员出入的通道。

进入山门，就是第一进院落。院内清幽静谧，古木森森。院落中心位置处耸立着一座六角御碑亭，面积约 50 余平米，亭内有十二根朱红大抱柱，抱柱擎托着六角重檐攒尖顶，上面覆盖着黄色琉璃瓦。因为御碑亭形状如伞，所以人称皇伞亭。亭内正中，耸立着一块高 5 米的御碑。碑额镌刻“圣旨”二字楷书，碑身正面刻有详细叙述康熙、雍正时期建庙因由和修缮经过的御笔文字。碑身背面，是乾隆二十二年（1752）乾隆皇帝第二次南巡时，

安澜龙王庙山门

乾隆帝御笔“敕建安澜龙王庙”额

摹刻乾隆十六年（1751）第一次下榻此处时所写的御制诗：

> 皇考勤民瘼，龙祠建皂河。
> 层甍临耸坝，峻宇镇回涡。
> 毖祀精诚达，安澜永佑歌。
> 彭城将往阅，宿顿此经过。
> 捍御方多事，平成竟若何。
> 所希神贶显，沙刷辑洪波。

御碑的碑石两面，还分别镌刻有乾隆二十七年、三十年、四十五年、四十九年四次下榻此处时所写的御制诗。

御碑亭两侧，东为钟楼，西为鼓楼。两座建筑形制相同，结构一致。每座建筑面积约100平方米，为重檐歇山卷棚顶建筑，屋顶覆盖筒瓦。钟楼内悬挂着一口八角铁钟，钟重2000多斤，据说是嘉庆十八年（1813），由马士魁集资敬铸。铁钟八角，每只角上铸有八卦图文，钟体上缘铸有八个大字：国泰民安，风调雨顺。鼓楼内摆放着一面大鼓，直径约1.4米，龙铃虎环，声音浑厚。据记载，乾隆皇帝每次下榻这里时，都是撞钟击鼓，恭迎皇帝。当地传说，每当洪水来临时，龙王庙内钟鼓齐鸣，声震数里，意在唤醒人们，躲避洪水。

御碑亭正北，是一座独特的建筑，称为怡殿。怡殿位于中轴线中央，处于第一进院落和第二进院落相交之处。全殿占地面积66平方米，面阔四间，进深三间。怡殿正门，悬挂“法雨慈云”匾。大殿内

安澜龙王庙御碑亭

御碑亭内景

供奉杨、柳、杜、孟四大金刚，分别手持宝剑、雨伞、琵琶、蟒蛇，象征四季平安，风调雨顺。

怡殿之北，就是第二进院落，这是安澜龙王庙的中心院落。正中御道上，主体建筑是龙王殿，又称绿瓦殿。龙王殿是整个寺庙建筑中最具特色的建筑之一，全殿为重檐歇山式建筑，覆以黄、绿为主调的琉璃瓦。殿堂面阔七间，进深四间，占地面积 435 平方米。殿前为青石月台，围以汉白玉栏杆。龙王殿内正中高悬“福佑荣河”匾，其供奉的主尊是东海龙王的贴金坐像，左右两边分列八大水神。龙王坐像之后是彩绘壁画，画面是一只大象，象身上立着一个童子，手持一盆万年青，象征“万象长青”。龙王殿两侧另有东西配殿。东配殿供奉五湖神，西配殿供奉四海神，

位于山门北侧的两座钟鼓楼

安澜龙王庙怡殿

殿内神像，皆手捧笏板，恭伺龙王。

天王殿北是龙王庙行宫的最后一进院落，也是乾隆皇帝下榻的寝宫院。

在第二进、第三进院落相交处，横向轴线上分布有两座建筑，分别是灵宫殿和东西庑殿。庑殿是寺中僧侣们读书和研究讨论佛学之所。乾隆皇帝驾临此地时，这里成为文武官员处理政务和休息娱乐之地。灵宫殿，东壁供王灵官，手持七节长鞭；西壁供韦驮神，手捧降魔杵。正门上方悬挂一方大匾，上书四字：福靖灵波。乾隆皇帝驻跸这里时，称这里为分宫厅。

第三进院落北端，也是寺庙中轴线最北端，有一座精致的建筑，称为禹王殿，又称观音殿。大殿重檐硬山顶，屋面覆黄色琉璃瓦，上下二层，是龙王庙行宫中最高的建筑。大殿面阔七间，进深五间，占地面积 360 平方米。底部殿额上，悬挂一方朱红匾额，上书四个镏金大字：功崇利薄。大殿明间供奉着南海观音，面容慈祥恬静，趺坐在莲花座上。大殿东西两边是暗间，分别为方丈室和藏经室。由暗间扶梯登楼，可进入二层。

大殿二层正中，供奉着大禹王像。乾隆皇帝五次驻跸龙王庙行宫，都是以这里为寝宫，所以禹王殿又被人称为御用正宫。正宫两侧，是东宫、西宫，是随侍南下的

安澜龙王庙天王殿

天王殿东配殿

后妃们的住地。第三进院落内遍植柏、柿、桐、椿、槐、杨六种名树，取意百市同春、百世怀杨，象征风调雨顺、世代兴旺。

禹王殿两侧有东廊院、西廊院，是皇帝寝宫两册的附属院落。东廊院，有僧房、斋室（膳房）二十余间。西廊院，有书房、客厅（御书房）二十余间。东西廊院之南是御花园，当年建造有亭台阁榭等园林小品，这里小桥流水，曲径通幽，别有洞天。园中植有众多树木花草，包括牡丹、芍药、梅花、兰花等，应有尽有。

乾隆时代以来，每年农历正月初八、初九、初十三天，是安澜龙王庙庙会之日，四方善男信女纷纷前来烧香拜佛、祈福求祥。其中最为闻名遐迩的，是皂河镇香会，届时信众们绕街巡游，朝山祭祀，沿途花船、花车五彩缤纷，舞龙、舞狮目不暇接，人山人海，盛况空前。

乾隆十六年（1751），乾隆皇帝第一次南巡时，在前往宿迁的路上写下《宿迁道中作》：

观民展义举时巡，泽国非遥路少尘。
毕雨箕风从好恶，小廉大法勖臣邻。
就瞻一任扶携至，出入何须警跸频。
底事初逢如旧识，本吾宵旰系怀人。

淮北之地，历来土地贫瘠。自从六塘河开凿以后，千万亩荒地变成良田。乾隆皇帝觉得这是圣明天子的功业，也是南巡之时勤问吏治、切问民情的结果。皇帝看着堤外的万顷良田，不禁写下《堤上》诗四首：

淮北由来本瘠土，六塘疏治起耕畲。
迎銮万姓休称颂，为汝宵衣尚愍如。

安澜龙王庙行宫禹王殿

禹王殿前荫蔽的古树

累迹摩肩堤上铺，果看气象较前苏。
宁徒云慰毕吾事，骈迭恩纶有后图。

夹堤栽柳为河防，高下成行护野塘。
却是春风不相让，轻摇丝缕半薰黄。

大堤内外麦菁葱，食接青黄跂望中。
趋觐万民略尘块，恰欣细雨润蒙蒙。

视察宿迁后，从这里渡过黄河。乾隆十五年（1750），乾隆皇帝在夏天渡过黄河，当时河水正满，水道极宽，两岸相距约有五里。于今，正是初春，河水正浅，两岸仅仅一里。皇帝写下《渡黄河》：

去岁渡孟津，两岸隔五里。
今来渡淮安，河惟里许耳。
岸宽流则平，河窄流斯驶。
南河防塞多，时闻叠浪起。
而我时南巡，正逢晴日美。
荡桨越溜过，安稳非昨比。
天心明锡佑，河伯默相祉。
平陵川气黄，纷拥云容紫。
蓊匒象实雄，詄荡波偏弥。
永念平成功，细度修防理。

四　淮安

淮安府，明代时行政上属于南直隶（江

乾隆帝渡黄河登舟处

乾隆帝渡黄河时的场景

苏）。当时南直隶有二府，一个是淮安府，一个是扬州府。淮安府下辖海州、邳州二州和山阳县、清河县、安东县、桃源县、盐城县、沭阳县、赣榆县、宿迁县和睢宁县九县，其辖区范围较广，基本上相当于今日淮安、盐城、宿迁、连云港四市以及徐州市东部。清代时，淮安府归属新建的江苏省，辖区有所收缩。清乾隆以后，淮安府下辖六县：山阳县、盐城县、阜宁县（分山阳县东北乡、盐城北乡新设）、清河县、安东县和桃源县，俗称“淮六属”。明清时期，淮安府是江苏辖地面积最大的府。在明清两代，全国有二百多个知府，面积最大、管辖面积最广、保存最为完整、规制最为完备的府级官署衙门，就是淮安府署，先后有近七百年的历史。这里亦因京杭大运河的中枢而广为天下知。

京杭大运河，是世界上最古老的运河之一，也是世界上里程最长、流域最广、工程最大的人工运河。大运河北起北京，南达杭州。其中，淮安市处于大运河的中心位置，称为运河之都。这里是明清时期的漕运指挥中心、河道治理中心、漕船制造中心、粮食储备中心、食盐集散中心，地理位置十分显要。

淮安地处淮河之滨，居于运河之正中。自隋以来，江船达扬州入淮，汴船自清口达河阴，所以，淮安着实成为运河漕运之最大中转站。自明代时起，黄河改道，夺泗、夺淮，从此，淮安就成为黄河、淮河、运河三河之交汇所，所以又是中国东部的水陆交通枢纽。

据《淮安府志》记载：“凡湖广、江西、浙江、江南之粮艘，衔尾而至山阳（今淮安市区），经漕督盘查，以次出运河。虽山东、河南粮艘，不经此地，亦皆遥禀戒约。帮漕政通乎七省，而山阳实咽喉要地也。”明朝时，由于淮安地位特别，特地在淮安设立两大衙门：一是统管全国漕运的官署，一是负责督理漕运的官署。当时，转运漕粮的官军众多，最盛之时达 12 万人。

为了满足漕运所需，明廷在淮安之地，还创办了清江造船厂和常盈仓。清江造船厂是当时全国规模最大的漕船制造厂。据记载，仅在明孝宗弘治三年到明世宗嘉靖二十三年（1490–1544）的 55 年间，明廷就制造了漕船 30557 艘。淮安常盈仓是大运河沿线上最大的一处国家漕粮中转粮仓，这所粮仓有仓房 800 间，可储存漕粮 150 万石。

清代的运河管理基本上沿袭明制，在职能上进一步强化行政管理，加强体制监督。当时黄河、淮河变幻无常，经常泛滥

京杭大运河淮安段，运河上依旧繁忙的航运景象。

成灾，关系国家经济命脉的漕运十分窘迫，直接威胁到国计民生。所以，从皇帝到地方大吏，都意识到治河是地方政务的当务之急。对于清廷来说，淮安俨然成为经济命脉之中枢，“治河、导淮、济运，三策毕萃与淮安、清口一隅”。所以，明代的漕运总督兼任河道总督，清代则改变制度，分设分管，采取双轨制：漕运总督专管漕运，河道总督专管治河。从此，淮安设总督府，漕运总督、河道总督分别驻守，行使职权。

除了运河漕运以外，淮北一带也是食盐的主产区，淮安则是淮北盐的集散中心，人称“天下盐利淮为大”。淮安之地，因而设立税关，淮安关成为了全国最著名的大税关，每年收缴税银达三十至六十万两，是国家税收的重要来源地之一。因此，明清时期的淮安既是河道要地，又是交通重镇，还是税收大关，这里关乎着国家的命脉，关乎着社会的稳定，历代皇帝对于这里地方官员的选择尤其谨慎。乾隆皇帝南巡，淮安绝对是重点视察之地。

淮安在乾隆时期达到其经济文化的最鼎盛，从末口到清口，全长五十华里，沿途商铺林立，店肆相连，极富地方特色的繁华城镇达十余座，沿河铺展，如长串珍珠：淮城、河下、河北、板闸、钵池、清江浦、王家营、西坝、韩城、杨庄、码头、清口等等。这些城镇以运河为依托，吸引着成千上万的四方宾客，共同造就了一幅“淮

1793 年，马戛尔尼使团成员描绘的黄运交汇处的繁忙景象。

安上河图”，成为历史上乾隆南巡画卷的重要描绘部分。据史书记载，当时淮安之盛：高官相拥，商贾云集。云帆衔尾，车马相接。酒肆栉比，夜半弦歌。三城内外，烟火数十万家。人口达六十万之众，位居全国名邑大都之首，其热闹繁华，俨若省会。因此，乾隆时期，淮安与苏州、杭州、扬州齐名，人们将它们并称为运河四大都市。

淮安的历史文化遗存众多，包括康熙皇帝御笔碑刻、乾隆皇帝御笔碑刻、总督府、漕运总督遗址、河道总督署花园、明代清江正闸、越闸、常盈仓遗址、清江造船厂遗址等，除了这些有形的遗存，还有诸如《漕船志》、《漕运通志》、《淮关统志》

1793 年，马戛尔尼使团成员描绘的京杭大运河景象。

1793 年，马戛尔尼使团成员描绘的京杭大运河景象。

等数十种古代历史文献也诞生在这里。淮安的著名历史名人物，有淮阴侯韩信、汉赋大家枚乘、《西游记》作者吴承恩、《老残游记》作者刘鹗、近代名将关天培、梁红玉、国学大师阎若璩、罗振玉等。

乾隆十六年（1751），乾隆皇帝第一次南巡。二月初，圣驾过淮安山阳，御舟驻于北角楼，乾隆皇帝登岸，奉皇太后乘舆，皇帝则乘马进入淮安北门。随后，由西门出，登舟。当时，皇帝对南巡地方减赋役，广学额，增兵费，赡耆老，平民百姓为此夹道欢迎，山呼万岁。地方官员更是全力以赴地迎候圣驾，乾隆皇帝降旨：各官晋升一阶。

乾隆皇帝初来淮安时，才 41 岁，正是风华正茂的年龄，年轻的皇帝策马经过淮安城时，写下了《过淮安城》诗：

初来南国为观民，水郡临堤荣骑巡。
富矣闾阎藏不匮，彬哉士庶许还淳。
就瞻特弛千军禁，感颂还怜一念真。
共受春温抒爱戴，岂辞膏泽及时频。

一路上，乾隆皇帝举目所及，一片繁忙富庶的江南景象——春耕开始了。皇帝注意到沿途有许多风车灌溉水田，清水哗啦啦地流淌，浇灌着田野。从前，农民都是抱着水灌，一趟趟地来回奔跑，一天下来几乎看不见什么效率。特别是干旱时节，及时灌溉农田，成为困扰农民的头等问题。自从风车使用以后，农田灌溉就变得及时便捷起来。故而皇帝对于风车，十分赞赏。

乾隆二十二年（1757），第二次南巡路经淮安，作《过淮安城》：

石堤驻舸荣龙骧，纤路观风六里强。
入北门还出西郭，汉淮阴是晋山阳。
群情爱戴今犹切，前岁饥寒刻岂忘。
无易由言元气复，转旋额手为民庆。

乾隆二十七年（1762），第三次南巡路经淮安，再作《过淮安城》：

分野瞻星纪，联城逮射阳。

始营犹忆晋，重筑更传张。
滨运接南北，临淮谨御防。
观民还按辔，过郡亦登航。
爱戴群情切，安怀予意覆。
一人艰遍及，慎选有司良。

乾隆三十年（1765），乾隆皇帝第四次南巡过淮安，写诗四首：《过淮安府》、《御制阅淮安石堤再叠前韵诗》、《御制晚集淮阴》、《御制淮城晓霜闻雁》。

乾隆三十九年（1774）八月，黄河在老坝口决堤，滔滔洪水由山子湖下泻，涌进马家荡、射阳湖，奔腾入海。当时，洪水泛滥，城中浸水盈尺。九月八日，请治河能手郭大昌前往河堤，堵塞老坝决口。郭大昌是山阳人，他不负众望，用了20天时间，终于将黄河大决口合龙。

乾隆四十五年（1780），乾隆皇帝第五次南巡，70高龄的乾隆皇帝查看老坝决口，感慨万千，写《阅老坝合龙处》诗述怀。诗中写道："苍龙负舟，赤虬夹岸。楼船先引，文鹢偕征。但见一片黄旗，安流顺发而已。"

乾隆四十九年（1784），乾隆皇帝第六次南巡。南巡前，得知御驾过淮安，淮安盐商们商议，筹资建造行宫以备隆重接驾。陈丙先生在《潜天老人笔谈》一书中，详细记载了淮安盐商筹建行宫的盛况：

盐宪谕诸商人，自伏龙洞至南门外，起造十里园亭，以荻庄建行宫，开御宴。时，晴岚太史正告养归。其工程需三百万，因盐宪经纪稍后，诸商筹款未充，而为时甚促，遂寝其事。低于运河两岸，周鹅黄步障包荒，中间错落点缀亭台殿阁，间以林木花草。时在春末夏初，林花、萱草、牡丹、芍药、绣球，一一争妍。由西门至于府前，家家舒锦悬灯，户户焚香燃烛。

五　宝应

宝应隶属扬州市，这里风光宜人，地理位置十分特殊。宝应处于江苏中部地带，正好夹在长江、淮河两大水系之间，土地肥沃，湖荡密布，是江南美丽的鱼米之乡。京杭大运河纵贯南北，穿城而过。明清时期，京杭大运河是南北交通大动脉，北京南下江南，通过大运河，必须经过宝应。所以，宝应称为扬州的"北大门"。宝应县北边毗邻淮安，东边接建湖、盐城、兴化，南边与高邮相连，西边和金湖、洪泽湖隔白马湖相望。宝应属于黄河、淮水的冲积平原，以京杭运河为界，分成东西两大部分，西高东低，沿运河两岸较为高凸，东西边缘地区则较为低洼。

宝应历史悠久，春秋战国时期，先后属于吴国、越国。秦时，建东阳县，隶属于东海郡。汉代时，设东阳、平安、射阳三县，先后属临淮郡、广陵郡。隋初，统一为安宜县。唐肃宗上元三年四月十六日（762年5月14日），因真如大师向皇帝献宝，肃宗大喜，特传旨天下：上元三年，改为宝应元年，安宜县，更名为宝应县，此名沿用至今。南宋时，先后升为宝应州、宝应军。明时，隶高邮州。清代，则隶属于扬州府。

乾隆三十年（1765），乾隆皇帝第四次南巡，在御舟之上，皇帝轻吟《过宝应县》诗：

凤舸泊川塘，城闉缓控缰。
欲求万民晏，慎选有司良。
直道由来久，平安亦自臧。
上元因得宝，改县失荒唐。

江南素来以烟雨迷蒙而沁人心脾，但是乾隆皇帝进入宝应境内后，仔细观察这里的环境，认为如果是郎朗晴天会更加迷人，尤其是晨曦时分，那种东南风中的嫩暖感觉，是其他地方所没有的。南方有谚：风西南，得晴占。果然，乾隆三十年南巡时，在西南风吹到宝应的这一天，确实是风和日丽的。清风吹散云气后，日光依然淡淡。清淡的阳光照在水面上，粼粼波光中的太阳倒影如同玉蟾蜍一般。河堤两岸，柳姿妩媚，两三朵梅花迎风绽放。皇帝命御舟缓缓而行，为的是近观民情，同时也便于此地的百姓近瞻天颜。

六　高邮

高邮座落在长江三角洲的咽喉地带，位于江苏中部，东邻兴化，南连江都、邗江、仪征，西接天长（安徽）、金湖，北界宝应，京杭大运河纵贯南北。高邮地处江淮平原南端，地形以平原为主，西南部为丘陵，东北较为低洼，大多为水乡平原。高邮湖富饶肥沃，湖滩众多，为江苏第三大湖，是扬州市水面最多的地区。

当年，秦王嬴政在这里建筑高台，设置邮亭，故名高邮，又称秦邮、盂城。汉武帝统治时，设高邮县，属广陵国。宋代以后，历设高邮军、承州、高邮路、高邮府、高邮州，从地域上，曾统辖高邮、兴化、宝应三县，是淮扬间最为繁华的地区之一。高邮还是中国2000多个县中，唯一以“邮”而命名的，人称“华夏一邮邑，神州无同类”。

高邮是历史文化名城，历史悠久，人文古迹众多，有龙虬文化遗址、古盂城驿等59处名胜古迹。龙虬文化遗址，考古界称为“江淮史前文化明珠”，经过细致发掘确认，高邮拥有7000余年的文明历史。古盂城驿是明代洪武八年（1376）建造的，是中国现存规模最大、保存最完好的古代驿站。高邮人杰地灵，历史文化深厚，培育了宋代词人秦少游、清代训诂学家王念孙、王引之父子等众多杰出的人物。

高邮湖是江苏省第三大淡水湖，总面

清人绘高邮州图

积780平方公里。高邮湖因为其水位高于运河，人称悬湖；又因为其位于高邮城西，又称为西湖。自宋代至明代，这里有若干个小湖，其中面积较大的，有珠湖、甓社湖、平阿湖等12片湖泊。高邮湖是一座富饶的湖，水域宽阔，水质极好，是各种鱼类、鸟类和水生植物生活的乐园。湖里盛产青、白、黑、鳊、鲤、鳗等各种鱼类，特别是以青河虾、银鱼、螃蟹闻名遐迩。水生植物丰富，主要有芡实、菱角、荷藕、莼菜等。湖面上的座座水岛，经常有鸥、鹭、鹤展翅飞翔其间，大量野鸭、野鸡等经常出没于芦荡。这里有许多动人的传说，如"甓社珠光"、"耿庙神灯"等。秦少游素爱高邮湖，曾写诗这样描述："高邮西北多巨湖，累累相连如贯珠。"清代文学家蒲松龄观赏高邮湖，放眼湖面，一片烟波浩渺，云游天，天连水，水映天，水天一色。于是，他不禁写诗感叹："苍茫云水三千里"。

高邮是一块神奇的土地，这里名人辈出，传说中华民族的祖先尧帝就诞生于此。还有宋代谏议大夫、吏部侍郎孙觉、宋代著名词人秦观、朱元璋名相汪广洋、明代文学家王磐、明末清初奸雄吴三桂、康熙朝学者贾国维、大学者王念孙等。

乾隆皇帝南巡过高邮时，曾对这里宜人的江南图景赞不绝口，写下了《晴》三首：

江郊宜雨更宜晴，丽景迎曦嫩暖生。
催漕东南风岂碍，涨添顺水送舟轻。

东南风旋转西南，藉卜开晴有俗谈。
云散日轮光尚淡，入波疑是玉蟾涵。

柳态芜姿入画情，堤梅又放两三英。
似传邓尉催人意，却为观民不趱程。

七　邵伯镇

邵伯镇，位于江都镇北12公里，扬州城东23公里，座落在里运河与盐邵河之交汇处。邵伯镇之西，就是邵伯湖，此地居运河之要冲，扼江淮之喉咙，是水陆交通之中枢。

邵伯镇地理位置独特，处于江淮冲积平原之上，人称"水乡"，素有"东西南北四湖通"之誉。邵伯镇在运河之西，再西边就是邵伯湖，湖区面积达206平方公里，有大小岛屿60多个。邵伯境内，河道星罗棋布，水运十分发达，主要有盐邵河、高水河、戚墅河、高桥河、荇丝河、星荡河、小岗子河等河流。

邵伯镇是一座历史悠久的古镇，古名步邱、甘棠、邵伯埭。晋代这里称为新城，别号甘棠。东晋太元十年（385），因太傅太保谢安在此筑埭而得名。谢安筑埭，便利航运，人们赞赏谢安之功德，比之春秋时期品德高尚之召伯，所以，将谢安所筑之埭，称为召伯埭、邵伯埭。邵伯镇、邵伯湖之名，都源于此。隋唐以后数百年间，这里日益兴盛，渐渐成为京杭大运河上的交通重镇，最后发展成为闻名遐迩的繁华商埠，人称："舟车孔道，烟火万家，行旅如织。"宋代时，在《元丰九域志》中开始使用邵伯之名，邵伯埭日益兴旺，逐渐成市。明清时期，在这里设立邵伯巡检司，下辖 24 坊、8 铺。

邵伯镇中，最著名的古刹是梵行寺，又称梵行禅院，人称西寺，其故址在今邵伯水位闸。这座古寺是东晋宁康三年（375）僧行密建造的，比起谢安筑埭，年代更早。相传谢安在埭成之年便去世了，人们怀念谢安，给他建祠，称为谢公祠，又称甘棠庙。最早著录这里古迹的古书，是宋《元丰九域志》，书中记载："镇北，有甘棠义井，传说为谢安筑埭时所凿。"

邵伯古街巷，景色古雅，别有风韵。古镇南北长三里，都是石板路铺就。镇上有甘棠树一棵，枝繁叶茂，盘根错节，相传这是为怀念谢安治水成功而特别种植的，是古镇的标志。据说这棵甘棠树有三奇：果脆而不坚，树无风自动，花先开后合。邵伯镇中心，有康熙年间铸造的镇水铁牛以及明代邵伯驿遗址、斗野亭、大码头、云川阁、大王庙等文化古迹。

乾隆十六年（1751）春，乾隆皇帝第一次南巡，视察邵伯镇。当年谢安修筑的河堤犹在，那座谢公祠依旧耸立在古镇上，梵行禅院香火很旺，经历千年风雨的甘棠树如一座永久的丰碑，永远郁郁葱葱，挺立在邵伯镇中央。镇上古老的街道，青苍的石板路，门窗剥落的明古驿，河水滔天的大码头，古物遗存，历历在目。乾隆皇帝游览古镇，怀念谢安，写下了《邵伯镇》诗：

太傅堤存绿水浔，惠方召伯颂棠阴。
兰舟缓过思遗躅，绝胜东山丝竹音。

乾隆皇帝登上龙舟，游幸邵伯湖，欣赏这里的湖光山色，乘兴手书《舟行即景》：

天色湖光快晓晴，水邮十里片时行。

新荑烟染看看重，宿雾晨消浛浛轻。
江北淮南经次第，勾吴于越渐逢迎。
徯来士女如相识，我以为田爱此情。

八　扬州高旻寺

高旻寺位于扬州市南郊，坐落在京杭古运河与仪扬河交汇处，在城南十五里邗江县运西乡三汊河口之茱萸湾。其北承淮河，西达仪征，南通瓜步，人称三汊河寺。雄踞其上，有一座名塔，称天中塔，故称塔湾。它是清代驰名天下的扬州八大名刹之一，它与四川文殊院、宝光寺，镇江金山寺，合称为长江流域禅宗四大道场，人称“上有文殊、宝光，下有金山、高旻”;同时，它与镇江金山寺、常州天宁寺、宁波天童寺齐名，并称为中国佛教禅宗四大丛林。

清人绘高旻寺图

20 世纪 90 年代的高旻寺庙门

历史上，江苏地区禅宗十分兴盛。魏晋南北朝时，建康、江陵和蜀地，称为中国三大禅修中心。盛唐之时，法融（594—657）在金陵牛首山创立“牛头宗”，以江东般若“本无”为宗旨。晚唐时期，文益大师（885—959）在金陵清凉山创立“法眼宗”。明清之时，宜兴龙池山幻有正传一系，在江苏弘传“临济宗”。江苏寺庙，有十寺九禅、十禅九临济之说，其中以扬州高旻寺、镇江金山江天禅寺和常州天宁寺最负盛名，人称江南三大名刹。乾隆皇帝六次南巡，常驻之地，就是扬州高旻寺、镇江金山江天禅寺。

高旻寺，始创于隋炀帝南巡时的“临江宫”，曾繁华于世，名噪一时。后来因地貌、水道以及政权变迁，屡兴屡废，数易其名。高旻寺僧人曾自印《高旻略史》，称：“高旻寺者，始创建于隋朝，屡兴屡废，不易详考。”《历代塔寺道场略志》称：高旻寺为“六朝梁时创建，屡毁屡兴，且数易名号，现址修于洪武间，启、祯之际，密云门下主其丈席，乃转兴。入清，天慧禅师入主，顿见昌大，清严闻于四方。”

清初时，大规模重建，辟为皇帝行宫。顺治八年（1651），南河总督吴惟华为锁镇风水、通漕利运，查看三汊河岸，特在此地培土筑基，建造七级浮屠，藉以纾缓水势，指引航向。顺治十一年（1654）秋，塔建成，取名“天中塔”。随后，在高旻寺塔左侧营建三进院落的精致梵宇，称为“塔庙”。

康熙三十八年（1699），康熙皇帝第三次南巡，莅临扬州，发现天中塔荒芜倾圮，皇帝决定发内帑修葺，为皇太后祈福。康熙四十二年（1703）江宁织造曹寅、苏州织造李煦自告奋勇，倡导两淮盐商，捐资报效，大规模修缮和扩建天中塔和塔庙，并葺筑皇帝行宫。这一年，康熙皇帝第四次南巡，再临高旻寺，入住新建造的行宫。皇帝登上高塔为母后祝福，他登塔放眼远眺，晴空万里，目极所至，一片心旷神怡，有高入天际之感。皇帝环顾四周，南见金山缥缈，北看蜀冈如画，欣喜之余，御笔亲书“高旻寺”三字匾额赐予方丈。“高旻寺”之名，得之于汉代王逸《九思·哀岁》中“旻天兮清凉，玄气兮高朗”的词句。

这一年，康熙皇帝御制《高旻寺碑记》，中称：“朕自三十八年奉皇太后銮舆偕行，晨昏侍养。视河既毕，勉从舆请，济江而南，览吴会民生风俗。见茱萸湾塔岁久寝圮，朕欲颁内帑略加修葺，为皇太后祝厘。而众商以被泽优渥，不待期会，踊跃赴功，庀材协力，惟恐或后，不日告竣。旧刹式廓鼎新，壮严宏敞。……凭高四眺，临大江，通南北。因书额赐之曰：‘高旻寺’。勒文于石，垂示久远。”

康熙皇帝第五次、第六次南巡，每次都来到这里驻跸。后来乾隆皇帝六次南巡，每次也都要驻跸高旻寺行宫。

乾隆三十六年（1771），飓风大作，吹落天中塔金刹，损及塔身。经过实地查勘，两淮盐商再次捐献巨资，修复寺塔。第二年，正式上顶合尖。道光二十四年

今日高旻寺

今日高旻寺，远处为重建的天中塔。

（1844），寺塔再次倒塌。自此以后，高旻寺日渐衰微。咸丰年间，寺庙、行宫俱毁于大火。同治、光绪时期，寺僧化缘募捐，大力兴建，寺院略具规模。近代时，高僧来果住持高旻寺三十余年，整顿寺院，扩建庙宇，明确寺规，严明宗约，断绝经忏，唯以参禅悟道为指归。从此，寺风复振，再次闻名于世。

高旻寺建筑巍峨，殿宇壮丽，依序建有大山门、御牌坊、无梁殿、大雄宝殿、御书楼、禅堂、方丈室、僧寮、客舍、幽轩、斋堂等建筑，其规模是当时扬州八大古刹之首。康熙四十三年（1704）十二月初八日，曹寅、李煦等率文武官员，恭迎闭关于马

高旻寺大雄宝殿

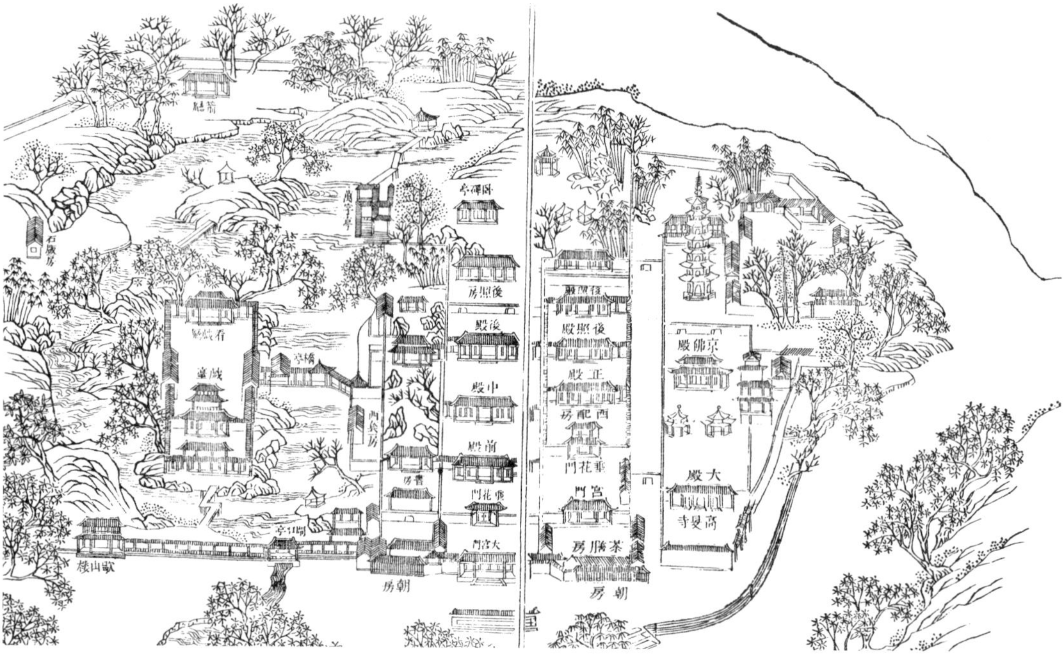

《南巡盛典》中的高旻寺行宫

迹山的纪荫大和尚，为高旻寺住持。雍正十三年（1735），皇帝召天慧实彻禅师入宫讲法，禅师十分机智，随机应答，酬唱适宜，应对称旨。雍正皇帝非常满意，当即赐紫衣，命他为方丈，住持高旻寺。天慧实彻禅师智慧过人，成为高旻寺的中兴之祖。

高旻寺是临水寺院，庙宇建筑轻灵活泼，寺院曲折幽深，整体空间上，幽雅、含蓄，方便、舒适，是将佛教寺院民居化、花园化的经典建筑群。寺庙山门上，嵌有康熙皇帝手书五字汉白玉石额：敕建高旻寺。寺院内，建筑精巧别致，高低错落，自得天趣。一楼一阁，巧夺天工，造得太奇，隐得极巧。水光山色，岚风倒影，相映生辉，恰到好处。梵音晨钟，悠扬激荡，感染人心。寺院外，白云蓝天之下，嘉木葱茏，青石铺地。运河荡漾，水泊平缓，宇映湖中，波推涟漪。如此辉煌建筑与清幽胜景，实乃皇家寺院的气派。

高旻寺和行宫建筑分布情况，在府、县志和《扬州画舫录》等文献之中，均语

高旻寺原行宫址已经成为了荷塘

焉不详。只有凭借《南巡盛典》中的《高旻寺行宫图》，我们才可以了解清朝乾隆年间的寺院与行宫情况。从图上看，行宫占地面积较大，占地约五分之四，寺院约五分之一。

高旻寺的寺庙建筑位于行宫围墙的东侧，从建筑格局上看，庙门在寺院东南角，东向临河，在整体建筑中，寺院处于从属地位。寺院四周围以高墙，称为前院。进门向右，是寺内主体建筑，为大殿五楹。大殿正中，供奉佛祖，正手持莲花，拈花示意。弟子迦叶，微笑颔首，明白佛祖所愿所想。佛祖身后，为八十八佛。佛祖身旁，站弟子二人，年轻者为目连尊者，人称神通第一；年老者，为须菩提尊者，人称智慧第一。三尊佛像，泥塑金身，华光灿烂。东西两厢，有十八罗汉，彩塑严妆，造型生动。殿后左右，建有御碑亭二座。再往后，为金佛殿，是专供康熙皇帝所赐内府金佛的殿宇，又称京佛殿。寺院围墙北边，开左右二门，通向后院。后院内，有天中塔、藏经楼、念佛堂等建筑。前院、后院东廊房外，分别围成前后两个院落，是寺院僧寮和客舍。后院内的天中塔，塔分 9 层，高 72 米，呈八角形，供奉 72 尊玉佛。清代时，有人写诗赞颂此塔 :“宝塔一层灯一层，灯光直上天光下。一更二更灯初红，照见隔水清芙蓉。十里五里灯尚见，明星隐约疏林中。”

高旻寺僧，历来道高行深，尤多诗才，历代住持名僧，均扬名海内外。

名僧来果禅师，曾作《高旻九祖像赞》，第一位，是玉琳国师。赞曰 :“高旻永证紫袈裟，圣渥优隆庆钵华。任是君臣尤叩首，萸湾也属国师家”。玉琳国师，即通秀禅师，江阴人，俗姓杨。19 岁时出家，住浙江武康报恩寺。顺治十五年（1658），奉诏入京，在万善殿说法。皇帝亲临，听闻禅师说法，赐他“大觉禅师”名号。随后，留弟子茆溪行森在京，南归。第二年，封“大觉普济禅师”，受赐紫衣。顺治十七年（1660），皇帝建坛，选僧，受菩萨戒，特请通秀为本师，加封“发觉普济能仁国师”。通秀曾在内廷讲经说法，著《客问》一篇，皇帝命大学士金之俊附注并序，刊行于世。最后回西天目山，卒于淮安慈云庵。据记载，通秀曾住持高旻寺，当时为塔庙，时间上可能是顺治十五年至十七年间。

康熙皇帝赐名高旻寺后，第一代住持为纪荫法师。雍正十二年（1735），应宗和尚接任住持，未及一年，圆寂。由南祖门人定中和尚住持，仅四五月，圆寂。雍正十三年十一月，始由天慧和尚住持。

高旻寺行宫在寺西，南北向，规模较庞大。据曹寅康熙四十三年十二月初二日奏折称 :“所有两淮商民，顶戴皇恩，无由仰报，于臣未点差（指赴两淮盐运史任）之前，敬于高旻寺西起建行宫。工程将竣，群望南巡驿，共逐瞻天仰圣之愿。”康熙皇帝览奏，在奏折上硃批 :“行宫，可以不必了。”但是，康熙皇帝并未制止，实际上，皇帝默许了。

从《高旻寺行宫图》上看，整座行宫呈南北向，坐北朝南，规模十分庞大。行宫自南向北，分为四路。中路 : 大宫门 – 垂花门 – 前殿 – 中殿 – 后殿 – 后照房 – 卧碑亭。东路 : 朝房 – 茶膳房 – 宫门 – 垂花门 – 西配房 – 正殿 – 配殿 – 后照殿。西路 : 朝房 – 书房 – 西套房 – 万字亭。外西路 : 歇山楼 – 闸口亭 – 戏台 – 看戏厅 – 桥亭 – 石板房 – 箭亭。

乾隆十六年（1751），乾隆皇帝第一次南巡，入扬州境后，面对着江南雨丝悠扬，绿绦拂水，杨柳依依的维扬春色，皇帝陶醉其中，不禁草书《维扬雨泛》诗：

风吹湿玉一丝丝，廿里邗沟画舸移。
望里平山烟外隐，到来初地岸傍宜。
已知稼穑欢农父，不用清尘谢雨师。
敬读穹碑钦圣迹，承颜一例奉慈帷。

乾隆皇帝怀着崇敬之心来到高旻寺，这里有许多祖父的足迹。皇帝敬仰祖父，一切举动都加以仿效。据说，乾隆皇帝每次入住，总要把祖父的《述怀近体诗并序》拿出来，认真拜读，表示不忘圣祖，力行节俭。并且每次都要依韵和诗。面对祖父题写的寺碑，乾隆皇帝沐浴后，恭敬地写下了《高旻寺》诗：

兰若清莲宇，浮图碧落天。
名湾真不愧，埋雁亦堪传。
未纵晴明望，谁忘言象诠。
金山不速客，暂尔隐江烟。

在康熙皇帝的御制诗中，喜用上平声六麻韵。因此，乾隆皇帝也仿效祖父，写诗时也用六麻韵。第一次南巡时，乾隆皇帝用六麻韵写《塔湾行宫恭依皇祖诗韵》诗：

南来逐处仰重华，此日重教韵和麻。
但得一心常守敬，从知四海永为家。
省方咨度惟耕织，悦己奇邪戒鸟花。
数宇行宫无藻绘，昭垂作法恐其奢。

乾隆四十九年（1784），乾隆皇帝第六次南巡。74岁的老皇帝缅怀皇祖，感慨万千，感叹皇祖南巡之时，所经御题诗全用六麻韵，于是写下了《塔湾行宫六依皇祖诗韵》：

最古行宫朴不华，奎章拈韵六之麻。
一心无系于何系，四海为家此即家。
熟路从来识堂构，行春宁为赏烟花。
赓歌六次依成句，擒笔于斯兴正奢。

行宫中有建筑名承熙堂。第五次南巡时，乾隆帝入住这里，正赶雨天，春雨绵绵。六次南巡再次驻跸承熙堂时，竟然云开日出，朗朗晴天。这里的松柏是如此苍劲，翠竹是如此葱郁，梅树迎风傲立，梅花盛开，朵朵花瓣是如此娇嫩，清香四溢。外间百姓欢呼，万民庆贺，王朝兴旺，吉运绵长，这都是仰承皇祖的恩德呀，乾隆皇帝心怀感恩，端坐窗前，恭敬以楷书作《题承煦堂》诗：

高旻寺侧开行馆，来往于斯驻跸常。
庚子当春揽雨意，甲辰即景喜曦光。
松苍竹翠天然朗，茶朵梅英自在香。
万姓欢欣承煦妪，由来皇祖圣恩长！

行宫山巅之地，筑有一处山房，称为得闲堂。乾隆皇帝已经是古稀之年，依然身体强健，尚能步行登山，造访得闲堂，乾隆皇帝十分得意，信笔写下《得闲堂叠庚子诗韵》：

古稀有加四，步履尚能强。
遂造山房迥，平临烟野光。
柳阴欲笼院，梅馥不藏堂。
阅五春秋矣，尔闲我只忙！

驻跸高旻寺行宫，乾隆皇帝念及皇祖示恩江南故事，亦颁旨天下，施恩江南大小官吏。皇帝依皇祖诗韵，写下《塔湾行宫五依皇祖示江南吏韵》：

奎章五依韵，云馆六番经。
阶俯青蒲刺，檐齐绿竹亭。
念民心有恻，训吏视无形。
游豫非玩景，欲吟笔辄停。

九　瓜洲

瓜洲，位于古运河和扬子江的交汇处，地处扬州西南，与镇江隔水相望。正如宋宰相王安石所言的“京口瓜洲一水间”。瓜洲，曾是大江之中的冲积小洲，四面环水。后来因为泥沙淤积，渐渐与陆地相连。因为其形状如瓜，故名。瓜洲虽然是弹丸之地，但其名声仅次于扬州，有时，它成为扬州流派的代称。古人称：“瓜洲虽弹丸，然瞰京口，接建康，际大海，襟大江，实七省喉咙！”所以人称瓜洲为“千年古渡”、“江淮熬头雄镇”。南宋乾道四年（1168），瓜洲筑城，到明代时，瓜洲城就已颇具规

瓜洲锦春园行宫御碑亭

瓜洲渡口

模，城周长一千五百四十三丈九尺，高二丈一尺。瓜洲城东门外，还筑有一城，称为“鬼柳城”。明代在瓜洲设同知署，清朝设巡检行署、漕运府、都督府等。

瓜洲历史悠久，人文灿烂。从唐朝开始，这里就是历代文人的集萃之地。唐代大诗人李白、白居易，宋代名臣王安石、陆游，明代文人郑乐成，清朝画家郑板桥等，都曾先后来到瓜洲，在这里寻幽览胜，留下了大量吟咏瓜洲的诗赋。清朝时，康熙、乾隆二帝六次南巡，都曾驻跸瓜洲，入住附近的锦春园行宫。乾隆皇帝写有御制诗，赞美锦春园行宫，其御题诗碑，至今尚存。

瓜洲城，地处于南北交通要冲，物流兴旺，建筑华丽。城内的公共建筑、私宅花圃、以及庙宇、园林等，达数十处之多。比较著名的如大不雅楼，就是一座建于明代万历年间的建筑。曹雪芹《红楼梦》中的“风雪大不雅楼”，就是对它的描写。还有明代正统年间的江淮胜概楼、不雅潮亭、江风山月亭、曲江亭等，各有特色。古代的瓜洲，风景独特，名胜卓异，被后人总结为瓜洲十景：石桥踏月、天池夜雨、江楼阅武、漕舰乘风、东城柳岸、桃坞早莺、芦汀新雁、雪水钓艇、金山塔灯、银岭晴岚。

乾隆二十二年（1757），乾隆皇帝第二次南巡，选择在瓜洲渡口放舟，乘风破浪，前往金山。沿途文武百官、士绅百姓争先恐后，一睹天颜。两岸桃红柳绿，春风拂面。皇帝脚下那风起云涌、惊涛拍岸的滚滚长江突然变得温驯了，仿佛在皇帝登舟的一瞬之间，变得和风细浪，树软风轻。乾隆皇帝想起六年前第一次南巡时也是在此乘坐御舟过江，同样也是风平浪静，面对着南北缥缈的楼台水岸，抬头放眼耸立的云峰，心中不尽欢悦，放笔草书《自瓜洲放舟至金山》诗：

观民展义狩南邦，瓜步平明挂锦双。
柳绿桃红春两岸，风和浪细昔长江。
楼台四面云峰矗，箫鼓中流水调摐。
西望凤舟王母降，问安欢喜诣瑶窗。

乾隆三十年（1765），乾隆皇帝第四次南巡，再次经过瓜洲，55岁的乾隆皇帝颇多感慨。他觉得古镇大变了，先是看到店铺沿街道两侧整齐地排列，沿途旗幡招展，鞭炮雷鸣。再从瓜洲渡口观赏长江天堑的风景，感觉气势非凡，心头大震。于是写下了《过瓜洲镇》诗：

江里洲传瓜字曾，广陵潮昔有明征。
开元以后襟喉要，干道之间城堡兴。
占地其来亦已久，让川虽妥卒何能。
去年异涨坍沙碛，幸保安然惕倍增。

十 镇江

镇江是中国著名古城，位于江苏省中部，长江下游南岸，和扬州隔江相望，是京杭大运河和长江交汇之处，水陆交通便利，地理位置显要，历来是江南军事重镇。

镇江古称宜、朱方、丹徒、京口、润州、南徐州。镇江今日之名，至今已有800多年的历史。其名称来源，有两种说法：一是因镇江北部沿江岸一带，地势比较低洼，古时常受水害，所以，在水名之前，加一“镇”字，以示祈望水患安澜。其二，北宋政和三年（1113），宋徽宗改润州为镇江府。据说，当时皇帝认为镇江地理位置优越，背山面江，形势险峻，为镇守江防

清人绘镇江图

镇江古城保存至今的清代街巷

镇江昭关石塔

之要地，故取名镇江。

镇江人文荟萃，底蕴深厚，有3000年的悠久历史，名胜古迹不胜枚举，尤其以金山、焦山、北固山三山，在中国历史上最负盛名，也是乾隆皇帝南巡之时必到之地，人称为“天下第一江山”。这里不仅诞生了“甘露寺刘备招亲”、“白娘子水漫金山”等动人传说，也有《文心雕龙》、《昭明文选》、《梦溪笔谈》等名家巨著在这里问世。

十一　金山寺

金山寺位于江苏镇江市区西北，距市中心三公里。古代时，金山屹立于长江中

清人绘金山图，可见金山孤悬于江心。

流，是一座冲击岛屿，人称“万川东注，一岛中立”。金山地理位置独特，与瓜洲、西津渡成掎角之势，是南北往来之交通要道。因此，它以“卒然天立镇中流，雄跨东南二百州”而闻名天下，因其独立江中，所以，人称“江心一朵芙蓉花”。

金山曾经孤悬于大江之中，大约在晚清时，因为地质原因，金山与南岸陆地相连。此后，“骑驴上金山”便成为一时风尚，盛行一时。金山是大自然鬼斧神工的产物，奇绝的自然景观与丰厚的人文积淀造就了这里与众不同的特点。唐代诗人张祜游览金山时，被这里的自然风光所震撼，不禁赞美道：“树影中流见，钟声两岸闻”。北宋时，科学家沈括观赏金山后，用诗意的语言形容金山是：“楼台两岸水相连，江北江南镜里天”。

金山寺坐落在金山之上，环境奇绝，建筑雄伟，这里的殿宇厅堂、亭台楼阁，都是依金山建筑而成的，不留痕迹，浑然天成。金山之巅，慈寿塔突兀拔起，整座金山近乎都被建筑覆盖，所以从浩瀚的长江之中远望金山，只见寺庙，不见山林，因此被形容为“金山寺，寺裹山，见寺见塔不见山。”金山之上，有许多名胜古迹，主要有金山寺、法海洞、白龙洞、天下第二泉、芙蓉楼、玉带桥等，大小名迹约四十余处。

朦胧金山寺

如今的金山，已经与长江南岸连接在一起。

金山寺始建于晋元帝时，初名泽心寺。南朝时期，山上建浮屠七级，称慈寺塔。梁武帝时，称为萧帝寺，或者简称为萧寺。唐大历七年（772），武则天侄孙灵坦，跟随菏泽禅师神会学禅，来到金山。从此，这里成为一代禅宗道场。唐大中元年(847),改名龙游寺。约大中六年(852),丞相裴休之子法海（裴头陀），自江西庐山游历至金山，发现寺宇荒废，于是，燃指发誓修复。神奇的是，他在江边挖土，竟"得黄金数镒"(一镒,重20两),因此,改名为金山寺，渐渐闻名天下。

南宋初年，岳飞领军北抗金兵。他被徽宗召回时，途经金山寺，特向道月禅师请教，禅师洞悉天机，劝其不要回朝。无奈岳飞奉命回朝，果然被害。秦桧得知后，特派人前来削平七峰岭，金山寺宇遂被毁。南宋淳熙四年（1177）以后，经蕴衷、应深、心海、道澜、安贤、宏霆等住持的艰苦努力，金山寺初具规模，主要建筑有大雄宝殿、天王殿、诸胜殿、藏经阁、毗卢阁、五圣阁、江天阁、悟心堂、大彻堂、观澜堂、涌翠轩、听潮轩、慈寿塔、玉带桥等。

清初，金山寺毁于大火。在住持箬庵和行海大师的苦心经营下，募资重建，寺院渐渐恢复旧貌。康熙二十五年（1686），为迎接皇帝南巡，在这里建造行宫，改称金山寺为江天寺。

金山寺山门

康熙帝御笔"江天禅寺"匾额

金山寺大雄宝殿

由于历史上皇帝信仰的不同，金山寺曾两度由佛寺改为道观。一次是唐朝，改金山寺为龙游观；一次是宋朝，改龙游寺为神霄玉清万寿宫。后来，复名为龙游寺。据记载，金山寺宇规模宏大，全盛时有和尚三千多人，僧众数以万计。

历史上，许多文人墨客游历金山，与金山寺高僧结缘，留下许多佳话。据说，当年苏东坡游历金山，拜会佛印长老，两人通宵达旦，相谈甚欢。金山寺内的许多地方都留下了苏东坡与佛印交游的足迹。

俯瞰金山寺

站在金山慈寿塔顶眺览镇江风光

传说金山寺有四宝：周鼎、金山图、铜鼓、玉带。其中的玉带原是苏东坡身上所佩之物。有一天，佛印正与众僧讲经说法，这时苏东坡走了进来。佛印看见东坡进来，就说："这里没有座位了，恕不奉陪居士。"苏东坡自恃才高，应声道："我借四大（指天、地、道、人）为座。"佛印听罢，微笑道:"学士有意论佛，我有一问，若学士能答，我便让坐。否则，留下腰间玉带，以镇山门。"苏东坡颔首，欣然允诺。佛印问："四大皆空，五蕴非有，学士何处坐？"苏东坡语塞，一时无从回答。于是，他只好将玉带解下，交给佛印。佛印欣喜，回送一件衲裙给苏东坡。为此，苏东坡写了《以玉带施元长老，元以衲裙相报次韵》诗，记述其事，诗云：

病骨难堪玉带围，纯银仍落剑锋机。

欲教乞食歌姬院，故与云山旧衲衣。

南宋建炎四年（1130），金将兀术率十万金兵南下，他们乘坐数百艘战船，扑向镇江。浙西制置使韩世忠奉命率八千水师驻防镇江，阻击金兵。当时，韩世忠与夫人梁红玉订下计策：利用地形地势，将敌诱至黄天荡，围而歼之。为了鼓舞士气，梁红玉登上金山妙高台，为将士们击鼓助威。这场大仗打得十分惨烈，最后以韩世忠军大破金兵，金兀术狼狈败逃而终。

金山名胜

文宗阁

文宗阁为乾隆皇帝庋藏《四库全书》而建，始建于乾隆四十四年（1779），毁于咸丰三年（1853），经乾隆、嘉庆、道光三朝，历时75年。据《金山志》记载:"（文

复建后的文宗阁

文宗阁内景

宗阁）在山南，行宫左。乾隆四十七年，《钦定四库全书》成。高宗纯皇帝特颁三部于江、浙两省，以一部藏金山。先于四十四年，敕建文宗阁，以备存储。四十九年，圣驾南巡。复谕令士子，愿读其中秘书者，就阁抄写。毁于太平天国时。”

文宗阁建筑仿宁波天一阁之式。其遗址在金山江天禅寺东南，原妙高台南麓，即今慈舟纪念馆一带。文宗阁坐北朝南，前有门楼三间，与文宗阁相对。阁之两侧，有廊楼各十间，围合成四合院式。阁前，江流滚滚，银涛雪浪，气势磅礴。阁后，山崖陡峭，江风呼号，峰岚起伏。阁内，瑶版玉韬，内府珍秘典籍，千箱万帙，藏书极富。

文宗阁建成后，乾隆皇帝应督造该工程的盐运史之请，赐名“文宗阁”，并亲笔御书“文宗阁”和“江山永秀”大匾，赐挂阁中。金山文宗阁与扬州大观堂文汇阁、杭州圣因寺文澜阁，并称南三阁；北京紫禁城文渊阁、圆明园文源阁、盛京皇宫文溯阁、热河避暑山庄文津阁，并称北四阁，合称为七阁，均收藏《四库全书》。七阁之中，镇江金山寺文宗阁首罹兵燹，阁书俱焚。

百花洲

“禅花意境迷人处，空灵秀美百花洲。”

金山是禅宗圣地，山上有百花洲，以花得名，以花闻名。古往今来，佛教与花结下深缘。古代时，许多高僧观看花开花谢，从变化无常中，明心见性，悟出真谛。正是“郁郁黄花，无非般若；青青翠竹，皆是法身”。禅宗之起源，就与花有关。据《五灯会元》记载：“世尊在灵山会上，拈花示众。是时，众皆默然，唯迦叶尊者，破颜微笑。”这就是禅宗“拈花一笑”的故事。这个故事讲述的是，有一天，佛祖释迦牟尼准备说法，众弟子在下面听候。可是佛祖却什么也不说，只是伸手从讲台边的花盆中，拿起一朵花，在手中观赏，似乎在暗示什么。众弟子们发呆，谁都不懂佛祖何意。这时，大弟子迦叶，看见佛祖拈花，于是“破颜微笑”。教堂法会之上，戒律极严。佛祖讲法，鸦雀无声，大弟子迦叶竟敢破颜微笑。这是因为，迦叶领悟了佛祖的心声，无需文字，便可亲授真传，这就是禅宗的真谛。

御码头

御码头位于金山之北，有十三级台级。原为伴月式码头，两边建有石栏，左右则建造了钟楼、鼓楼（咸丰年间被毁）。康熙、乾隆两帝南巡之时，都是从此处码头上岸登临金山，所以被称为“御码头”。

御码头

白龙洞

白龙洞，位于金山西北山脚下，坐落在玉带桥边。相传，唐朝武则天侄孙灵坦来到金山，曾在这洞中打坐参禅。洞中曾有白蟒，因而弥漫毒气，但那白蟒害怕灵坦，遂避他而去，毒气也就随之消失了。白龙，就是指这条白蟒。

观音阁

从夕阳阁登山而上，南面正中者，就

金山一隅，山脚下即白龙洞。

慈寿塔

是观音阁，又称大士阁，阁中供奉着观音菩萨，故名。观音阁建筑宏伟，与楞伽台、妙高台对应耸立，西与慈寿塔、法海洞相映生辉。

妙高台

妙高台，又称晒经台。“妙高”，梵语“须弥”之意译。刘编《金山志》记载：“妙高台，在伽蓝殿后。宋元祐，僧佛印凿崖为之，高逾十丈，上有阁，一称晒经台。”此台几经兴废，明代高僧适中、清代薛书常相继重建。传说苏东坡曾在此赏月。宋建炎四年（1130），南宋名将韩世忠以八千水兵，将数万金兵围困在金山附近，梁红玉夫人登上妙高台，亲擂战鼓，鼓气助阵，大破金将兀术部众。传说“梁红玉击鼓战金山”的击鼓之地，就发生在这里。

慈寿塔

慈寿塔，又称金山塔，创建于南朝齐、梁时期，距今有1500余年的历史。塔高30米，唐宋时，建有双塔。宋朝时，称为“荐慈塔”、“荐寿塔”。明成化八年（1472），日本画家雪舟等杨游览金山，绘有《大唐扬子江心金山龙游禅寺之图》，图上即有南北相向的两座宝塔。后来双塔毁于火。双塔倒坍后，明代重建一塔，名慈寿塔。清咸丰年间，此塔又毁。光绪二十年（1894），金山寺住持募银二万九千六百两，重建此塔，仍名慈寿塔。慈寿塔玲珑秀丽，高耸挺拔，矗立在金山之巅。塔为砖木结构，七级八面，内有旋式梯，供登塔远眺。每层四面有门，走廊相连，面面皆有风景。

七峰亭

七峰亭，位于金山西侧，坐落在金鳌岭上。古时，金山上因有七座小山，山峰突起，取名七峰岭。后来，削山建阁，以七峰阁命名。山上建亭，称为七峰亭。

芙蓉楼

芙蓉楼，是金山下的著名风物，始建于东晋，二层楼结构，楼高17米。该楼结构精巧，匠心独运。芙蓉楼三面临水，与金山寺隔湖相望，环境优美，绿树成荫。楼外塔影湖畔，有“天下第二泉”。

法海洞

法海洞，又名裴公洞，在慈寿塔西下的悬崖上。相传，这是金山寺开山祖师法海和尚来到金山之时居住的地方。洞中塑有法海像一尊，洞口横额书“古法海洞”四字。在《白蛇传》中，法海是一位阻挠男女美满婚姻的恶僧。然而历史上，他是位很有德行的高僧。法海，姓裴，人称裴陀头，河东闻喜人。他父亲裴休是唐宣宗时期的宰相。裴休信仰佛教，认为富贵荣华都不如出家。于是，他决心送子出家为僧。

裴陀头出家，来到江西庐山，取名法海，后到镇江金山寺。那时，寺宇荒废，荆棘丛生，蟒蛇出没。于是，他就找到山上西北角一处岩洞，住在洞中，每日参禅打坐。白蟒被其法力所迫，只好避走。随后，法海发誓修复金山寺。据说，他曾燃指一节，以示决心。有一天，他带僧众披荆斩棘，来到江边挖土，偶然之间挖出黄金数镒（一镒，为二十两）。于是，他报告润州刺史李奇，李奇立即上报皇帝。皇帝批复，命他将黄金送给法海，用作修复庙宇的资金，并赐名为金山寺。

江天一览亭

在金山的最高处，有一石柱凉亭，取

江天一览亭

康熙皇帝御笔“江天一览”碑

名留云亭，又称江天一览亭、吞海亭。亭中有一块石碑，是三百多年前康熙皇帝陪同太后来此游览时留下的遗迹。当时，康熙皇帝登高远眺，大江东去，水天相衔，实雄观胜景也。皇帝感慨不已，奋笔书下“江天一览”四个大字。此亭后毁于战火，同治十年（1871）复建，两江总督曾国藩曾到此游览，特地将康熙皇帝所写的“江天一览”四字，刻在石碑上，放置亭内。

中泠泉

中泠泉又称南泠泉，位于金山以西一里处。早在唐代时，此泉就闻名天下。据记载，以前此泉在江中，江水来自西方，受到石簿山和鹘山之阻挡，水势曲折转流，分为三泠（泠是水曲之意，三泠，为南泠、中泠、北泠），泉水就在中间一个水曲之下，故名“中泠泉”。因为此泉位于金山西南，故又称“南泠泉”。

十二 焦山行宫

焦山行宫建在长江南岸附近的另一座小岛——焦山之上，岛上人文名迹众多，建筑风景独特，是乾隆皇帝南巡时，必须下榻的地方，同时也是南巡时居住时间较长的地方之一。据《焦山志》记载，乾隆皇帝六下江南，先后八上焦山，其中，五次入住焦山行宫。乾隆皇帝在焦山期间，留下了大量诗词、楹联、匾额，赞美这里。乾隆皇帝曾这样描述金、焦二山的宫室园林之美："金山似谢安，丝管春风醉华屋。焦山似羲之，偃卧东床坦其腹。"

焦山行宫建成于乾隆二十六年（1761），分为焦山行宫、东行宫、上行宫三大建筑群。后来，行宫建筑毁于太平天国战火。焦山行宫是在旧时自然庵和五圣庵遗址上，逐步改建而成，其建筑风格是

清人绘焦山图

典型的江南小庭院式。行宫布置精巧，建筑别致，主要建筑有船亭、文殊阁、北极阁、观澜阁、黄叶楼、梅花楼、画禅山房、梦焦山仙馆等。

乾隆二十七年（1762），乾隆皇帝第三次南巡，在游览焦山名胜的同时，写下《游焦山》长诗五首：

焦山

焦山行宫一隅

乾隆帝《自金山放舟至焦山五叠苏轼韵》御碑亭

我昔金焦互量比，曾云在此不在彼。
昨来浮玉凭朱栏，又觉人间鲜并美。

东瞻岛屿藐拳石，蓬莱有无只虚拟。
顺流扬帆忽至之，宛忆前评不差耳。

如来转境故称佛，被境转者众生是。
慧禅寺礼调御夫，焦先祠缅隐逸士。

鬱葱树色扶奇峰，倒影尽在江天里。
豚入息风银月澄，龙出听讲黑云起。

新建成的焦山万佛塔院

万佛塔上俯瞰滚滚东去的长江

焦山摩崖题刻

到斯雅合诸虑静，我则万几将谁委。
江山不改心亦然，返棹吾将勤政理。

乾隆四十五年（1780），乾隆皇帝第五次南巡。从金山放舟，前往焦山，乾隆皇帝仿苏轼诗韵，写《自金山放舟至焦山五叠苏轼韵》：

舆情望幸酬深眈，用是五举巡江南。
金焦两点矗波翠，何异前三与后三。
路便聊以驻信宿，要因省方观田蚕。
县华结彩称祝颂，何德被民增怍惭。
昨日浮玉憩山馆，今朝顺流漾江潭。
西以屋胜东树胜，敷叶吐蕊春未酣。
未酣之意胜酣矣，即斯三胜谁能谈。
侵寻谯亦有建置，庄严定慧辉珠龛。
那更山顶事点缀，譬之食蔗穷其甘。
东坡艰韵忽五迭，虽曰逸兴宁非贪。
黄头桂楫候已久，清赏既适归亦堪。
佳处无须重系恋，倩闲云为封岩庵。

乾隆皇帝来到焦山清寄堂，想起十六年（实为十五年）前曾游此地，感觉青春流逝，仿佛是片刻之间。古寺、清堂、竹楼、小庵，七十高龄的乾隆皇帝感慨于心，手书短诗三首：

清寄堂
书堂古寺侧，清寄向曾颜。
一十六年别，青春片刻间。
吟安松竹里，瞬息昔今间。
俯视东流水，何尝有往还？

竹楼
竹楼此日复相过，觉比前遭凤尾娑。
背念王家记中语，洒然高致恐输他。

海门庵
东向江连大海溶，丸泥那得此门封。
扶桑晓日红云涌，泰岱何殊日观峰。

来到焦山，古稀之年的乾隆皇帝依旧兴致勃勃，第三次依旧韵，写《游焦山作歌三叠旧作韵》诗：

既是名山那无屋，譬人盎背必有腹。
头陀应弟焦先兄，如气相求相应声。
东西双峰秀拔水，在此曰此彼曰彼。
其实一脉地根连，何有于行暨夫止。
知之而复云来游，斯则邻非弗邻是。
春和日丽正良辰，山僧速客意甚勤。
轻舆减从试揽胜，不教缇骑填纭纭。
罗汉岩傍得入路，瘗鹤崖畔寻遗文。

栈道步步入丛云，青玉岛俯江波氲。
由东而南渐夷旷，僧庵民舍相区分。
周览原未消半日，回舟两岸景吐吞。
江天一色远莫辨，断续钟声时尚闻。

十三　常州

常州位于江苏省南部，北靠长江，南临太湖。这里属于北亚热带海洋性气候，常年气候温和，雨量充沛。境内地势西南略高，东北略低。地貌属于高沙平原，以山丘为主，兼有平圩。北为宁镇山脉，南为天目山余脉，西为茅山山脉，中部和东部为宽广的平原、圩区。

常州古称延陵，春秋时，吴王寿梦之子季札为避让王位，躬耕于舜过山（今武进郑陆东）。周灵王二十五年（前547），吴王徐祭遂封季札于延陵。延陵邑，大约在今常州、武进、江阴、丹阳一带，是常州历史上文字记载最早的名称。延陵之称，先邑后县，其名相沿345年。常州又称毗陵，西汉高祖五年（前202）正式改延陵为毗陵。毗陵之名，相沿506年。毗陵为郡，曾统辖丹徒、曲阿（丹阳）、武进、延陵、毗陵、暨阳（江阴）、无锡七县，是为江南大郡。以毗陵命名的江南大驿之毗陵驿，

清人绘常州图

就设在这里。常州又称晋陵，西晋惠帝永兴元年（305），为避东海王司马越世子司马毗讳，改毗陵为晋陵。晋陵之名，前后沿用290余年。常州之名，为隋文帝定名。隋文帝开皇三年（583）废郡，以州统县。开皇九年（589），于常熟县置常州，后割常熟县入苏州，移常州治于晋陵，常州之名，由此始。唐武宗会昌四年（840），升常州为望，列入全国州府十望之一。清雍正四年（1726），析武进另置阳湖，析无锡另设金匮，析宜兴另立荆溪，加上原领江阴、靖江，常州府统领八县，故称常州为"中吴要辅，八邑名都"。

常州是一座历史文化古城，有2500余年的悠久历史，文化底蕴深厚。公元前547年，开始建邑立邦，始称延陵，又名龙城，春秋时期吴王寿梦的第四子季扎的封邑于此。淹城是常州留下的最古遗迹，位于常州市武进区的中心城区，核心部分为春秋淹城遗址，占地300公顷，距今已有2500多年的历史，考古确认为春秋时期所筑。

常州地理位置独特，其地上通京口，下连姑苏；北环长江，南抱滆湖。再加上东南太湖，还有面积仅次于太湖的芙蓉湖，故称常州为"三湖襟带之邦，百越舟东之会"。常州是水上交通要道，是历代"贡赋必由之路"。从隋唐开始，东南大批漕粮运往北方，常州成为东南粮食、物资的转运中心。最初每年转运数十万石，后来增加到三百万石，宋代时达到最高峰，每年达七百万石。因此人称常州"自苏松至两浙七闽数十州，往来南北两京，无不由此途出！"。

唐元和八年（813），常州刺史孟简为加强江南漕运，疏浚了孟渎（今孟河），在常州西北引长江之水，南接运河，以便于漕运。宋代，在常州专门设立江浙、荆湖、广西、福建路都转运使司，承办漕运。南宋淳熙年间（1174–1189），自宜兴北泾湖至常州，疏治了荆溪（今南运河），修成漕运通渠。明洪武二十六年（1393），常州府实征粮米五十三万余石，接近广西、云南两省征粮数的总和。明正统五年（1440），为解决常州漕米储存，在武进怀南乡运河南建西仓，储武进县漕米；在阳湖东直乡运河南建东仓，储阳湖县漕米。清代时，常州依然是京师赋贡最重的供应地之一。清雍正二年（1724），武进县共有糟白粮船120多艘，停泊在西门城外永丰里大王庙一带，后泊延至白家桥一带，直到道光初年。

十四　舣舟亭

常州古迹之中，最有名之地，就是舣舟亭了，因为苏东坡的关系，人称东坡亭、东坡公园。舣舟亭，地处常州市区东部，原名东郊公园，是一座名胜古迹与自然风光相结合的江南园林。南宋时，常州人为纪念北宋大文豪苏东坡来常州，在其泊舟之地建舣舟亭作为纪念。清康熙、乾隆二帝南巡时，在这里兴建万寿亭行宫，重修舣舟亭。传说为保住常州的人文才气不东流，因此要在古运河上筑坝，使河水绕个大弯东去。所以舣舟亭基址，原名文成坝。

据说，苏东坡曾十一次到过常州，最后终老于常州。但是，他真正系舟于此地，实际上只有两次：一次是宋神宗熙宁六年（1073），他从杭州前往镇江，途经常州，曾在除夕之夜，孤舟野宿城外东郊，写《除夜野宿常州城外》诗一首。第二次是在宋徽宗建中靖国元年（1101），他从海南回到常州，住在顾塘桥头孙氏馆。卧病多日，有一天，天气闷热，他为图快风活水，一洗病中滞涩之郁，半夜时分，特地从运河泛舟而东，至此系舟。此时，夹岸观者为堵，全城轰动。

苏东坡与常州宜兴的缘分很深，最早

《南巡盛典》中的舣舟亭

可以追溯到宋仁宗嘉祐二年（1057）。当时，苏东坡进京赶考，进士及第。有一天，同年聚会，苏东坡从谈话中，得知江南风光秀丽，一时着迷。酒酣耳热之中，苏轼与众人定下了卜居常州宜兴的“鸡黍之约”。然而，苏轼正是年少气盛之时，自认为可以大施前程。所以，当时之约，不过是一时兴起而已。苏东坡与蒋之奇的唱和诗中，就可以看出：

月明惊鹊未安枝，一棹飘然影自随。
江上秋风无限好，枕中春梦不多时。
琼林花草闻前语，罨画溪山指后期。
岂敢便为鸡黍约，玉堂金殿要论思。

后来，苏东坡先后结识了常州的名流长老，如钱公辅、钱济明父子、胡仁修、报恩寺长老，以及宜兴的滕元发、邵民瞻、蒋公裕等人，和他们结为终生好友。因“乌台诗案”，苏东坡被贬黄州五年。直到元丰七年（1084），他才得到赦免。坎坷经历，让苏东坡产生了退隐田园、躬耕乡野的强烈愿望。美丽富饶、民风淳朴的常州让他留恋不已，再加上那么多故交朋友，所以他决定请求朝廷让他终老此地。据记载，苏轼先后两次请求朝廷，准许他在常州居住。他在《乞常州居住表》中这样写道：“赀用罄竭，无以出陆，又汝州别无田业可以为生。犬马之忧，饥寒为急。……臣有薄田，在常州宜兴县，粗给饘粥，欲望圣慈，特许于常州居住。”当他得知朝廷准予他常州居住时，竟然喜极而泣，欢喜而歌：“归去来兮，清溪无底，上有千仞嵯峨；画楼东畔，天远夕阳多！”元丰八年五月二十二日，苏东坡率全家抵达常州，居住在朝廷赐予的贬所。

据当地人说，最早的舣舟亭是用竹子建造的。一是江南多竹，取材较为方便；二是苏轼爱竹，喜其高风亮节，四季常青。

乾隆皇帝六次南巡，先后四次来到舣舟亭，御笔题匾，挥笔作诗。乾隆二十七年（1762），乾隆皇帝写《舣舟亭叠旧作韵》云：

跋马过府城，至此应登艇。
云有苏子瞻，舣舟之旧境。
其然岂其然，但觉松筠静。
千秋称古迹，如是率堪省。
往来八州牧，留题成妙景。
斯亭而在斯，讵非毗陵幸。
绀宇栖金仙，瞻谒吾亦肯。
东坡喜逃禅，往往偈句警。

立朝乃刚直，正合进善猛。
今宁无颇牧，冯言会心永。
解缆遵川程，回望风幡影。

乾隆四十九年（1784），乾隆皇帝第六次南巡。74岁的乾隆皇帝更喜欢漫步舣舟亭畔，欣赏绿树掩映的景致。侍臣再次拿出钱维城绘画的《苏轼舣舟图》给乾隆皇帝仔细观摩，细心品味。皇帝观画凝神时，侍臣知道，皇上诗兴来了。赶忙铺开从懋勤殿带来的纸墨笔砚。乾隆皇帝审视全图，感觉画面景物逼真，在明媚春光之中，画上景色更显清新，一边看一边想，他感叹自己在这里题写古人之事，而自己也很快成为古人了。于是皇帝饱蘸笔墨，挥笔书下《再题钱维城苏轼舣舟亭图》诗四首：

侍臣昔日图乡景，适在运河岸侧边。
道古亭称以苏氏，迹诚真否属疑然。

略为点缀有亭池，小憩懋勤砚匣随。
却以坡仙流赏处，于斯岂可易言诗。

尔时玉局停桡处，我亦无端一舣舟。
真者在前怀光焰，邹枚慎勿颂风流。

携得横图景逼真，春光相印越清新。
独怜写者古人事，写者亦今为古人。

十五　苏州

苏州位于江苏太湖之滨，东邻上海，濒临烟波浩渺的东海，北枕丝都无锡，西抱风光秀丽的淡水湖太湖，隔湖遥望苏轼终老之地的常州。苏州有两大特点，一是水多：河流绕城，具有水乡古城的特色，人称“东方威尼斯”；二是园美：园林典雅，具有园林都市的风貌，人称“江南园林甲天下，苏州园林甲江南”。

苏州历史悠久，这里人类文明的足迹可以上溯到6000至7000年前。苏州古称吴、吴都、吴中、东吴、吴门，别称姑苏、平江。据史书记载，春秋后期，吴王阖闾命宠臣伍子胥督造城池，公元前514年，一座水陆双棋盘格局的城池建成，吴王大喜，定为吴都，人称阖闾大城，是为苏州建城之始，距今已有2500多年的历史。秦代，这里是会稽郡治所。隋文帝开皇九年（589），以城西有姑苏山，取名苏州，定为江南道首府。唐玄宗开元年间，苏州是江南东道首府，成为东南地区真正的经济中心。北宋政和年间，苏州称为平江府。

十八世纪繁盛的苏州街市

元代时，称为平江路、隆平府。明代称为苏州府，为应天巡抚驻地，属于中书省。清代设立苏州府，是江宁巡抚署、江南巡抚署、江苏巡抚署、江苏布政使之驻地。

苏州城规模宏大，基本上保持着古代“水陆并行、河街相邻”的双棋盘格局，其三纵三横一环的城市河道水系，以及“小桥流水、粉墙黛瓦、古迹名园”的江南风貌，构成了其独特的古城风貌。宋朝时的苏州人范成大热爱家乡，感叹这里：“上有天堂，下有苏杭。”从此以后，苏州便有了“人间天堂”的美称。十三世纪时，马可·波罗在其游记中，不惜笔墨地赞美苏州，称其为东方威尼斯。法国启蒙思想家孟德斯

鸠也喜爱这座东方古城，称赞其为“鬼斧神工之城”。

明清时期，由于经济繁荣，运河便利，航运发达，苏州成为中国江南地区最为繁华的城市之一，私家园林遍布古城内外。康乾盛世之时，苏州拥有园林 200 余处，这些园林最大限度地吸收了中国古代的造园技艺，是中国古典造园艺术的精华。苏州园林的最大特点，是小巧玲珑，精美别致，在有限空间之中巧妙地组合景致，变幻多端。沧浪亭、狮子林、拙政园、留园，称为“苏州四大名园”，分别代表着宋、元、明、清四个朝代的园林艺术风格。这四座园林再加上环秀山庄、艺圃、耦园、网师园、退思园组成的九座园林，是苏州园林的精美缩影。乾隆皇帝六下江南，对苏州园林十分痴迷，流连忘返，一而再、再而三地游览。皇帝从北京带来宫廷画师、建筑专家，让他们画下园林图样，带回北京，在北京的皇家园林中复制苏州等地的江南园林。

乾隆皇帝六下江南，每次必到苏州，乾隆十六年（1751），第一次南巡到此写下《驻跸姑苏》诗：

牙樯春日驻姑苏，为问民风岂自娱。
艳舞新歌翻觉闹，老扶幼挈喜相趋。
周咨岁计云秋有，旋察官方道弊无。
入耳信疑还各半，可诚万众庆恬愉。

乾隆二十二年（1757），乾隆皇帝第二次南巡。乾隆皇帝47岁，正当盛年，对于苏州的美景近乎痴迷。他驻跸苏州行宫后，欣然写下《驻跸苏州》诗：

清人笔下，乾隆帝初次南巡时的苏州。

乘时展义玉銮巡，莅止吴城胥水滨。
春色由来南国丽，民情较比昔年亲。
纵看道左多欢忭，宁忘灾余有窭贫。
鲜盖藏还尚华饰，此邦要务在还淳。

乾隆皇帝视察苏州城巷，观察民情，写下《观苏城闾阎之盛不减昔年既以慰怀兼成是什》诗：

旋转深叨造化功，昨春犹疫幸秋丰。
肉疮剜补嗟黎献，满益损谦切已衷。
资食资衣廑宵旰，任亲任近绕西东。
羽林扈卫曾何藉，膝下原吾赤子同。

十六　苏州府行宫

苏州府行宫，位于苏州城内。以前这里是苏州织造衙门官署。康熙皇帝南巡时，

清人绘苏州府行宫图

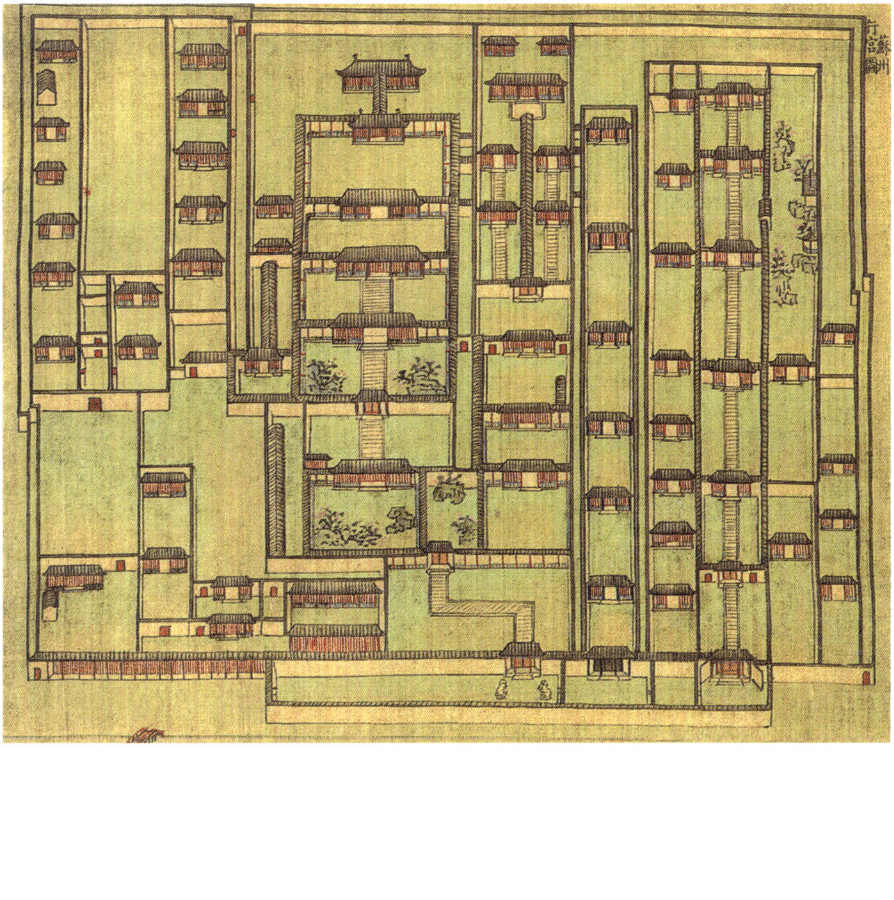

首次驻跸于此。乾隆十五年（1750），皇帝下诏准备南巡，开始营建行宫。史书记载：“（苏州行宫）在府城内，旧为织造官厩。圣祖南巡，驻跸于此。乾隆十五年，皇帝下省方之诏，重葺其地，及从俭朴，以备临御。自是叠邀法驾，东南喁喁望幸，已历有年。所恭逢法祖时巡，鸿恩大沛，民间欢迎瞻就，巷舞衢歌，盖阅时而弥盛，吴阊一大都会，益见太和累洽之象矣。”

整座行宫坐北朝南，气势恢宏，金碧辉煌。行宫前是河水，水上有桥，称红板桥。行宫由南向北，分为七路，按规模来说，是南巡沿途占地最大的一座行宫：

中路：大宫门、二宫门、龙井、白花池、大殿、垂花门、佛堂、正寝宫、后寝宫、看戏厅、戏台、内戏房。

西路：十五门、更房、从房、从人门房、御茶房、清茶房、印书房、外戏房。

东一路：内朝房、随侍房、从侍房、六进所、后七间。

东二路：织造衙门，七进。

东三路：内监房、内侍房、戏台。

东四路：大宫门、垂花门、二宫门、照厅、正寝宫。

东五路：花厅、膳房、小戏房。

行宫之中有一座别致的建筑，康熙皇帝对其极感兴趣，特赐名“凝怀堂”。乾隆皇帝来此就居住在这里，他写《凝怀堂》诗道：

三吴巡露冕，数宇驻宵衣。
宝额悬瑶篆，凝怀揭妙机。
尽蠲尘虑扰，常守道心微。
展义将绳武，如临圣日辉。

乾隆二十七年（1762），乾隆皇帝第三次南巡，再次驻跸苏州行宫，写《驻跸苏州叠旧作韵》诗：

五载今来又一巡，胥江舟驻郡城滨。
仄街按辔斥警跸，比屋迎銮共戴亲。
外饰信堪称富庶，远隅自不乏饥贫。
益祈岁事常绥稔，何患民风弗化淳。

夕阳中的凝怀堂，格外宁静。乾隆皇帝信步闲游，来到门口，看着笔力遒劲的大匾，缅怀皇祖的不朽功德，乾隆皇帝深感自己肩负江山社稷的责任之重大。夜幕低垂，春云轻逝。天幕之上，疏星点点。看天气，将是一个晴朗的日子，久久露天伫立，并不觉得冷。乾隆皇帝凝视着远方的天际，轻吟《夕》诗：

依然凝怀堂，凝怀讵耽静。
两字缅前猷，一心惕深省。
有为民莫求，无欲已私屏。
入夕春云轻，踈星三五影。
遂与放晴佳，露立不觉冷。

乾隆四十五年（1780），乾隆皇帝第五次南巡。这一次，70高龄的乾隆皇帝特地放弃御舟安福舻而登岸，骑马进入苏州。皇帝骑着骏马，坐在镶嵌珠宝的玉鞍之上，缓辔行走在青石铺成的古旧街道，徐徐进入苏州古城。从城外到城中，沿途彩旗招展，店肆林立。百姓身穿盛装，夹道欢呼，真是观者如潮。人们争先恐后，想一睹皇帝天颜。乾隆皇帝骑马缓行，看着俯伏跪迎的百姓，感觉天子之尊的美妙。皇帝一直宣称爱民如子，看着子民如此热情，古稀之年的乾隆皇帝有几分激动，降旨减免所经地方之税赋，增录江南生员。皇帝骑在马上，口诵《至苏州策马入城》诗：

安福舻维运水滨，玉鞍徐控入城闉。
可知其切觐光众，总是此衷保赤民。
少者壮而壮者老，别因久故久因亲。
银牌分赐诸耆艾，自笑吾年亦七旬。

乾隆皇帝再次入住凝怀堂，忘记了疲倦，依旧韵再书《凝怀堂三叠旧作韵》诗：

展义观风俗，勤民念食衣。
豫游切休助，言行慎枢机。
憩宇体无逸，瞻檐思入微。
奎章揭道趣，三字万年辉。

乾隆四十九年（1784），乾隆皇帝第六次南巡。74岁高龄的乾隆皇帝聊发少年狂，再次弃舟上岸，策马进入苏州。想起上一次来到这里，那一年正好是70岁。四年过去了，好在身体依然健康，心里十分欣慰。江南的百姓依然热情如火，夹道欢迎。乾隆皇帝看见路边一位老者，须发全白，却精神矍铄。皇帝吩咐侍臣，拿一面银牌，赏赐给他，并问他的岁数。老人说，他已经86岁了。皇帝点点头，86岁，十余年后，如果自己活到86岁了，就当归政矣！乾隆皇帝坐在玉鞍上，出口成诗，侍臣赶忙录写下来，为《至苏州策马入城据鞍得句》诗：

庚子南巡正七旬，今来有四度芳春。
维舟策骑仍康健，露冕观民益切亲。
俾畏何如斯俾爱，忘怀那肯便忘仁。

黄衣问岁八十六，似汝岁方归政辰。

凝怀堂宫室依旧，陈设如前，只是三织造送来了一批丝织品，窗帘更换了，地毯也更新了，窗前梅花盛开，草木繁盛。乾隆皇帝思虑到，皇祖六次南巡，自己仿效于他，是不能超过六次的。这一年至江南，已经是第六次了，肯定是最后的南巡。他坐在御桌前，看着自己的旧作，第四次依照旧韵，品茶赋诗，书《凝怀堂四叠旧作韵》：

明珰司织造，三处贡龙衣。
革矣兹供职，殊乎彼擅机。
官衙作行馆，体憩验心微。
五字留别什，千年依德辉。

十七　狮子林

狮子林位于苏州旧城东北，虽然面积仅 1.1 公顷，却是苏州四大名园之一，距今有 660 多年的历史。这里原为菩提正宗寺之后花园，元顺帝至正元年（1340），高僧天如禅师行脚四方，来到苏州讲经，受到弟子们的热烈拥戴。第二年，弟子们买地置屋，为天如禅师建造禅林，即狮子林的前身。天如禅师惟则，得法于浙江天目山狮子岩，弟子为纪念其衣钵相传、师承有绪，取佛经中狮子座之意，以“狮子林寺”为名，后改名为“普提正宗寺”、“圣恩寺”。惟则禅师曾写诗《狮子林即景十四首》，准确生动地描述过当时的园林景致。

元天如禅师谢世后，园中弟子逐渐散去，寺园日渐荒芜。明洪武六年（1373），73 岁的大书画家倪瓒（号云林）云游江南，途经苏州，特地游览狮子林。倪瓒为无锡富豪，是世家子弟，一生不善理财，一心书画和造园。他不惜花费巨款建造园林，用以招徕四方宾客，倪瓒亦曾参与了狮子林的修缮、改建工程，并精心绘制出《狮子林图》，还曾赋诗吟咏这里的风光景致。自此，狮子林名声大振，成为了文人雅士

苏州狮子林

狮子林一隅

们赋诗作画的园林胜地。

明万历十七年（1589），明姓和尚托钵云游，感于狮子林之荒废，诚心化缘于长安，集得巨资，重建狮子林圣恩寺、大佛殿，狮子林再次兴旺。后来，黄熙之父、衡州知府黄兴祖买下了狮子林，取名“涉园”。康熙四十二年（1703），康熙皇帝南巡至此，御笔题写“狮林寺”匾额。乾隆皇帝六下江南，六游狮子林，留下许多御笔题记，先后赏赐“镜智圆照”、“画禅寺”、“真趣”三块匾额，和十余首御制诗作。

狮子林园林平面呈长方形，东西稍宽。园内假山堆砌，花草遍布，长廊环绕。长廊假山之间，楼台若隐若现，曲径通幽，

狮子林六角亭

栽花植木，水池之上架桥造亭。整座园子，山高、池清、廊绕，布局紧凑，精巧别致，富于美感，有“咫尺山林、寸心万里”之意境。

狮子林是苏州古典园林的代表作，园中步步为景，目不暇接。特别引人注目的是，其亭、台、楼、阁、厅、堂、轩、廊造型各异，并且周围置以湖山奇石、洞壑飞泉、名花古木等园林小品，特别是其假山之胜，被人称作“假山王国”。

有如迷宫。长廊墙壁之中，镶嵌有宋代四大家苏轼、米芾、黄庭坚、蔡襄之书法碑，以及南宋文天祥《梅花诗》碑。整个园林东南多山，西北多水。园中四周围以高墙，深宅大院，曲廊环抱。园子中部，以水池为中心，叠石为山，依山造屋，山水之间

狮子林之湖石假山，园内比比皆是，座座精美别致、美不胜收。其湖石之玲珑，洞壑之深邃，山路之宛转，曲径之盘旋，令人目不暇接，如入五里迷宫，人称“桃源十八景”。假山上，奇峰突兀，怪石林立，无论从哪个视角，都可以看到有“狮子”

狮子林扇亭

狮子林石舫

在作卧伏、奔跃、翻腾、起舞等状，真是千姿百态，莫可名状。所以，这些山石被人命名为狮子峰、含晖峰、吐月峰、玄玉峰、昂霞峰等，其中以狮子峰最为威武，为诸峰之首。

狮子林的古建筑大都保留了元代风格，是典型的元代园林。园中建筑以燕誉堂为主，堂后为小山。依山傍水处，建有指柏轩、真趣亭、问梅阁、卧云室、石舫诸构。主厅燕誉堂古香古色，建筑精美，结构别致，陈设华丽，是典型的鸳鸯厅形式。指柏轩下临小池，南面是假山，轩前山后古树葱郁，松柏苍劲。登见山楼远眺，可见群峰耸立、山峦起伏如云。荷花厅，山水相依，厅堂雕镂精工细作，技艺精湛。五松园，松柏挺立，山径蜿蜒，庭院幽深。湖心亭，水天一色。暗香疏影楼，暗香浮动。扇亭，犹如巨扇耸立园中。园林四周，雕花长廊曲折萦绕，花墙漏窗，变化繁复。历代名家书法碑石70余方，罗列其中，倍极珍贵。

狮子林建筑，大致可分为三个部分：祠堂、住宅、庭园。

园子入口处，是贝氏宗祠。这里是硬山式厅堂，二进建筑，檐高厅深，光线微暗，庄严肃穆。庭院北是主体建筑，鸳鸯厅明亮宏丽，南厅称为“燕誉堂”，取意于《诗经》，意为名高禄重、安闲快乐。燕誉堂是住宅区的典型代表，是全园的主厅，建筑规格最高，堂屋宽敞宏丽，堂内雍容华贵。堂屋门上，有“入胜”、“通幽”、“听香”、“读画”、“幽观”、“胜赏”砖刻匾额。

狮子林真趣亭

乾隆皇帝御书“真趣”匾

北厅称为绿玉青瑶之馆，出自元画家倪云林之诗："绿水"指流水，"青瑶"指假山。厅前廊西侧，可通立雪堂；后廊西侧，可通假山洞穴，进入卧云厅。再往后，为小方厅，取名园涉成趣。以鸳鸯厅为中心，可通向四方。厅前有"息庐"、"安隐"砖刻。院内有湖石、花台和树木。穿越小方厅，可见院中花台上巨峰挺立，九狮如风。

沿着主厅燕誉堂南北，是一条主轴线，上有四个小型庭园。白玉兰、紫玉兰和牡丹花台，构成春景庭园，春光明媚。堂之北面，植有樱花二株，苍翠欲滴，称为堂北庭园。小方厅，为歇山式建筑，厅内东西两侧，空窗精致，与窗外腊梅、甫天竹、大石峰相映成趣，构成"寒梅图"和"竹石图"。漏花窗花式多样，做功精细。九狮峰后，有"琴"、"棋"、"书"、"画"四堂，精美绝伦。指柏轩周围墙上，以自然花卉为主题，装饰以泥塑式漏花窗，可谓古雅之精品。

狮子林山体分上、中、下三层，有21个山洞，曲径9条。崖壑深邃，山路曲折，峰回路转，如入迷宫。山顶上有"含晖"、"吐丹"、"玉立"、"昂霄"、"狮子"诸峰，以九狮峰为主体，他们互相衬托，交相辉映。再往北，又是一个小院，一座精致的黄杨花台，一段曲折多变的游廊，清幽、静谧、淡雅。主花园内，有荷花厅、真趣亭，依山傍水，随势而筑，其木工装饰卓绝，雕刻精美。石舫，是"停"于水池边的一座小楼船，精巧别致。暗香疏影楼，是楼非楼，样式迷人，楼上走廊曲折多变，可达

狮子林"燕誉堂"匾

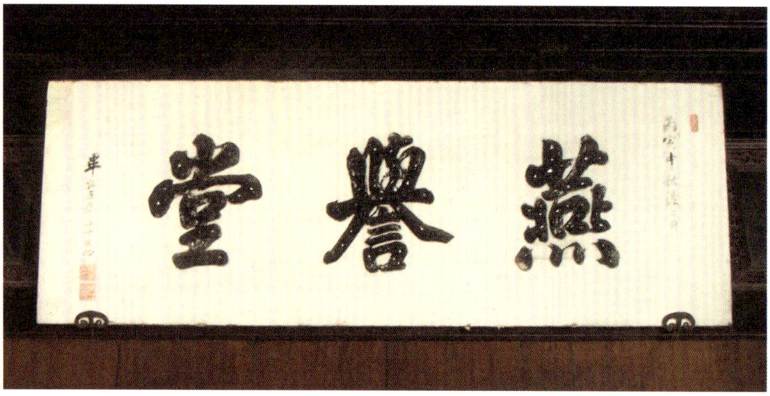

狮子林建筑上精美的砖雕

假山。飞瀑亭、问梅阁、立雪堂，对应着瀑布、寒梅、修竹，美不胜收。扇亭、文天祥碑亭、御碑亭，由一长廊连通，御碑亭格外引人注目。

苏州园林中，植物以落叶树木为主，常绿树木为辅，间用竹子、芭蕉、藤萝、花草点缀，多以孤植、丛植的手法，选择枝叶扶疏、色香清雅的树木花草，构造景观，寄情山水。狮子林东部假山区以古柏和白皮松为主体；西部和南部是山地，以梅花、竹林、银杏为主体。其间配植了大量色、香、味、态俱佳的树木花草，疏密得当，错落有致。指柏轩前，假山之上，有元代古柏数株，白皮松五棵，苍劲古朴。

乾隆皇帝钟情于狮子林，六次南巡，五次游历，对狮子林倍加赞赏，在狮子林中留下了大量题匾、御制诗。乾隆二十二年（1757）春，乾隆皇帝弘历第二次南巡，来到苏州，他特地带来倪云林的《狮子林全景图》卷，对照画卷，仔细观赏狮子林景致。皇帝兴之所至，御笔书下“镜智圆照”四字，赏赐狮子林。

乾隆二十七年（1762），乾隆皇帝第三次南巡，游览狮子林时挥笔为狮林寺题写“画禅寺”三字匾额。乾隆皇帝特地临摹倪云林之《狮子林全景图》，在倪氏原作和临摹作品上，皇帝分别题字，并吩咐将临摹之作“永藏吴中”。乾隆皇帝游览狮子林，对园中一峰一树都是画景，深有感触，赞叹不已，遂作《游狮子林得句》诗：

一树一峰入画意，几湾几曲远尘心。
法王善吼应如是，居士高踪宛可寻。
谁谓今时非昔日，端知城市有山林。
松风阁听松风谡，绝胜满街丝管音。

乾隆三十年（1765），乾隆皇帝第四次南巡，游览狮子林。皇帝信步闲游，情不自禁，御笔题写“真趣”二字匾额，意犹未尽之时，再次御笔赋诗，以行楷亲书《游狮子林即景杂咏》七绝三首：

城中佳处是狮林，细雨轻风此首寻。
岂不居然坊市里，致生邈尔濮濠心。

真树盖将千岁计，假山曾不倍寻高。
云林大隐留芳躅，谁复轻言作者劳。

画谱从来倪与黄，楚弓楚得定何妨。
庭前一片澄明水，曾照伊人此沐芳。

乾隆皇帝依照旧韵，书《狮子林叠旧作韵》诗：

每阅倪图辄悦目，重来图里更怡心。
曰溪曰壑皆臻趣，若径若庭宛识寻。
足貌伊人惟怪石，藉知古意是乔林。
何堪摹卷当前展，笑似雷门布鼓音。

回京以后，耳顺之年的乾隆皇帝对于狮子林不能释怀。他在反复观赏《狮子林图》后，吩咐在圆明园和承德避暑山庄，

狮子林一隅

圆明园长春园狮子林遗址

长春园狮子林虹桥残迹

分别仿建一座狮子林，正式将苏州狮子林搬进皇家御苑。

乾隆四十五年（1780），乾隆皇帝第五次南巡。此时北京与承德的两座仿建的狮子林已经建成，站在狮子林园内，两相对比之余写下《狮子林再叠旧作韵》诗：

山庄御苑虽图貌，黄氏倪家久系心。

恰以金阊重跸驻，可忘清閟一言寻。

略看似矣彼新构，只觉输于此古林。

虹桥残迹上，乾隆皇帝的御笔题刻。

壬午摹成长卷在，展听松竹答清音。

乾隆四十九年（1784），乾隆皇帝第六次南巡，观赏画师徐贲所画的《狮子林十二景点图》，颇为感慨。对照实景，观赏画卷，皇帝再次缓步游览其中。春光如画，满眼青山绿水。真山雄劲，古树如虬。74 岁的老皇帝看着自己题写的“真趣”匾额，不禁感叹，再以旧韵书下《游狮子林三叠旧作韵》诗：

粉本石渠藏手迹，写虽因手运因心。
真山古树有如此，胜日芳春可弗寻。
然岂耽哉斯洒洒，所堪嘉者彼林林。
出游图便民瞻就，宁为夹途丝管音。

乾隆皇帝喜爱狮子林，体现在倪瓒的《狮子林图》卷和徐贲的《狮子林十二景

避暑山庄文园狮子林

避暑山庄文园狮子林

点图》上皇帝一而再、再而三地题咏，仅《狮子林图》卷，乾隆皇帝就亲笔临摹了三幅。于此还不够，前文提到狮子林被仿建在北京和承德两地，这是北方皇家园林大规模“移植”江南园林的最成功的例子。

乾隆三十五年（1770），乾隆皇帝亲自选定地址，在圆明园长春园东北角，仿建狮子林。这项工程由苏州织造署奉旨，将苏州狮子林实景，按照比例，以五分之一尺烫样、制图，送呈御览，照图建筑。仿建的狮子林建成之后，园中景点匾额，均由苏州织造制作，送呈北京。文华殿大学士、翰林院掌院学士于敏中称：“从芳榭之东为狮子林，为虹桥，为假山，为纳景堂，为清閟阁，为磴道，为占峰亭，为清淑斋，为小香幢，为探真书屋……狮子林之名，赖倪迂图卷以传。此间，竹石丘壑皆肖其景为之，冠以旧名，志数典也。”

乾隆三十七年（1772），圆明园狮子林建成后，乾隆皇帝临园观赏，对园中各具特色的景观，总结为“狮子林八景”特地写《狮子林八景》诗，在其一首“狮子林”中咏道：

最忆倪家狮子林，涉园黄氏幻为今。
因教规写闾城趣，为便寻常御苑临。
不可移来惟古树，遄由飞去是遐心。
峰姿池影都无二，呼出艰逢懒瓒吟。

随后，乾隆皇帝又续题狮子林八景诗。为什么续题？乾隆皇帝解释，长春园中的狮子林，实肖实景，而不是肖迂翁（倪瓒）笔下的《狮子林图》。乾隆皇帝说：“倪瓒原卷中自识，与赵善长商榷，作《狮子林图》，且属如海因公宜宝弆云云。是则为图本自倪，而叠石筑室已在疑似，何况历岁四百余年，室主不知凡几更，而今又属黄氏矣。则今之亭台峰沼，但能同吴中之狮子林，而不能尽同迂翁之《狮子林图》，固其宜也。虽然，予之咏高山而企慕兰，实在倪而不黄，言之不足长言之，因复取其可咏者凡八景，为续题云。”

其第一景为“清淑斋”：

就树得嘉荫，境原狮子林。
假山亦岩峿，曲径致幽深。
花色淑非艳，溪声清以沈。
如云晤倪老，恐未契高襟。

长春园狮子林，假山崎岖，建筑精致，小巧玲珑。园中有楼、堂、亭、轩 10 余座，房屋 100 余间。园中沿袭苏州造园风格，以叠石假山为主，特召苏州堆石工匠，精心堆砌而成。乾隆皇帝流连于狮子林中，先后两次题咏，为题狮子林十六景诗。这狮子林十六景别具一格，它们分别是：狮子林、虹桥、假山、纳景堂、清閟阁、藤架、磴道、占峰亭、清淑斋、小香幢、探真书屋、延景楼、画舫、云林石窟、横碧轩、水门。乾隆皇帝仿造江南园林，以狮子林为成功的范例，成就了一段南北方园林交融发展的佳话。

圆明园遭遇浩劫之后，长春园狮子林也在劫难逃，至今化为一片断壁残垣。庆幸的是，1994 年，国家文物局着手清整狮子林遗址，在临水基址和河道之中，发掘、恢复虹桥以及水关、水门三座石拱，利用遗物、残碑，大致恢复了乾隆时期长春园狮子林的山形水系。

乾隆三十九年（1774），根据乾隆皇帝的旨意，在避暑山庄东部，亦仿造苏州狮子林，而建避暑山庄文园狮子林。皇帝对塞外的这座狮子林也是非常满意的，经常写诗吟咏，甚至有时还认为苏州狮子林在宫殿味道方面是无法与皇家园林中的狮子林相比的，他的“欲傲金阊未有此”之句，即是此一心态的写照。

十八　虎丘

虎丘位于苏州城西北郊，距城区中心大约十里。虎丘是苏州最著名的风景胜地，有 2500 余年的悠久历史，有着“江左丘壑之表”的绝世风范。这里悬崖峭壁，绝岩深壑，景色宜人，有三绝、九宜、十八景之胜。其中最为著名的风景，就是云岩寺塔和剑池。云岩寺塔巍峨壮丽，高耸入云，历经一千余年的风雨洗礼，依然昂首挺立。它古朴典雅，浑厚雄奇，是苏州的象征。清幽神奇的剑池，一直充满神秘色彩，这里是吴王阖闾的坟墓，吴王入葬，留下了千古之谜，也留下了神鹅易字的传说。

虎丘原名海涌山，据《史记》记载：

春秋时期，吴王阖闾与越国争霸，在槜李大战中，吴王身受重伤，不久便死去。新王夫差葬其父亲于此丘。当时，新王征调十万民工，日夜施工，建造城池。施工时，他们使用大象运输，挖土凿池，积壤为丘。吴王下葬时，其灵柩之外，套铜椁三重，墓池之中，灌注水银，以“金凫玉雁”随葬。新王夫差敬重父王，特地将阖闾生前喜爱的“扁诸”、“鱼肠”等3000柄宝剑，放入墓中陪葬。据说，入葬三日，金精化为白虎，蹲踞其上。人们惊叹，便称这里为虎丘了。

吴国灭亡以后的数百年间，越王勾践、始皇帝嬴政、东吴主孙权，都曾先后来到虎丘去探寻宝剑，但他们都一无所获，徒

清人绘虎丘山图

劳无功。六朝以后，虎丘由吴国王陵逐渐演变成佛教圣地。东晋时期，司徒王珣及其弟司空王珉位尊权重，他们在虎丘挑选风水佳地，营建别墅。咸和二年（327），王珣、王珉兄弟双双舍宅为虎丘山寺，称为东寺、西寺。刘宋时期，高僧竺道生从北方云游到苏州，在虎丘讲经弘法，史料称为“生公说法，顽石点头”，于是，在虎丘山上便留下了生公讲台、千人坐、点头石、白莲池等名胜古迹。虎丘佛塔最早也是在这一时期开始建造的。陈时，张正见、江整二人，吟咏虎丘云:“远看银台竦，洞塔耀山庄”、“宝塔据高垄，经台镇岭头”，此二句是虎丘塔建造的最早证据。

唐代时，因为唐高祖李渊的祖父名李虎，为避名讳，虎丘改名为武丘，虎丘寺改名为武丘报恩寺，依旧分东寺、西寺。颜真卿有诗为证：“不到东西寺，于今五十春”。那时虎丘虽然距离城区不远，可是无路可通，交通十分不便。宝历元年（825），白居易出任苏州刺史时，亲自坐镇，领导苏州官民开辟从阊门至虎丘的河道，贯通运河。大诗人很浪漫，沿河修塘筑路之余，还要栽种桃李，固沙护土、美化环境。众人绕山开渠、引水成河，形成一条护卫虎丘的环山溪。白居易对自己的这件劳绩感觉很好，事后他写了五律《武丘寺路》一首：

自开山寺路，水陆往来频。
银勒牵骄马，花船载丽人。
芰荷生欲遍，桃李种仍新。
好住河堤上，长留一道春。

从此以后，人们前往虎丘山时，可以享受水陆交通的便利，游人络绎不绝。人们为纪念白居易，将这里的塘路称为白公堤，也就是山塘街，河为山塘河，均长七里，号称“七里山塘”。此后1100余年，山塘一直都是从苏州城前往虎丘的重要路径。

会昌五年（845），因为唐武宗李炎崇信道教，发动了一场大规模的灭佛运动。当年，武宗下诏没收天下寺院土地、财产，毁坏所有佛寺、佛像，僧尼必须还俗，史称“会昌灭佛”。这场劫难使已历五百余年风雨的虎丘东、西二寺被完全拆毁，直到佛教再次兴旺时。重建后的虎丘二寺被合二为一，寺庙从原先的山下移至山顶，逐步形成依山建筑的格局。在虎丘山下，另建东山庙和西山庙，以纪念舍宅为寺的王珣、王珉兄弟。北宋至道年间（995–997），苏州知州魏庠上书，奏请将虎丘山寺改为云岩禅寺，由律宗改奉禅宗。从此，虎丘成为一座著名的禅宗寺院。

南宋绍兴初年，高僧绍隆来到虎丘讲经，一时之间，高僧云集，声名大振，形成禅宗临济宗的一个派别,称为“虎丘派”。当时，东南大丛林，号“五山十刹”，虎丘居其一。

元至正四年（1344），山寺重加修复，新建二山门，人称“断梁殿”。明代时，虎丘古建多次修缮。苏州知府况钟爱护寺院，曾捐助俸禄，修缮虎丘寺庙，苏州官民纷纷响应。此时，虎丘已经成为东南之地的重要商埠，店铺林立，园圃花市繁盛，商业繁荣。

咸丰十年（1860），太平天国忠王李秀成自天京（南京）东下，进攻苏州。清军一把大火将苏州阊门一带化为废墟，殃及虎丘。三年后，虎丘成为太平军苏州保卫战的西北前哨阵地，太平军在虎丘附近大量修筑防御工事，结果除云岩塔以及二山门（断梁殿）之外，寺中古建筑大多毁坏。光绪十年（1884），状元洪钧、词人郑文焯等集资，于憨憨泉坡地，依附山势，建创拥翠山庄。1918年，吴中名士金松岑、费仲深、汪鼎丞等人，募资建造冷香阁于拥翠山庄北，于阁旁广植红绿梅数百株，成为品茗赏梅胜地。此后十余年，陆续重修头山门、石观音殿、申公祠、三泉亭、致爽阁、可中亭诸胜。

康熙二十三年（1684）农历十月二十七日的下午，苏州文武百官及当地百姓，云聚虎丘，双手燃香，跪迎于地。从阊门至虎丘山下，大街小巷，水泄不通。这时，阊门前，康熙皇帝跨出明黄龙轿，骑上骏马，沿着山塘，向西缓缓而来。一路上，欢呼雷动，万岁之声响遍四野。康熙皇帝行至山塘，乘坐山塘河画舫，来到虎丘门前。山上住持带领寺僧跪伏在山门前，恭候圣驾。

康熙皇帝缓步进入山门，恭参大雄宝殿,祭拜行礼。然后,他来到平远堂。这时,住持和尚已经备好茶饮。寺内印度国僧人走出，拜迎皇帝，皇帝赐赏。随后，康熙皇帝信步闲游，慢慢观赏虎丘奇景，特别是山中的奇峰怪石、名胜古迹。

走到虎丘塔前，皇帝问：“塔建自何年？”

僧人答：“建于隋仁寿元年。”

步到千顷云旧址，皇帝问：“何名千顷？”

僧人答：“向有西轩三楹，一望烟云无际，故名。”

至双井桥，皇帝问:“剑池,为何用‘剑’

字？”

僧人答：“吴王宝剑，藏于池下。”

在悟石轩，皇帝居高临下，俯视千人石，问：“可坐得千人？”

僧人答：“‘怪石千人坐，灵池一剑沉。’前人诗句如是说。”

皇帝看见千人石上，立满簇拥的人群，笑着说：“如此人多，万人也容得。”

皇帝边走边谈，又问了可中亭、点头石之由来。陪同僧人十分恭敬，对答如流。日暮西沉，皇帝面露笑容，登舟回行宫，对虎丘一天的游历，兴致盎然。

五年后，康熙二十八年（1689），康熙帝再下江南，准备重游虎丘。南巡之前，康熙帝下旨：“将江南积年所欠一应地丁、钱粮、课税蠲除。”江南官员百姓，欢欣鼓舞。苏城官民感激皇帝厚恩，纷纷捐资，将虎丘古建修葺一新，另外新建数处。虎丘悟石轩处，新建万岁楼，楼高三丈六尺；千人石南面，开启轩窗，两旁分列画栏，楼上朱栏四围，方棂三面，上悬“万岁楼”金匾；中立御碑一座，高一丈九尺八寸，碑座雕龙，上刻康熙皇帝免税御制文；楼前，置玲珑峰石，遍植松柏，广种梅竹。

再次临御虎丘的康熙帝，看到焕然一新的景象，龙颜大悦。

皇帝在万岁楼前，看见如此的光彩夺目，问：“是谁建造？”

僧人答：“阖郡乡官捐资，万民助力造成。”

康熙皇帝最后一次游历虎丘，是康熙四十六年（1707），皇帝当年在山上行宫住了一夜。皇帝喜欢这里，兴之所至，不禁为虎丘寺庙题写“虎阜禅寺”四字 匾额。从此，虎丘寺改称“虎阜禅寺”。接着，康熙皇帝御笔挥毫，又题写了更多匾联。在二山门，御笔题写“路接天阊”，一路之上，见到大大小小的佛殿，别具一格，又题写“香界连云”、“仙镜澄辉”、“云光台”、“青云境”、“天光云影”等。

虎丘山色迷人，白公堤柳色如画，康熙皇帝十分高兴，欣然书写一联：“山光茂苑来书几，柳色金阊入画图。”面对着眼前花溪浮碧、清波怡情、画船数点的风光，皇帝凝神片刻，再题一联：“花棹浑疑浮碧汉，倚窗常似俯清流。”虎丘之上，烟光霞蔚，薄雾缭绕，台榭高筑，山水倒映，皇帝不禁再次挥毫：“烟霞常护林峦胜，台榭高临水石佳。”凭栏远眺，青山如黛，月华照室，皇帝文思泉涌，又题一联：“四面岚光俱入座，一轮蟾影恰当帘。”苍松翠竹，云气高节，皇帝书写：“松声竹韵清琴塌，云气岚光润笔床。”波光映月，秀山哄云，皇帝心中叫绝，笔底生花：“波光先得月，山秀自生云。”

虎丘古典建筑十分特别，种类多样，年代久远。总体上看，是因山借势，因地制宜。建筑形式包括殿、阁、楼、台、桥、亭、塔、墓等。建筑年代上，始于五代，延续至宋、元、明、清。进入虎丘后，沿山路蜿蜒而上，一路之上，就是著名的虎丘十八景。十八景中，第一景是虎丘塔，又名云岩寺塔。此塔始建于隋文帝仁寿九年（601），初建时是木塔，后毁。后周乾祐八年到宋建隆二年（959–961），历时三年，重修而成。塔为平面八角形，七级，旧塔顶毁于雷击。1956年，重修此塔时，在第三层夹层内，发现了石函、经箱、铜佛、铜镜，以及大量越窑青瓷莲花碗等一大批珍贵的宋代文物。从宋代到清末，这里遭到多次火灾，其顶部以及木檐部位遭到了严重毁坏。原塔高度不得而知，现存塔身高47.5米，全部为青砖堆砌，重约6000余吨。

清乾隆时期，史书记载：“虎丘，在苏州府西北九里。晋司徒王珣别墅，后舍为寺。两崖劈分，剑池在焉。石泉清冷，不可测。相传为阖闾试剑处。前为千人石，晋异僧竺道生讲经于此，有说法台、可中亭、点头石诸迹。山后，浮图高切云汉。清远道士题诗云：‘白云翥欲归，青松忽消半。’颜真卿爱之，刻诸崖上。”

虎丘塔

虎丘塔是八角形仿木结构、楼阁式砖塔，塔凡七层，是始建于五代时期、能够完好保存当时建筑风格的著名寺塔，也是江南地区至今唯一传世的五代多层古代建筑。寺塔腰檐、平座、勾栏等主体建筑，全部是用砖砌造的；外檐斗栱则是砖木混合结构。现在，塔顶轴心向北偏东倾斜约2.34米。根据古建专家考察和推测，认为寺塔基岩选择在山的斜坡之上，由于填土厚薄不同，用料不一，所以塔未建成就已经向东北方向倾斜。但这座寺塔斜而不倒，竟然屹立上千年，堪称古建奇迹，人称中国的“比萨斜塔”。

虎丘塔的二山门是典型的元代建筑，建筑结构上较为清晰地承袭了宋代的建筑特色：山门脊桁，用两段圆木连接而成，俗称“断梁殿”；连楹、门扉、屋顶瓦饰以及部分斗栱经后世多次修补，依旧保持着元代的建筑风格。所谓断梁，意思是说有一根梁是断的。仔细查看这座山门正梁，

20 世纪初的虎丘塔

发现它不是一根完整的整木，而是用两段圆木接合而成的，中间地方有明显的拼缝。据当地传说，乾隆皇帝南巡苏州时，来到虎丘山门，感觉这里风水不错，于是他下令在这里修建山门。因为时间紧迫，所以地方官员日夜赶造，准备上梁时，他们突然发现，原先准备用做大梁的大木料，不知何故被用作顶梁，锯成了两截。工期有限，限定日期临近，短时内不可能寻到大木料。于是，老木匠赛鲁班采用了古代的断梁技术，按时建成了山门。不过，传说不足信，这座明显元代风格的山门与乾隆皇帝是没有关系的。

双井桥

位于虎丘剑池之上，是南宋时期的桥梁建筑，桥为单拱结构，桥面铺着大青石板。较为特别的是剑池上方十余米处，桥上高悬两个并列圆孔，用于向下吊桶提水。这桥上双圆，是虎丘独一无二的著名景观，故名“双井”。

剑池、阖闾墓

虎丘最神秘、最吸引人的名胜古迹之一，就是剑池。站在千人石上，朝北眺望，别有洞天之圆洞门旁边，雕刻着“虎丘剑池”四个大字。每个字长约三尺，笔力遒劲。据《山志》等书记载，这四个题字，原为唐代大书法家颜真卿书写。后来因年代久远，风霜雨雪侵染剥蚀，石面渐渐模糊，“虎丘”两字，不知从何时开始湮没消失。明万历年间，一个名叫章仲玉的苏州石刻名家，依照题字原样，钩摹重刻。所以，苏州流传一句谚语：“假虎丘，真剑池”。这句谚语，有人说是指阖闾墓，名义上埋葬于虎丘，实际上入葬于剑池。

千人石北，是一座圆洞门，门很特别，门额上有“别有洞天”四字。穿过此门，真的感觉完全不同，诗人形容为：“池暗生寒气”、“空山剑气深”。险峻的石壁拔地而起，悬崖陡峭，从高空紧紧锁住一池春水，寒气浮动。池水较狭长，南部稍宽，北部略窄，其形状如同一柄平放山崖下的稀世宝剑，阳光穿过云层，从悬崖之上斜照下来，剑气逼人，寒光闪闪，身后平添一股凉气。剑池池水青绿，变幻莫测，水中倒映峭壁之上石桥的影子。悬崖峭壁之间，拱形石桥巍峨耸立，高高悬挂在半空之中，显得此地十分险绝，也更加神秘和诡异。石壁之上布满苔藓，狂野的藤萝花从悬崖之上倒挂下来，显得肆无忌惮。从高耸的岩壁俯视下方，如临深渊，像一柄利剑，寒光闪闪。从剑池仰望塔顶时，身体仿佛被剑池的寒气笼罩，无法脱身。剑池清泉涌流，终年不涸，清澈见底，汲饮甘甜可口。唐代学者李秀卿品评天下泉水，将这里列为“天下第五泉”（另有“天下第五泉”在扬州蜀冈）。

据地方志记载，剑池下面就是吴王阖闾埋葬的真正地点。因为吴王入葬时，新王将他生前喜爱的“扁诸”、“鱼肠”等3000柄宝剑作为殉葬品陪葬，所以才有“剑池”之名。《元和郡县志》记载有所不同：“秦皇凿山，以求珍异，莫知所在。孙权穿之，亦无所得，其凿处，遂成深涧。”后来，深涧演变为剑池。

1955 年，全面修整虎丘，疏浚剑池。当时，曾组织人力刷洗苔藓，在剑池东侧岩壁之上发现明代长洲、吴县、昆山三县县令吾翕等人石刻记，以及唐寅、王鏊等文人的石刻记叙文，文中详细记了这样的事实：明正德七年（1512），剑池水涸，在池底发现吴王墓门。后来，人们抽干池水，清出污泥，发现剑池两壁自上而下光滑平整，如同刀切。池底很平坦，不是自然形成的，没有高低、凸凹之状。很显然，这是人工开凿的痕迹，是古人经过精心勘察，开山劈石，精凿所成。

剑池南边有一个土坝，和石壁三面相连，低于水面约三尺，也是人工开凿的，用作蓄水。剑池北边最狭处，发现一个洞穴，洞穴连通向北延伸的神秘隧道，长约一丈有余。隧道较小，从上到下，方正笔直，可容身材魁梧者单独出入。很显然，这也是人工开凿的。隧道尽头，为一喇叭口，口外有一米多隙地。前面，有麻砾石琢成的四块长方形石板，一块石板铺地，三块横砌，看上去如同一块大碑石。每块石板，高二尺有余，宽三尺余。这很可能是洞室的墓门。

剑池可能是一种竖穴、长方形、南北向墓穴。池底有石穴，是一条通道。这种结构和春秋战国时期的墓制相符。据史书记载："阖闾之葬，穿土为山，积壤为丘。发五郡之士十万人，共治千里，使象运土凿池，四周广六十里，水深一丈。……倾水银为池六尺，黄金珍玉为凫雁。"从虎丘剑池、后山等种种情形和实物迹象上看，剑池很可能是专门为了秘密埋葬吴王而设计、开凿的吴王墓地。

憨憨泉

相传梁代时，有位僧人，人称"憨憨法师"。本来，他是庙里的挑水和尚，从小患有眼疾，为人很憨。但谁都知道，他耳朵灵，心眼好。有一次，他从山下挑水，经过这里，不意踩在一片青苔上，摔了一跤。他爬起来，看看地面，心想：这下面可能有泉水。于是他就动手，在这里挖土，寻找泉眼。村民们见状，不禁大笑，笑他太傻。有个村民戏言："如果你能挖出泉水，我就变成一只大青蛙，日夜守在这里。"话音刚落，突然，地下冒出一股清泉，喷到了憨憨法师脸上。顿时，憨憨法师感到一阵清凉，他失明的双眼，神奇地重见光明。与此同时，憨憨法师发现，那个笑话他的农夫，果然变成了一只青蛙，守候在古井旁。

试剑石

吴王阖闾为了称霸天下，决定铸造异常锋利的宝剑。于是他派遣侍卫，抓来当时最为有名的铸剑高手，他们就是著名的干将、莫邪夫妇。吴王要求他们在一百天内，必须铸造出一口宝剑，天下独一无二，削石如泥。干将夫妇别无选择，只好奉命铸剑。他们来到苏州相门外，选择好地点，开始冶炼，夜以继日。这条相门外大街，就是后来贯穿苏州古城东西的大道，人称干将路。三个月了，炉火仍未纯青，眼看铸剑不能成功。紧要关头，贤妻莫邪跳入炉中，瞬间化作一缕青烟，炉火立即纯青，终于按期铸成了一对宝剑。这是一对雌雄宝剑，取名干将、莫邪。

干将按期来到海涌山，将雌剑莫邪献给了吴王。吴王半信半疑，抽出宝剑，挥剑试刃，顺手劈向身边的巨石，一挥之下，巨石一分为二，真是削石如泥。吴王是有名的暴君，他知道，有了宝剑，不能留下铸造宝剑的剑师。于是，吴王手提宝剑，杀气腾腾，准备杀死干将，以确保手中宝剑举世无双，天下无敌。这时，干将早有准备，拔出随身携带的雄剑。雄剑突然化作青龙，干将骑着青龙，直上云霄。由此，后世人便称干将为剑神了。

陆羽井

虎丘山上，有一口古石井，相传这口井是唐人陆羽所挖,人称“陆羽井”。陆羽，人称茶圣,完成了中国第一部茶书著作《茶经》。据《苏州府志》记载，陆羽曾长期寓居苏州虎丘，一边跑遍茶山，研究茶叶品茶，一边品泉试水，完成著作《茶经》。陆羽发现，虎丘山泉甘甜可口，经过反复比较，评定虎丘泉为“天下第三泉”。

冷香阁

冷香阁，位于拥翠山庄北，是品茶、观景之最佳场所。庭中植梅树三百株，每逢仲春之时，红苞绿萼，疏影暗香。阁之上下，各为五楹，东、西、南三面环以游廊，高爽幽静，别有情趣。

乾隆皇帝六次南巡，三临虎丘，吟咏虎丘方面的诗篇较多。乾隆十六年(1751)，乾隆皇帝第一次恭奉母亲，游览虎丘。春雨过后,山上一片葱绿。皇帝忽然发问:“谁去金宝气，化作虎丘山？”乾隆皇帝向皇太后讲述虎丘山的来历，以及山中的名胜古迹、名人吟咏，皇太后游览十分尽兴。乾隆皇帝兴致盎然，御笔亲书《奉皇太后游虎丘即景》诗：

闲登海涌峰，雨洗绿鬟浓。
古迹多留咏，春郊尽力农。
云楼既虚敞，月牖且从容。
最引予心慕，虞歌每每逢。

谁云金宝气，化作虎丘山。
西踞瞻湖墅，东临镇市阛。
岩姿浮刻削，涧响泻潺湲。
听法犹存石，生公旧往还。

梅绽三分白，麦抽千亩青。
饮泉思陆羽，卓锡拟支硎。
云罨石常润，风和草亦馨。
智仁山水德，乐寿颂慈宁。

乾隆二十七年（1752），乾隆皇帝第三次南巡，重游虎丘寺。乾隆皇帝骑在马上，游览山塘。上次一别，一晃就是五年，树木长高了，灌木乔木漫山遍野，密密麻麻。虎形悬崖，本来就是天生的，可是，好事之徒偏偏要说是“金精”聚成。五年光阴匆匆而过，所不同的是夹道欢迎的百姓，更加亲热，更加爱君。梅枝茂盛，向南的枝头梅花盛开。竹林郁郁葱葱，哗哗的风声充满路径。浓郁的春天气息进入山林，鲜花怒放，草木清新。这样优美的景致，最喜欢的事就是登楼远眺，纵目驰骋，千亩新绿，都是油绿的麦苗正在旺盛地生长。风景如画，农事喜人，乾隆皇帝欣然命笔，再写《游虎邱杂咏》四首。

乾隆四十九年（1784），乾隆皇帝第六次南巡，最后一次游虎丘寺院，再次《题虎邱云岩寺》：

一卷平地起林间，遗迹难寻吴越书。
剑气金精久寂寂，禅枝慧草只如如。
休称应接真无暇，可识虚空自有余。
调御丈夫巍相好，去来今合掌相于。

十九 寒山千尺雪

寒山，在天平山西北，西连龙池，脉连花山。山势巍峨，崇山峻岭，石壁如削。明代高士赵宧光买下此山，埋葬父亲。在山上，他建造了一座园林式的别墅，称寒山别墅。他精心设计，依山建室，凿山引泉，悬崖石壁之下，飞瀑如雪，号“千尺雪”。赵宧光之妻是陆卿子，她出自名门闺秀，是明代书画家陆师道之女，工诗善画，以才女著称，她和徐媛并列，人称“吴门二大家”。赵宧光去世后，寒山别墅改为寒山禅院、报恩寺。

经过赵宧光三代约三十年的精心经营，寒山从一座荒山，变成了风光胜境，这里以奇石、摩崖、寺庵、别墅、诗文、书画等闻名遐迩，引起了皇帝的关注，引来了大量文人墨客。寒山之名，本就神秘，王公大臣、文人雅士接踵而至，以一睹寒山为幸。一时之间，山门拥挤，山路为之堵塞。经历了数百年的发展，寒山之上，留下大量摩崖石刻。

乾隆皇帝喜爱读书，当他读到赵宧光的《寒山志》时，不禁十分吃惊。这部《寒山志》，不仅书名独特，而且内容引人入胜，

清人绘寒山别墅图

令人回味。全篇仅仅4500余字，清淡的笔触，直白的描述，不留痕迹的讲解，不知不觉之间，引你滑入了一片非凡的景致，走进了一片绝佳的山林，使读者心甘情愿地融化在一处凄绝美艳的山水之间，读来又似有一种高处不胜寒的感觉。于是，皇帝就萌生了前往寒山之念，就想寻幽探微，一探那里著名的“千尺雪”。

乾隆皇帝六下江南，受到《寒山志》的召唤和吸引，每次都要到吴郡寒山，赵宧光当年的寒山别墅就成了乾隆皇帝选定的寒山行宫，从此，皇帝歇息的寒山岭，改称皇宫岭。据记载，乾隆皇帝描写寒山的诗篇有数十首，其中有15首诗称赞赵

清人绘寒山千尺雪图

寒山

千尺雪遗迹

宦光，这些御制诗至今仍留在寒山的崖壁之上。

乾隆十六年（1751），乾隆皇帝第一次南巡游览苏州寒山千尺雪，41岁的皇帝兴致勃勃。支硎山连接着寒山，寒山之下有泉水，所不同的是，这里的泉水特别寒冷，人称寒泉。寒泉众多，在幽谷中奔涌、跳荡，汇入溪中。山路崎岖，策马徐行，寻幽探胜。一路走来，感觉这寒山的山水那么亲切，真是与我有缘啊。皇帝想着，心有所动。赵宧光真是好事之人，干嘛引千尺雪之水注入渊中？雪岭千尺，泉飞千尺，雪雾之中隐约可见三个篆字：千尺雪。这寒山千尺雪之地，感觉真是与众不同，乾隆皇帝口占《寒山千尺雪》诗：

支硎一带连寒山，山下出泉为寒泉。
淙淙幽幽赴溪壑，跳珠溅玉多来源。
土人区分称各别，岂能一一征名诠。
兰椒策马寻幽胜，山水与我果有缘。
就中宧光好事者，引泉千尺注之渊。
泉飞千尺雪千尺，小篆三字铭云峦。
名山子孙真不绝，安在舍宅资福田。
盘陀坐对清万虑，得未曾有诗亦然。
雪香在梅色在水，其声乃在虚无间。

千尺雪上，建筑了一间白色的屋子，称为听雪阁。三间木屋，冰窗俯瞰，能够听见冰雪发出的声音，以及山泉之水跳跃奔腾、曲曲折折的流淌声。置身阁中，仿佛置身于尘世之外。这处山中木阁本来是没有名字的，乾隆皇帝赐名“听雪阁”，御笔写《听雪阁》诗，记述此事。在诗前，乾隆皇帝御笔注解，讲述其经过：

千尺雪之上，架白屋三间，冰窗俯畅，砰湱之声满耳，跳激之势谋目。阁素无名，名之曰“听雪”，而系以诗。

雪宜落天上，云胡落涧底？
其源不可极，千尺约略耳。
三间白板阁，占尽林泉美。
珠玉碎复完，琴筑鸣无止。
涧叶冬不凋，岩葩春似喜。
入望窈且深，宜听静方始。
是合忘名言，而复不能已。

游历回銮路上路过苏州，乾隆皇帝再游寒山，皇帝在千尺雪流连忘返，写《千尺雪即景杂咏》诗：

引水淙潭歕雪光，清游两度乐徜徉。
范家别业偏幽胜，导我闲吟半刻强。

屡仪门径步云岩，小阁三间迥不凡。
便与佳名颜听雪，何当坐此读华严。

湍激波回万状声，今来练影益晶明。
应缘毕献山灵技，无不相宜雨与晴。

拱把竹篱曲折径，抱环山叠屈纡屏。
吴人雅解增佳话，新様初看个字亭。

一室萧然翰墨香，绿云丛里奏笙簧。
烟霞供养无穷乐，何必弹冠慕姓王。

寒山隶属于支硎山，西边与太湖之滨的光福相毗连，乾隆皇帝对这里的山名和景致充满兴趣。整整两天，皇帝在这一带山中游览，感觉山石灵异，如斯佳境，真是让人欢情不竭，兴致不倦。阳光灿烂，天气放晴，霁霞满天。皇帝心情愉快，不禁放笔狂草，写《再游支硎》诗：

两日灵岩岩果灵，更寻光福叩云扃。
如斯佳境安能尽，不竭欢情慢久停。
旋命归舟指吴会，取便策马憩支硎。
一天快霁予心畅，下视方方麦坂青。

乾隆皇帝游览寒山千尺雪后，醉心于这里的山石险绝，悬流喷瀑，寒光四射，洒然晴昼玉花。寒山，太美妙了；千尺雪，太凄绝了。流动的瀑布，似动似静，引人遐想；挥洒的雨雾，微寒微凉，沁人心脾。乾隆皇帝流连忘返，文思泉涌。他吩咐画师描绘寒山景致，画出图样。回京以后，

寒山别墅遗址保存至今的乾隆皇帝御制诗摩崖

青玉支硎山山子（故宫博物院藏）

指示在京城西苑、热河避暑山庄，以及蓟县盘山静寄山庄同时仿建，再造苏州寒山千尺雪景观于北方的皇家园林中。

二十 灵岩山

灵岩山寺地处太湖之滨，毗邻木渎镇，人称木渎灵岩山，距苏州市西南三十里。灵岩山以灵山秀石著称，山高 182 米，周广面积约 1800 亩。灵岩山上，奇石众多，巨岩嵯峨，怪石嶙峋，物象天成，浑然一体，宛然如人间仙境，故有十二奇石、十八奇石之说。正是因为灵岩有灵，灵岩塔前，有一块异石，人称灵芝石，极有灵性，因而得名灵岩山。同时，因为山中石头与众不同，颜色深紫，可以制砚，遐迩闻名，人称砚石山。灵岩山南，峭壁如削，坚固护城。相传，吴王曾在山上修筑石头城，因此这里又名石城山。因山势右转，似一象作回顾状，又名象山。

人们对灵岩山又有“灵岩秀绝冠江南”、“灵岩奇绝胜天台”的美誉。岩石之秀，种类繁多，千姿百态，包括石髻、石龟、石兔、石蛇、石鼓、石城、石室、石马、石猫、石鼠，以及鸳鸯石、牛背石、蛇头石、双牛石、和合石、草鞋石、飞鸽石、蛤蟆石、袈裟石、飞来石、醉僧石等，各种石头，惟妙惟肖，趣味横生。

灵岩山既是越国进献西施之地，又是吴王夫差之馆娃宫旧址。据史书记载，春秋后期，吴王夫差喜爱灵岩山，多次来到这里，在山巅建造一座精致的园囿，称为“馆娃宫”。应该说，这是人类历史上最早的一座山顶园林。山顶园林之中，有许多春秋时期的吴越遗迹：宫墙、琴台、吴王井、梳妆台、玩花池、玩月池、西施洞、思乡岩、石射棚、智积井、长寿亭、方亭等。

顺山道拾级而上，第一座建筑首先是继庐亭。高僧印光法师，别号继庐，他曾是闻名遐迩的灵岩山住持，此亭因他而得名。继庐亭楹柱上，有一名联，被天下传播：“大路一条，到此齐心向上；好山四面，归来另眼相看。”过继庐亭，是迎笑亭。相传此亭始建于宋代，东坡居士曾在这里

清人绘灵岩山图

笑迎自己的知己释友。顺山路盘旋而上，是落红亭，名称取“象王回顾落花红”诗意，这里是观赏日落之最佳处。

落红亭东有印光塔院，是印光和尚埋骨处。落红亭西，是西施洞。相传越王勾践和大夫范蠡进献西施给吴王，吴王夫差就是在此等候。后来，有人在洞前建屋，洞内供奉观音像，洞外种植紫竹，所以人称观音洞。从落红亭往左，折而向上，大约 300 步，就是著名的百步阶，又称“乾隆御道”。据说这是特意为乾隆皇帝登临灵岩绝顶时所筑的一条御道。这一地段山势险峻，悬崖陡峭。御道旁边有一方形台，用砖砌就，据说这是梁代灵岩山开山大和尚智积的衣钵塔。砖塔南边有一块巨石，形状如龟，昂首向上，面向湖面，人称“龟望太湖”。龟石背上镌刻“望佛来”三字。巨石上有一双小脚印，据说这是西施的脚印，传说她经常站在此石上，眺望自己的故乡。

春秋时期，吴越交战，越国大败，越王勾践和大夫范蠡投降，被扣为人质，被安排居住在石室之中。勾践和范蠡合计，向吴王夫差献上越中美女西施。吴王夫差痴迷于西施的美色，特在灵岩山上为她建造行宫，极尽奢侈之能事。吴人称美女为娃，所以人称此处为馆娃宫。公元前 473 年，越王勾践经过了二十年卧薪尝胆后，带领精锐之师从水路攻进，大举反攻吴国。最后攻占了富丽堂皇的馆娃宫，越王将这座行宫付之一炬。东晋时，馆娃宫遗址上修建起私人别业。梁天监二年（503），陆玩将宅第舍为庙宇，后来经过扩建，逐渐演变为一座颇具规模的寺院，取名秀峰寺。唐代时，秀峰寺改称灵岩寺。如果从东晋元熙二年（420）陆玩舍宅为寺算起，这里有大约 1600 年的历史。

灵岩寺建筑在高高的山顶上，巍峨宏丽，高耸入云。寺门前，古木参天，松柏如盖。进山门是天王殿，又称弥勒殿，殿中供奉弥勒；其后供韦驮，两边依次侧排列着四大天王。弥勒殿院中有池，如同石砚，人称砚池。池水上架一大桥，人称界清桥。据说，大雨之后，桥东之水清，桥西之水浊。弥勒殿后为大雄宝殿，高 25 米，宽 20 米，气势雄伟，庄严肃穆。大殿正中供奉释迦牟尼佛像，两旁侍立迦叶、阿难两大弟子。佛祖之后，供奉观音、文殊、普贤三菩萨。大殿东西两壁依序排列着十六罗汉。

灵岩山寺西部是花园区，人称山顶花园。园内，有浣花池。相传西施曾在这里

清人绘灵岩山图

泛舟采莲。池西，有石城，也就是山顶围墙。相传这是吴王阖闾所筑，全用石条砌成冰纹形。园中有玩月池，曾供西施玩月。山上有吴王井，呈圆形，也是吴宫旧物。智积井为八角形，因由梁代智积和尚修建，故名。井中泉水甘甜，烹茶煮茗甚佳。井北，砌有一座假山，山上建有亭，人称长寿亭。相传这是西施梳妆之所。灵岩山之最高处，有一座琴台，位于灵岩寺之西。相传西施操琴于此，时时演奏，乐声悠扬美妙。灵岩山南，有采香径，据说，这是专为西施开辟的，西施曾漫步香径，前往香山，采种香草。

灵岩山西南麓，有韩世忠墓。南宋抗金名将韩世忠和夫人梁红玉就合葬于此。墓碑巨大，碑文长达 13000 余字，世间极为罕见。灵岩山南麓，香水溪之北，百步小浜石桥东，有清初诗人张永夫之墓。

历代帝王、名人之中，有许多都曾登临过灵岩山。包括南朝梁简文帝，唐朝大诗人韦应物、白居易、刘禹锡、李商隐等，宋范仲淹、宋释圆照等，明朝文征明、唐寅、高启等，清康熙、乾隆二帝以及历史家毕沅等人。这些人中，最有名的人物，就是梁简文帝和清康熙皇帝、乾隆皇帝。

梁简文帝曾作《登琴台诗》：

芜阶践昔径，复想鸣琴游。
音容万春罢，高名千载留。
弱枝生古树，旧石染新流。
由来迭相欢，逝川终不收。

康熙、乾隆二帝南巡时，在山顶筑有灵岩行宫。康熙时期，清圣祖赋《登灵岩》诗：

霏微灵雨散春烟，按辔逍遥陟翠巅。
香水通流明若鉴，琴台列石势如拳。
诸峰尽在青萝外，灵寺古刹万井前。
闻是吴宫花草地，空余种馨梵王筵。

乾隆时期，史书记载："灵岩山，在苏州府西三十里，一名石鼓山，又名砚山。吴王置馆娃宫于此，今灵岩寺其址也，内有响屧廊、琴台、吴王井诸遗迹。顶有月池、砚池、玩华池，虽旱不竭。西南石壁峭拔者，为佛日岩，硕然如立。弛然如卧者，为寿星石、醉僧石。又有松啸、迎晖二亭，并据胜地。宋范成大谓：下瞰太湖、洞庭，两山滴翠丛碧，在琉璃世界中，洵奇境也！"

乾隆十六年（1751），乾隆皇帝第一次南巡驻跸灵岩山，写《驻跸灵岩》诗：

塔影遥瞻碧汉中，梵王宫侧旧离宫。
观民展义因时切，石栈云林有路通。
竹籁萧萧喧处静，梅花漠漠白边红。
太湖万顷轩窗下，坐辨洞庭西与东。

二十一　沧浪亭

沧浪亭是苏州最古老的园林，原为五代吴越广陵王的池馆。沧浪亭，以清幽古朴著称。园内假山、园外池水，融为一体。在假山池水之间，隔着一条复廊。廊壁上开有花窗，透过漏景沟通内外，使山水相连。据统计，全园有108种花窗样式，图案花纹构思精巧、变化多端，是苏州园林花窗的典型。

在园中假山东首最高之处，刻有清代朴学大师俞樾手书"沧浪亭"三字。沧浪亭建筑古朴，结构精巧，两旁石柱之上，有一副石刻对联："清风明月本无价，近水远山皆有情。"乾隆时期的史书记载这里：

“沧浪亭，在郡学之东，积水弥漫，小山曲折。相传为钱元寮池馆。宋苏舜钦得之，作亭，曰‘沧浪’。欧阳修有‘清风明月本无价’之句，其名遂著。寻属章惇，后归韩世忠，愈扩其址。元明间，废为僧舍。嘉靖时，知府胡缵宗重建韩祠。释文莹复于旁建沧浪亭。本朝宋荦抚吴，搜访遗迹，构亭于山岭，得文征明隶书‘沧浪亭’三字揭诸楣。”

乾隆皇帝六次南巡，后三次都亲临沧浪亭，写下了游览诗作。乾隆三十年（1765），乾隆皇帝第四次南巡，观赏沧浪亭时，书《戏题沧浪亭》诗：

假山真水傍城闉，结构诚云清绝尘。
一带隔溪列公廨，不知谁是濯缨人。

乾隆四十五年（1780），乾隆皇帝第五次南巡时，再书《题沧浪亭》诗：

苏城盘门侧，向有沧浪亭。
翠逻虽假山，而其水诚清。

《南巡盛典》中的沧浪亭

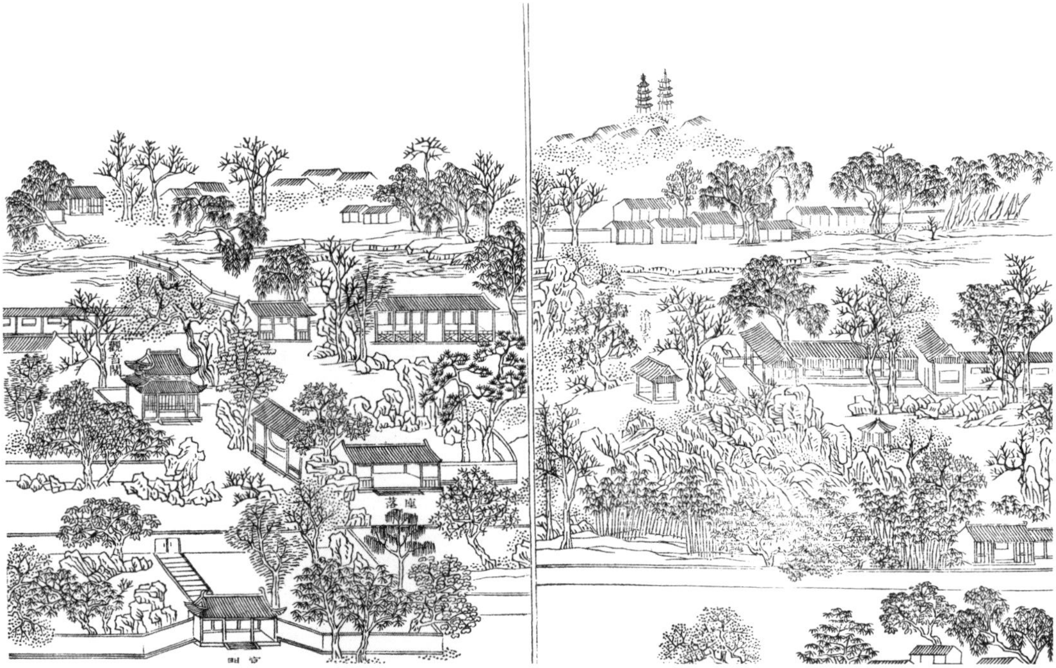

结构朴而雅，颇具溪壑情。
云备来往官，于此为送迎。
我昔曾一涉，托意吟濯缨。
即今兴复别，六计兼胥程。
治官应此亟，惟廉清乃成。
寄语游斯者，勉实善副名。

乾隆四十九年（1784），乾隆皇帝第六次南巡时，再书《游沧浪亭》诗：

沧浪亭是延宾所，点缀湖山其水清。
大法小廉应视此，憩于此者合循名。

二十二　南京

南京历史悠久，有2500余年的建城史和500余年都城史，是中国四大古都之一。南京襟江带河，依山傍水，钟山龙蟠，石头虎踞，山川秀美，古迹众多。南京的别称众多，包括江宁、冶城、越城、石头城、秣陵、金陵、建业、扬州、建邺、建康、秦淮、升州、蒋州、上元、白下、集庆、应天、天京、龙盘虎踞、六朝古都、十朝都会、博爱之都、开明之城、钟山风雨帝王城等。

历史上，南京是一座被认为有帝王之气的城市。春秋战国时期，南京地处“吴头楚尾”，吴国置冶城于此。公元前472年，越王勾践灭吴后，在秦淮河畔，令越相范蠡修筑越城。公元前306年，楚威王筑城于石头山，置金陵邑。公元前210年，秦始皇改金陵为秣陵。汉初，秣陵相继为楚王韩信、吴王刘濞之封地。公元前128年，汉武帝封其子刘缠为秣陵侯。

南京作为六朝古都的历史，广为人知。汉献帝建安十六年（211），孙权自京口迁秣陵，改名建业。黄武七年（228），孙权称吴大帝，自武昌还都建业。吴末帝天纪四年（280），西晋灭吴，改建业为建邺。后来，因避晋愍帝司马邺之讳，改名建康。建武元年（317），司马睿即位，为晋元帝，东晋建立，定都建康。宋武帝永初元年（420），刘裕代晋称帝，建立宋国，定都建康。宋顺帝升明三年（479），萧道成代宋称帝，建立齐国，定都建康。齐和帝中兴二年（502），萧衍代齐称帝，建立梁国，定都建康。梁敬帝太平二年（557），陈霸先代梁称帝，建立陈国，定都建康。吴、东晋、宋、齐、梁、陈合称六朝，均以南京为都城，故称南京为“六朝古都”。

明代时，江宁称为开明之城。元至正十六年（1356），朱元璋攻克集庆，改集庆路为应天府。洪武元年（1368），朱元璋在应天称帝。“山河奄有中华地，日月重开大宋天”，朱元璋以继承大宋江山为己任，故定国号为明。朱元璋为明太祖，以应天府为南京，定为首都；以开封为北京，以为留都。洪武十一年（1378），罢北京，改南京为京师。永乐元年（1403），明成祖升北平为北京，以为留都。永乐十八年（1420）底，明成祖迁都北京，以南京为留都。清代时，江宁府属于江南省，包括上元县、江宁县、溧水县、句容县、溧阳县、江浦县、六合县、高淳县等。

乾隆十六年（1751），乾隆皇帝第一次南巡，从嘉兴回銮苏州，自金山行宫前往江宁，写《江宁驻跸恭依皇祖诗韵》诗：

下民疾苦廑清诹，晏处遑安慎一游。
祖德巍巍期仰法，俊材济济切旁求。
六朝文物资凭揽，数日慈宁奉豫留。
问俗平康宜正直，无须式克用刚柔。

乾隆二十二年（1757），乾隆皇帝第二次南巡，从杭州回銮，乾隆皇帝写《杭州启跸回銮之作》：

展义原廑民瘼诹，闾阎未觉异前游。
时和岁美休过颂，小补粗安讵解忧。
间亦湖山频惬赏，翻惟丝管略嫌稠。
蚕忙候矣休因误，肯为宜诗镇滞留。

皇帝南巡到浙江嘉兴以后，开始回銮。乾隆皇帝写《自嘉兴一日至灵岩驻跸》二首：

檇李至灵岩，一百卅余里。
舟行纵顺风，比至亦晚矣。
长堤可跋马，笃速便且驶。
易马行逾刻，风帆落后已。
北南殊所习，其别乃若此。
谁挂翰林帆，昼寝方隐几。
前行马及之，舣岸行且止。
谓彼落后劳，彼喜逸无比。
饱食倦且眠，夜到亦可耳。
易舟宝带桥，取道石湖寺。
跋马上方山，复行廿里地。
申刻至灵岩，罨画峰愈翠。
坐我临湖榭，太湖在襟袂。
非历半日劳，那惬无穷意。
来往已半月，弹指讶何易。

来到江边，登上最高峰，乾隆皇帝心旷神怡，不禁放歌长吟，成《登最高峰望江放歌》：

坐井者不可与观天，
窥隙者不可与决斗。
鹏图南技穷于居笼，
骥空北术乏于见囿。
得逸于劳，见远于高。
苟不造极，安识括苞？
吴头楚尾，云岛风潮。
上下亿计劫，东西万计里。
魏吴相割据，金宋互兴圮。
一枕觉槐阴，渺乎其小矣。
谡谡天风拂，须荡胸涛声。
入耳砰磕铿，隆收帆息檝。
群避蛟龙，孰知坐峰顶者，
豪吟虚阁之中。
霁光下照，弥平野菜黄，麦绿真宜农。

乾隆皇帝来到太虚亭，极目远眺，晴光千里，皇帝心旷神怡，大声吟咏《太虚亭》：

太虚亭上纵遥目，一片晴光千里俱。
快意不关林壑美，却因农庆忆杭苏。

乾隆皇帝来到江宁，车驾一行浩浩荡荡地进入虎踞龙盘之地。刚刚驻跸江宁行宫，就手书《驻跸江宁作》：

龙盘虎踞古神区，展义观民六缮纡。
讵彼迤南山水境，日兹鉴夏帝王都。
春前耕植群犹力，灾后尘阛气幸苏。
解泽有何遍黎庶，怜他爱戴不谋俱。

乾隆四十九年（1784），乾隆皇帝第六次南巡从杭州回銮，写《杭州启跸回銮之作》：

七日西湖畅豫情，平明启跸度杭城。
大凡胜处祛留恋，乃可道心契一精。
冬麦抽苗含宿雨，春桑发叶烘新晴。
亟应归矣俾民暇，莫误斯邦蚕与耕。

江宁名胜

雨花台

传说在商代后期，泰伯在雨花台传授礼仪、教授农业，如果从此算起，雨花台有3000余年的历史。公元前472年，越王勾践筑越城之后，雨花台一带便成为江南地区的登高览胜之处。三国时，因岗上遍布五彩斑斓之石，又称石子岗、玛瑙岗、聚宝山。南朝梁武帝时期，佛教兴盛，有位高僧云光法师云游至此，设坛讲经，法师感动上苍，落花如雨。唐朝时，根据这一传说，人们将石子岗改名为雨花台。明清时期，“雨花说法”、“木末风高”分别列为“金陵十八景”和“金陵四十八景”之一。

雨花台名胜古迹众多，从帝王将相到文人墨客，纷纷到此吟咏诗赋，包括李白、王安石、陆游、朱元璋、康熙、乾隆等人。

高座寺内，有二眼清泉，名永宁泉，泉水甘甜，水质清冽。南宋诗人陆游游览到此，品其泉水，称为“江南第二泉”。

乾隆御碑，是乾隆皇帝游览雨花台时所题御制诗之碑刻。乾隆皇帝六下江南，驻跸南京时，三次登临雨花台，登高游览，御笔题诗。碑高 2.55 米，宽 0.8 米，厚 0.21 米。碑额上刻有二龙戏珠图案。碑身正面，是乾隆十六年（1751）乾隆皇帝第一次南巡游览雨花台时所题之诗：

崇岗跋马晚春情，凭览遗台触概情。
便果云光致花雨，可能末路救台城。

碑之背面，为乾隆三十年（1765）第四次南巡时，乾隆皇帝游览雨花台所题之诗：

闻道文枢问病由，雨花摩诘座无留。
法师便果诚能致，已落人间第二筹。

清凉山

清凉山，位于南京城西，古名石头山、石首山。唐代以前，长江直逼清凉山西南山麓，江水终年冲击，惊涛拍崖，形成悬崖峭壁，成为阻挡北敌南渡的天然屏障。吴大帝孙权时，特地在此建立石头城，作为江防要塞。清凉山是钟山西延之尾端，有山埠七座，最高海拔 65 米，最低海拔 19 米。南唐以前，长江从清凉山西麓断层之下流过，地势极为险要，历来为兵家必争之地。

清凉寺，在清凉山南麓山坳之处，始建于后梁贞明七年（921）。据说，夏天时，南唐李后主经常来此打坐念佛，故称“避暑宫”。明清之时“清凉问佛”被列为“金陵四十景”之一。寺庙红墙黑瓦，四周遍植桂花，漫山翠竹。寺门为牌坊式三拱门，中门之上，为“清凉山”三字大匾，据称这是扫叶楼主龚贤所书。山门上，题有“古清凉寺”四字匾额。房前，围墙圆门之上，书“清凉别苑”。房后，有一座六角亭，亭中有一口南唐古井，称“保大泉”。相传，寺僧因常年饮用此井之水，年老而须发不白，故称“还阳井”。

清凉山后坡，为诸葛武侯驻马坡。相传，诸葛亮为联吴抗曹，曾亲赴京口，与孙权相会。诸葛亮途经秣陵时，曾作短暂停留，特地骑马来到这里，观察秣陵山川形势，留下千古名言：“钟阜龙蟠，石城虎踞，真帝王之宅也。”清凉山西部，有一段石壁，长 6 米，宽 3 米，壁上坑坑洼洼，凹凸不平。因为其石质以砾岩为主，颜色呈赤色，中间夹杂着紫色、黑色岩石，看上去如狰狞“鬼脸”，因此，人称鬼脸城。

崇正书院，位于清凉山东麓，是明嘉靖年间督学御史耿定向讲学之所。相传，地藏王肉身曾在此坐禅。书院依山势而建，

清人绘清凉山图

分为三进。一殿、二殿，两边回廊连接。廊壁上，开各式花窗。东侧廊壁嵌有两块石碑。二殿、三殿之间，为开阔的青石平台。三殿，为东麓制高点。登殿远眺，四野一片苍翠，方圆百里，尽收眼底。“清凉胜境”筑于最高处，正殿为重檐翘角建筑，高约6米，宽16米。大殿前有水池。西侧，有二层“江天一线阁”。东侧，有假山、水池、六角亭。

扫叶楼，在西侧山坡上，是一座三开间木结构建筑，二层翘角式结构，为龚贤先生旧居。龚贤（1619–1689），字半千，是清初著名画家、诗人。明亡之后，他隐居清凉山。他曾作自画像，手执扫帚，作扫落叶之状，因称扫叶楼。

台城

台城，位于玄武湖南岸，鸡鸣寺后。东与明朝京城城墙相连，西为一断壁，全长约254米。台城本为东晋、南朝时之建康宫城，旧城荡然无存。明初时，重新修建一段废弃城墙。唐代诗人韦庄有《台城》诗，中有佳句：“无情最是台城柳，依旧烟笼十里堤。”后来，人们依据韦庄之诗，将玄武湖之柳和台城联系，称鸡鸣寺后之一段明城墙为台城。登临台城，东眺钟山，龙蟠绝胜；北望玄武，十里翠柳；南瞰古城，店铺林立；西览鸡鸣，黄墙青瓦。

北极阁

北极阁，位于玄武湖南，西连鼓楼广场。此阁原名鸡笼山，山高62米，周边约十里。清康熙年间，在山上修建北极阁，于是，以北极阁之名代替了鸡笼山。大约从六朝开始，这一带就是学术研究中心。刘宋之时，山上建有儒学、玄学、文学、史学四馆，以及观测天象之司天台，俨然成为东南文化中心。明初时，在山之东南设立全国最高学府国子监；在元代观象台旧址上修建钦天台。清代时，山之东面设有江宁府学、文昌书院。

清人绘北极阁图

鸡鸣寺

鸡鸣寺，位于鸡笼山东麓山阜之上。鸡笼山，东连九华山，西接鼓楼岗，北临玄武湖，山势浑圆，状如鸡笼，故名。鸡笼山临湖，有山有水，山清水秀，风景秀丽。当年，达摩东渡，曾特地到此传经说法。三国时，这里是东吴的后苑。西晋永康元年（300），晋惠帝在此依山造室，创立道场。东晋以后，辟此地为廷尉署。南朝时，梁武帝痴迷佛教，于大同三年（538），在鸡鸣兴建同泰寺，成为闻名遐迩的皇家寺院。南朝四百八十寺，首推同泰寺。然而，一场雷击，同泰寺大火，寺院化为灰烬，只残留柏堂殿、瑞仪殿。南唐时，这里称为圆寂寺。

清人绘鸡鸣寺图

洪武二十年（1387），朱元璋拨款重修，改名鸡鸣寺。康熙年间，两次大修，改建山门。康熙皇帝南巡，亲临寺院，御笔亲题四字大匾：古鸡鸣寺。乾隆十六年（1751），乾隆皇帝第一次南巡游鸡鸣寺，写下了《登鸡鸣山即事》诗：

锺阜西去堆翠崖，丹梯宛听天鸡喈。
元武湖光上眉睫，金陵春色怡胸怀。
江山不厌城郭占，闾阎半与桑麻皆。
旷观台畔瞻天藻，烈并崇峰讵可阶。

大报恩寺、报恩塔

乾隆十六年，乾隆皇帝第一次南巡。车驾回銮，游览江宁报恩寺，皇帝入殿拈香叩拜，为母亲祈福。上香后，手书《报恩寺六韵》诗：

路问长干里，声传古寺钟。
城头瞻塔凤，溪口渡桥龙。
宛识清凉近，真看瑞霭浓。
金轮三国始，雁堵九霄重。
祝嘏香花列，摅诚绅佩从。
慈宁无量寿，长愿过乔松。

金陵报恩塔，追溯起来，大约始建于

东晋时期，高僧康僧会推广佛法，请来了如来舍利，在金陵之地建造了阿育王塔，后被毁。梁武帝重视佛教，在原址上重建，修建了两座地宫和两座砖塔，用于存放舍利，赐名长干寺。宋真宗时，为弘扬佛法，特降旨重建砖塔和地宫，改名天禧寺，塔称圣感塔。明朝时，明太祖朱元璋游览天禧寺，喜爱此地，下令大规模扩建。明成祖时，感念父亲的丰功伟绩，在原址之上复建大报恩寺和琉璃塔。乾隆时期，报恩塔巍峨耸立，乾隆皇帝登塔有感，写《登报恩塔作歌》：

登塔有会心成句，从塔下，借问登时？

清人绘报恩寺雨花台图

何不书攀跻，应接真无暇。
我怀杜老登慈恩，仰穿始出步步真。
当时笔砚谁供奉，英雄未免还欺人。
七星北户江西流，天风入耳声飕飕。
金陵自昔帝王州，至今遗迹归浮休。
怪底禅宫标窣堵，应令心空万古愁。

明孝陵

大清灭亡大明，继承了大明江山。从康熙到乾隆皇帝，对明代官场腐败和太监干政，多有批评。不过，对于明太祖，康熙、乾隆二帝非常敬重，南巡之时，都要特地拜谒明太祖陵。乾隆皇帝第二次南巡，特地拜谒明太祖陵，写下了《谒明太祖陵》诗：

金陵莅止为巡方，展谒龙蟠奠桂浆。
保护遗规崇胜国，绍承家法礼前王。
开基洵是过唐宋，继叶无能鉴夏商。
形胜不须矜壮丽，惟天佑德慎周防。

南京自古以来便是虎踞龙盘之地。康熙皇帝当年南巡之时，在此阅兵。乾隆皇帝南巡，也效法乃祖阅兵于此。乾隆二十二年（1757），乾隆皇帝第二次南巡，阅兵之后，手书《阅兵》诗，抒发感慨：

曦蜡晴午丽光春，暎日晶晶组练陈。
天堑长江称地利，省方要务重安民。
放牛归马承平久，踞虎蟠龙指顾新。
我适孝陵禋谒罢，当时创业想艰辛。

玄武湖

玄武湖，又称后湖、练湖，位于金陵东北城墙外。玄武湖历史悠久，有1500余年的历史。其名称经常更改，湖面忽大忽小，命运多舛。玄武湖湖深三米，湖岸呈菱形，湖周二十里。湖中有五岛，形成五块绿洲，将湖面分成四大片，各岛之间有桥、堤相连。五块绿洲即是五片风景群。由玄武门而出，连接市区。

其一，为环洲。碧波环绕，碧水如茵，细浪拍岸。微风袭来，杨柳依依，柳絮堆烟，人称环洲烟柳。洲上有假山瀑布，尤其是宋代花石纲太湖石堆砌的“童子拜观音”一景，栩栩如生，非常壮观。其二，为樱洲。烟柳环抱，四面环水，为洲中之洲。洲上樱花遍地，春华时节，樱花盛开，花团锦簇，人称樱洲花海。其三，为菱洲。东邻钟山，云蒸霞蔚，山岚如画，人称“菱洲山岚”。其四，为梁洲。其五，为翠洲。苍松翠柏，绿柳修竹，人称“翠洲云树”。乾隆皇帝游历玄武湖，写《元武湖即景杂咏》诗三首：

太平门外进兰舟，元武湖中撰胜游。
款乃渔歌出芦渚，冶怡花影漾沙洲。

镜涵春水一篙深，白芷青蒲刺碧浔。
却怪横峰碍兰棹，鸡笼晴翠落波心。

璇池昔亦号昆明，遗迹萧齐入品评。
留得六朝风月在，鸥波依旧照人清。

燕子矶

位于金陵主城区北郊、观音门外直渎山上，是长江岩山东北之一支，石峰

清人绘玄武湖图

突兀，海拔36米。因为岩石耸立江上，三面凌空，形状如同燕子展翅欲飞，故名。岩山巍峨挺立，有著名的十二洞，是长江之水常年冲击形成的，构成悬崖峭壁的绝色景观，其中以三台洞最为弯曲幽深。直渎山海拔40米，南临江岸，三面江水环绕，地势十分险要。矶下江水汹涌澎湃，惊涛拍岸，自古以来，燕子矶是十分重要的渡口，是长江三大矶之一，人称“万里长江第一矶”。

清初时，列有金陵四十八景，“燕矶夕照”是其一。康熙皇帝南巡，曾游览燕子矶。乾隆皇帝六下江南，三次登临燕子矶。乾隆十六年（1751），乾隆皇帝第一次南巡时，特地登临燕子矶，御笔楷书题写三个大字：燕子矶。并刻碑，人称燕子矶碑。碑后，是乾隆皇帝御制诗。皇帝巡游燕子矶时，极目远眺，江水滔滔，观景有感。于是，写下了《燕子矶》诗七绝一首述怀：

当年闻说绕江澜，撼地洪涛足下看。
却喜涨沙成绿野，烟村耕凿久相安。

乾隆二十二年（1757），乾隆皇帝第二次南巡，登临长江边上的燕子矶，乾隆皇帝在悬崖峭壁之上，伸手向天，感觉一种从来没有过的兴奋，这就是探奇的魅力。皇帝放眼四顾，碧宇空落，万里澄澈。峭壁之下，惊涛骇浪，江涛堆雪。皇帝挺立江头，感觉帝王之雄风扑面而来，心潮澎湃，大声吟诵《登燕子矶观江》：

峭壁捍长江，探奇胜绝双。
目穷空宇合，耳骇雪涛淙。
鳦鸟瑞殷祖，泥驹造宋邦。
从来称守德，天堑讵斯泷。

随后，皇帝游览观音山永济寺，皇帝对这座滨江寺院印象深刻。特别是这里的默默和尚，数十年如一日，一向居住在寺中。他修行打坐，与世无争，百岁高龄，依旧精神矍铄。记得乾隆十六年时南巡到此，默默和尚年过百岁了，前来迎驾。仅仅过了五年，再次重游故地时，默默和尚已经圆寂。乾隆皇帝写下了《游观音山永济寺》，以示纪念：

滨江得初地，插汉俯诸天。
铁锁连飞阁，金绳阐福田。
涛声风里立，花色雨中燃。
默默今何在，彼宁非大年。

二十三　江宁行宫

江宁行宫位于江宁城中，以前是江宁织造衙署。乾隆十六年（1751），乾隆皇帝第一次南巡之前，地方大员将织造衙署进行改造，建造行宫。乾隆时期，史书记载：“会城之中，向为织造衙署。乾隆十六年，皇上恭奉慈宁巡行南服，大吏改建行殿数重，恭备临幸。窗槛栋宇，丹绘不施。树石一区，以供临憩。西偏即旧池重睿，周以长廊，通以略彴。俯槛临流，有合于鱼跃鸢飞之境。”

江宁行宫规模较大，整座行宫坐北朝南，自南而北，分为五路：

中路：朝房、大宫门、二宫门、前殿、中殿、宫门、寝宫、照房；

西一路：朝房、便殿、宫门、寝宫、照房；

西二路：茶膳房、戏台、便殿、八角亭；

西三路：箭亭、花园、山楼；

东一路：执事房。

乾隆四十九年（1784），乾隆皇帝第六次南巡，回銮之时，驻跸江宁行宫。面对多次驻跸的行宫，74岁的乾隆皇帝颇多

清人绘江宁行宫图

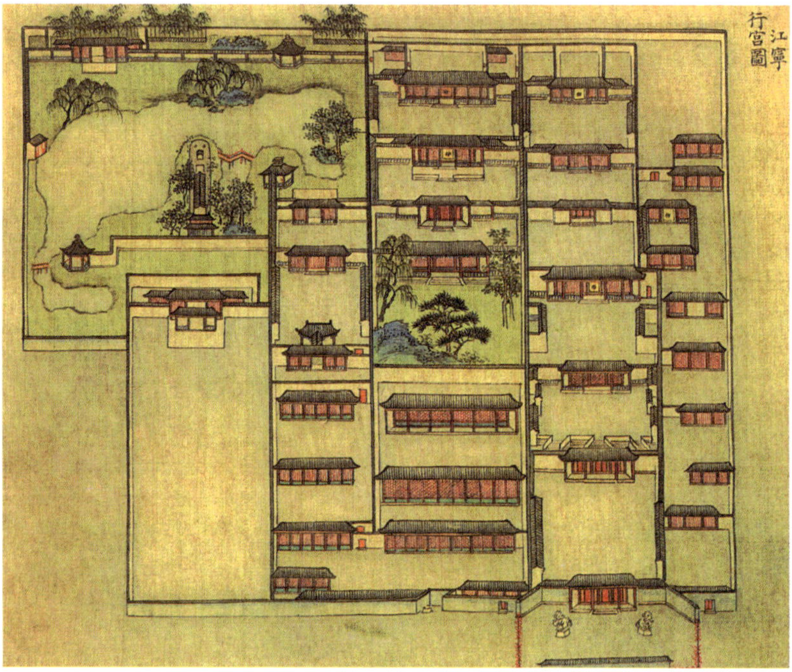

感慨，坐在御案前，行书写《江宁行宫八咏》，并亲自御笔注解：

勤政堂

前殿三楹，为咨政觐接之所。御苑山庄之以勤政题额者甚多。兹时巡莅止，亦以是颜之，于展义尤协。

祖训由来勤政先，在宫时迈总应然。

深居肯只构清咏，引见除官取众便。

鉴古斋

在勤政堂后，庭中海棠四本，扶疏古致，憩息之余，睪然远念，不胜殷鉴之思焉。

事当鉴古亦其常，即境题斋敢不蘉。

岂必六朝举往迹，近看明代此兴亡。

镜中亭

斯亭峙水中央，南北接以曲折，略约澄光漾影，宛在镜中行也。

渌水中亭号镜中，旃摩弗藉照恒空。

妍媸自取都无我，此是人间最大公。

彩虹桥

镜中亭南北迤逦，双桥卧波饮练，不啻太白诗中画意。

曲折双桥接水亭，朱栏倒映绿波渟。

试思何以彩虹号，闪影波翻无定形。

塔影楼

池北有楼，登眺近远诸景在目。宋熙宁赐名普照，寺中铁塔岿然，影落窗牖间，因以名之。

拾级登楼纳远景，巍然塔影入楼窗。

曰空曰色如何判，此际惟应万虑降。

听瀑轩

庭下瀑水潺潺，跳珠溅雪，听之俨有天台之胜，正不妨即寓全提尔。

平池亦复有高低，溅石为声韵各携。

此是八音繁会处，不齐中自有其齐。

绿净榭

园东偏，虚榭三间。周匝琅玕，万个绿阴。入座，几榻生凉，渭川千亩，斯得其概。

密围敞榭令人远，暂坐翻因意与迟。

最爱琅玕初过雨，云栖重拂露珠垂。

判春堂

室前芍药欲开，古梅早谢，乘春时迈之意，固在彼不在此也。

庭梅结子药栏开，判断春风着意催。

八景往年都顿置，七言促就跸将回。

涌金門

第七部分

人文辐辏观浙江

一 嘉兴

嘉兴，位于浙江省东北部，处于长江三角洲杭嘉湖平原腹心地带，是长江三角洲地区最为重要的城市之一。其东临大海，南倚钱塘江，北靠太湖，西接天目之水，大运河纵贯境内。整座城市处于江、海、湖、河交会之所，是扼守太湖南走之咽喉。更为特别的是，它与沪、杭、苏、湖等重要城市，相距均不到一百公里，处于人间天堂的苏杭之间。

嘉兴历史悠久，文明灿烂。这里是新石器时代马家浜文化的发祥地，距今已有7000年的历史。7000年前，就有先民在这里从事农牧渔猎活动了。春秋时期，这里称为长水，又称槜李。吴越两国，多次在此风云角逐。战国时，归入楚境。秦代时，置由拳县、海盐县，属会稽郡。两汉时，煮海为盐，屯田为粮。三国时，吴国雄踞江东，将由拳县南境、海盐县西境划出，设置盐官县。吴黄龙三年（231），“由拳野稻自生”，吴大帝孙权视为祥瑞，下旨改由拳为禾兴。赤乌五年（242），再改称为嘉兴。魏晋南北朝时，嘉兴农业得到大力开发，成为东南地区之粮仓，“一岁或稔，则数郡忘饥”。隋朝时，开凿江南河，也就是从杭州经过嘉兴，再从嘉兴到镇江的大运河。大运河的开通，从此给嘉兴之地带来了灌溉之利和舟楫之便。唐玄宗天宝十年（751），析嘉兴县东境，以及海盐、昆山等县部分地区，设置华亭县。唐代时，嘉兴屯田27处，“浙西三屯，嘉禾为大”。此时，嘉兴地区已成为中国东南之地最重要的产粮区之一，人称：“嘉禾一穰，江淮为之康；嘉禾一歉，江淮为之俭”。

五代十国时期，吴越国在嘉兴设开元府，府治就在嘉兴，下辖嘉兴、海盐、华亭3县。可以说，这是嘉兴第一次设立的州府级机构。后晋高祖天福五年（940），因吴越王奏请，特在嘉兴设置秀州，下辖嘉兴、海盐、华亭、崇德 4 县。北宋时，改秀州为嘉禾郡。南宋宁宗庆元元年（1195），升郡为府，又改称嘉兴军。元世祖至元十三年（1276），改嘉兴军为嘉兴府安抚司，旋升为嘉兴路总管府。宋元时期，嘉兴经济发达，史家称为“百工技艺与苏杭等”，“生齿蕃而货财阜，为浙西最”。乍浦、澉浦、青龙等港口，外贸频繁，海运兴隆，嘉兴成为重要的航运城市。

明宣德四年（1429），改革行政区划：析嘉兴县西北境为秀水县，析东北境为嘉善县；析海盐县置平湖县，析崇德县置桐乡县。于是，嘉兴府下辖 7 县，称一府七县。从此以后，五百年间，嘉兴府县机构格局，基本保持不变。明代时，嘉兴农业、手工业发达，商品经济繁荣。明弘治年间编纂的《嘉兴府志》对其有“江东一都会”的说法。

清初，清军铁骑攻破城池，进行残酷大屠杀，嘉兴损失惨重。经过百余年的休养生息，清政府进行赋税改革和经济整顿，特别是康熙、乾隆时期，不断加大对杭州湾地区的经济投入，在沿岸修筑堤坝海塘，振兴经济，嘉兴恢复繁荣。乾隆皇帝六次南巡，嘉兴是其重点巡视地区，乾隆皇帝的光临，给嘉兴带来了困扰，也给嘉兴带来了实惠。

嘉兴名胜

长虹桥

长虹桥，位于嘉兴王江泾镇东，横跨京杭大运河东西两岸，是浙北平原在软基之上修建的最大石拱桥。桥始建于明万历年间，清康熙五年（1666）重修，嘉庆十七年（1812）又重修。大桥宏伟壮丽，形如长虹卧波，故称长虹桥。

连泗荡

连泗荡，占地约 136 亩，位于嘉兴王

江泾古镇东侧四里。这里风景独特，环境得天独厚，湖荡风景宜人。京杭大运河浩荡的河水经过铁店港，流入连泗荡。自古以来，这里就是水运交通要冲。历史上，连泗荡曾以网船会而闻名江浙。每年清明节，以及农历八月十四，这里举办刘王庙会，届时，数以百计的江浙渔船，连绵数十里，密集如网，热闹非凡。元末明初时，这里建有刘王庙，香火不断，至今已有六百余年历史。连泗荡，远近闻名，有刘公塔、望湖楼、九曲长廊、湖心亭等名胜。

一宿庵

一宿庵，位于长虹桥西埝，原名一粟庵。相传唐朝时，有一位高僧云游此处住过一夜，故称。又有传说在此住过一夜的是南巡到此的乾隆皇帝，因改名为一宿庵。一宿庵大殿中，有千手观音塑像，高 6 米，共有 1068 只手。该像金碧辉煌，气势雄壮，面目安详。

一里街

一里街，是嘉兴王江泾古时的商贸集市街。街道宽仅 1 米，全长 500 米，狭长如带，遗存着许多古老建筑。明清时期，这里极其繁华。当时，一里街丝绸店铺林立，名扬四海，人称丝行街。太平天国时，这里被大火焚毁，镇上大部分建筑被夷为平地，仅一里街部分建筑尚存。

乾隆十六年（1751）春，乾隆皇帝第一次南巡，来到嘉兴。放眼望去，一望无际的漠漠原野，一片金黄灿烂，油花飘香。嘉兴真是很美，水网密布，河渠纵横。夹河两岸，桑林郁郁葱葱，绵延数十里。坐御舟之上，皇帝观赏着嘉兴迷人景色，不禁口占一首《舟过嘉兴》诗：

徐牵锦缆过嘉禾，隐隐时闻欸乃歌。
慢陟高楼传八咏，独欣旧馆号三过。
油花香入青葱町，毛芷新浮澹沲波。
夹岸桑林数十里，果然蚕事此邦多。

吴越之地，山清水秀，山水溪流格外澄澈，树木花草格外透亮。置身在这种地方，养目养心，悠闲岁月，神游天地，心以致远，没有尘世的喧嚣，何必羡慕神仙！乾隆皇帝乘坐的御舟行进在嘉兴河道上，眼前风景如画，心中不断地浮现出美妙的诗句：古寺金明，山水清华。楼台高下，入波烟霞。皇帝十分高兴，想起嘉兴的人文历史、名胜古迹，以及著名人物，不禁文思泉涌，漫书《嘉兴道中杂咏》长诗：

从来佳景称吴越，是处佳因吴越间。
水以澄渟谋目静，山惟平远致心闲。
射襄桥下水长流，勾践夫差两并休。
只有王泾一弯月，入波影尚学吴钩。
属镂赐罢孤忠死，覆楚将无报逆施。
何必胥山留宰木，潮神自合付鸱夷。
在齐遁迹号陶朱，吴越惟闻泛五湖。
古寺金明称故里，标题鸡汁又谁乎。

士希贤圣圣希天，日进何曾可止焉。
两字斋明诲高弟，文公不离道为诠。
山水清华是此方，楼台高下赏烟光。
西山作记无多许，说项还称孝友堂。
嘉禾百咏景原多，岂尽吴兴手擘窠。
会景于中偏厚幸，标名已觉冠其它。
舟行常是雨兼风，徐贲诗情想象中。
却为推篷聊散闷，米家画意悦空蒙。

檇李桥边忆旧贤，子京高致渺溪烟。
收藏流落人间世，剩有雕章内府传。
青纻旗亭绿渚边，红云画棹荡兰船。
鸳鸯湖递西湖信，顿使轩轩意欲仙。
横塘十里尽桑麻，漂絮缫丝共作家。
舞榭绮罗都出此，吴侬慢笑不栽花。
迎銮男妇两堤旁，鞠跽欢呼翳稺桑。
嫩绿遥看未抽叶，所忻不致悮蚕忙。

乾隆二十二年（1757），乾隆皇帝第二次南巡。舟过嘉兴，皇帝感叹这里金阊秀水，即兴赋诗，再书《过嘉兴府城》诗：

接境金阊即秀水，此丰彼歉理真无。
旋知大吏为屯泽，肯使斯民叹向隅。
沟壑流离期普济，闾阎气象幸微苏。
城乡辏僻从来异，不获吾犹厪一夫。

乾隆二十七年（1762），乾隆皇帝第三次南巡。春光明媚，河水清澈。河湖两岸万民迎驾。进入浙江之境，皇帝不禁赋《入浙江境》诗：

一水原无异，两疆顿尔分。
行春三月近，迎驾万民纷。
瞻就宁须禁，颂扬非所欣。
不谋共尊戴，保赤益心勤。

这是第三次过嘉兴府城，距离第一次来这里，已经过了十一年。52岁的乾隆皇帝轻舟赏景之后，弃舟策马，慢慢欣赏吴帝故城。作《过嘉兴府城》：

御舟别路溯漕河，登陆春城按辔过。
吴帝经营非旧郭，周书假藉得嘉禾。

户闻弦诵渐摩善，野富蚕桑衣被多。
博施愧予焉济众，民情到处总逢和。

嘉兴是蚕桑之地，赵孟頫曾绘《耕织图》诗屏。钱陈群是浙江嘉兴人，康熙、乾隆二帝都喜欢他，上谕称赞他为“安分读书人”。这次南巡，钱陈群和沈德潜一起恭迎于常州，一起南下，来到嘉兴。皇帝称赞钱、沈二人为大老。钱陈群进《田园杂兴》十首，描述嘉兴的田园生活，皇帝非常喜欢，即兴赋诗，书《过嘉兴再和钱陈群田园杂兴十首》：

接踵迎銮多颂声，观民惟愧政无成。
境临秀水聊心喜，为晤林居有老生。
祝厘昨岁驿程催，九老图形霁月开。
便令还乡颐暮齿，宣传不许远迎来。
棱棱孤鹤瘦如柴，圆峤方壶任往来。
鹤其性人寿其似，会看劫火有寒灰。
游山屐总不辞劳，遇胜吟诗白鬓搔。
花濑蒙蒙春澹澹，微醺何碍晕如桃。
春田未致手亲畦，俸养何妨刺齿肥。
常把一篇弘景传，殊途要欲有同归。
三月违如三岁迟，诗裁前席辨精微。
虽然赐杖何须杖，见说香山步似飞。
薄试春寒冬更寒，吾民宁乏有衣单。
定当剀切陈民隐，莫饰其辞靳意宽。
结屋江乡不费钱，双槐门巷荫多年。
朴淳生计耕还织，淡荡心情水与天。
楼台烟雨望中低，早见书屏健笔飞。
新署头衔荣晚节，定知家庆子孙围。
乡味休耽韭与菘，行时韶令正芳醲。
为吾数日随清跸，可负湖山佳景供。

二　烟雨楼

据史料记载，乾隆皇帝南巡到嘉兴，圣驾一行入住嘉兴北门外杉青闸对面之御花园行宫。从驻地到烟雨楼，取道陆路，进北城门，走青石铺就的大街。出东城门，在熙春桥、放生桥一带，登上龙舟，渡过雾湖，登上烟雨楼。乾隆皇帝喜爱烟雨楼，一再驾临。楼中布置十分雅致，楼中陈设极为精美。楼厅之上，有钱陈群所书赵孟頫之《耕织图》诗屏。

关于烟雨楼建筑沿革，有龚勉《重修烟雨楼记》。康熙年间，吴永芳编《嘉兴府志》内有《烟雨楼图》。雍正时，总督李卫作《重修烟雨楼记》。据史料记载，烟雨楼创自明嘉靖年间，自创建以来，一直坐南朝北，面对着城垣。乾隆第一次南巡，来到嘉兴，地方官得知乾隆皇帝要来南湖游览烟雨楼。于是，他们将面北的烟雨楼改成了南向。乾隆三十六年（1771），《南巡盛典》问世，其中，有《烟雨楼图》，图中，烟雨楼南向，朝着钓鳌矶。书中记载：

烟雨楼，在嘉兴府城外南湖中。湖有洲，建楼，曰烟雨楼。澄湖如镜，万瓦鳞次。雉堞周遭，晨烟暮雨。杳霭空蒙，渔唱菱歌。与欸乃声相间，洵晴雨皆宜之境。

据吴永芳所编《嘉兴府志》之《烟雨楼图》，旧时，烟雨楼朝北，其河埠位于北畔堤上。由于乾隆皇帝南巡，烟雨楼改换方向，由面北改向面南。于是，原有石埠失去了作用，随之就在东岸河堤上，重新建造了一座大石埠，与盐仓桥遥相对应。从这里看，烟波浩渺的湖面更加阔广了，使得整个烟雨楼，更加神秘，更加烟雨迷蒙。

凝碧亭的改建据吴永芳《嘉兴府志》之《烟雨楼图》记载，在烟雨楼前，湖畔之上，有两座亭子，分居左右，它们分别是浮玉亭和凝碧亭。雍正年间，李卫总督修整南湖，将两亭修缮一新。乾隆时期，改建大石埠后，建造围墙，将烟雨楼和湖堤隔绝。于是，

清人绘烟雨楼图

这两座亭子失去了原有的作用。乾隆年间《南巡盛典》编纂成书，书中的《烟雨楼图》已经没有了这两座亭子。

烟雨楼改成南向后，紧靠烟雨楼后的栖凤轩从楼后变成楼前，成为烟雨楼前的一道风景。栖凤轩造型别致，使烟雨楼看上去更加雅致。从此以后，嘉兴民间造楼，在楼前必仿烟雨楼之样式，加上一个轩，人称“反轩”。这种独特的样式，一直成为嘉兴地区独有的建筑风格。乾隆四十五年（1780），知府张登书重修烟雨楼。楼前，有沙金仁撰、梁同书所写《重修烟雨楼记》石碑。

乾隆皇帝六次南巡，每次都驾临嘉兴，每次必游烟雨楼，前后赋诗 10 首。乾隆皇帝对风景优美的南湖印象深刻，特别是明爽秀丽的烟雨楼，乾隆皇帝流连忘返，赞叹不已，几乎每次都写诗述怀。

乾隆十六年（1751），乾隆自吴江来到嘉兴，驻跸在秀水县北教场大营，也就是北门外杉青闸对面的御花园。第二天，乾隆皇帝轻装简行，慕名游览向往久矣的烟雨楼。果然名不虚传，烟雨楼前，春云飘逸，烟雨迷蒙，湖水清澈，映照着蓝天

《南巡盛典》中的烟雨楼

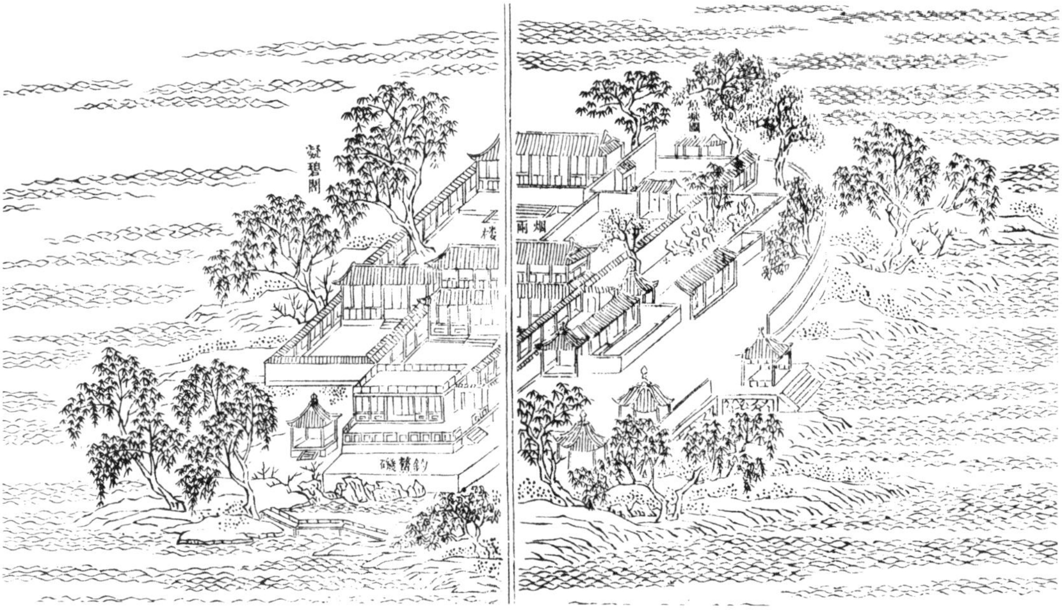

白云。湖岸绿柳扶风，红梅照眼。天上地下，山中水中，不分彼此，简直如同置身水晶宫中！乾隆皇帝欣然命笔，写下了《烟雨楼用韩子祁诗韵》诗，以记其事：

春云欲泮旋蒙蒙，百顷南湖一棹通。
回望还迷堤柳绿，到来才辨榭梅红。
不殊图画倪黄境，真是楼台烟雨中。
欲倩李牟携铁笛，月明度曲水晶宫。

吴越多雨，来到吴地，游览烟雨楼，没想到春风柔暖，泽国逢晴。这样和风春暖，绿渠水足，是极利于农耕的。乾隆皇帝龙颜大悦，信手行书《暖》诗一首：

泽国快逢晴，蒸然暖气生。
已嫌皮服重，无恙布帆轻。
候与风俱疾，春和地共迎。
绿皋新水足，所喜利初耕。

乾隆二十二年（1757），乾隆皇帝第二次南巡，事隔六年之后，故地重游，再次来到烟雨楼，写下了《题烟雨楼》诗：

杨柳矶边系画舟，六年清跸重来游。
素称雨意复烟意，漫数处州还沔州。
诗句全从画间得，云山常在镜中留。
鸳湖依旧谁相识，懒惰无心问野鸥。

乾隆皇帝喜爱烟雨楼，将烟雨楼比作心目中的蓬莱仙岛，把南湖比作杭州西湖。乾隆皇帝觉得，如此天然美景，足以大畅君怀，还需要什么人来进献《渔樵耕牧图》呢？面对一湖春色，文思泉涌，写下了《烟雨楼即景》诗：

不蓬莱岛即方壶，弱柳新荑清且都。
烟态依稀如雨态，滮湖消息递西湖。
自宜春夏秋冬景，何必渔樵耕牧图。
应放晴光补畴昔，奇遐毕献兴真殊。

乾隆二十七年（1762）正月十二日，乾隆皇帝第三次南巡。二月，皇帝来到苏州，随后前往嘉兴，游览烟雨楼及茶禅寺。三月，皇帝回銮路过嘉兴时，再次登临烟雨楼。所不同的是，皇帝这次未驻跸嘉兴。但他对烟雨楼情有独钟，前后两次登临，由浙江巡抚庄有恭陪同游览。君臣在楼上品酒赋诗，作《游烟雨楼与庄有恭联句用石鼎体》联句诗。

前两次经过嘉兴游历烟雨楼时，不是烟雨，就是阳春，皇帝兴之所至，作《再题烟雨楼》诗：

未年丑岁两经行，烟雨都逢副盛名。
却讶今番出新样，自过江后总开晴。
柳丝窣地折腰舞，梅朵烘春笑口迎。
更上高楼聊极目，水村近远望分明。

从杭州回銮过嘉兴，再登烟雨楼。刚刚细雨过后，花木含香，浅烟淡荡。如此景致，不雨也是一片迷离。皇帝赏心悦目，又写下了《复游烟雨楼》诗：

前度晴中阅春景，今朝雨后赏烟光。
轻阴犹恋波澜意，细籁都含花木香。
果然名实善相随，百尺高楼悦目时。
试看浅烟方淡荡，便教不雨也迷离。

三年后，乾隆三十年（1765），乾隆皇帝第四次南巡。烟雨楼台，黄花绿苗。乾隆皇帝55岁了，重游吴地，再登烟雨楼，写下了《游烟雨楼即景杂咏》四首。三年前南巡时，江苏巡抚庄有恭陪同，君臣用石鼎体联句赋诗，历历在目。庄巡抚治理有方，前年降旨，命他就近管理浙江海塘事务。有恭政绩卓著，乾隆皇帝特旨授予刑部尚书、协办大学士，仍令在内廷行走。这次南巡，庄有恭奉旨恭迎、陪同，君臣再次联句赋诗，作《游烟雨楼与庄有恭联句叠前韵作》诗。

半个月后，乾隆皇帝从杭州回銮，特地过嘉兴，乾隆皇帝再次登临烟雨楼，作《再游烟雨楼》诗：

南去北还半月余，滮湖楼阁只犹初。
墨辛夷纵花全谢，紫碧桃方朵艳舒。
波态含烟欲藏舫，云容酿雨正如车。
循名奚要惟晴好，念在蚕筐与麦锄。

乾隆皇帝四次南巡嘉兴，六登烟雨楼，吟诗十余首。皇帝如此诗兴，是因为有文学侍臣庄有恭、钱陈群、沈德潜、梁国治、董诰等翰林词臣陪同、唱和。第四次南巡以后十五年，乾隆四十五年（1780），乾隆皇帝第五次南巡。这一年，乾隆皇帝70岁，古稀之年的皇帝再游烟雨楼。可惜，一直恭迎、接驾、唱和赋诗的钱陈群于六年前去世了。皇帝写下了《题烟雨楼》诗，悼念词臣钱陈群：

只疑瀛泛到云来，镜里楼台熟路开。
四面波光烟雨意，无边春景咏吟材。
今斯今也昔斯昔，柳尚柳兮梅尚梅。

一读钱家书赵句，怆然弗忍更徘徊。

重游烟雨楼，皇帝想起词臣庄有恭，曾两次陪同游览于此。一愰就是20年，两次君臣联句赋诗的情景历历在目。远山含翠，景朗吟诗。这一次，有状元郎梁国治以及董诰等词臣陪同，乾隆皇帝依旧兴致勃勃，游历烟雨楼，诗兴盎然，君臣再次联句赋诗，成《游烟雨楼与梁国治董诰联句再叠前韵作》诗。

乾隆皇帝风雅浪漫，对于烟雨楼，觉得格外亲切，特别痴情。第五次南巡，70岁的乾隆皇帝在烟雨楼中，与词臣们赋诗、联句。乾隆皇帝兴之所至，在御舟之中，铺纸挥毫，仿临米芾笔法，御笔手绘《烟雨楼》。据史料记载，乾隆皇帝绘有两幅《烟雨楼》。两幅画卷，一幅收贮于内府，一幅收藏于浙江。乾隆皇帝特命随行画师，精绘烟雨楼全貌，为《烟雨楼图》。乾隆皇帝吩咐，在热河避暑山庄特地选择佳地，完全仿真地建造了一座烟雨楼。

避暑山庄烟雨楼位于如意洲北的青莲岛上。楼自南而北，前为门殿，后为两层木楼。面阔五间，进深二间，单檐，四周游廊，朱柱青瓦。上层正中，悬挂乾隆皇帝御书三字匾额：烟雨楼。乾隆四十五年南巡回京后，开始仿建，第二年建成。乾隆皇帝非常高兴，特地写诗纪事。在诗注中，皇帝说："庚子年（乾隆四十五年），南巡旋跸，携《烟雨楼图》归。游热河，仿为之。至辛丑工成，情景宛然。"

四年后，乾隆四十九年（1784），74岁的乾隆皇帝第六次南巡，这也是他最后一次南巡。来到嘉兴，皇帝登上烟雨楼时感慨万千，满怀惆怅，依依不舍地写下了永别烟雨楼之作——《题烟雨楼叠庚子诗韵》。

春秋三阅喜重来，雨意烟情镜里开。
承德奚妨摹画貌，嘉兴毕竟启诗材。
夏中让彼泛锦芰，春季饶兹对玉梅。
不拟南巡更临此，鸣榔欲去重徘徊。

时隔四年，依旧烟雨楼，依旧《耕织图》诗屏，依旧词臣梁国治、董诰陪同。鱼群游乐，瑞莲浮碧，乾隆皇帝只想烟雨浇诗。于是，皇帝依照旧韵，群臣再次联句赋诗，成《游烟雨楼与梁国治董诰联句三叠前韵作》诗。

烟雨楼，自乾隆皇帝南巡驻跸以后，大约百年间，不予开放。游人游览南湖，可以登上烟雨楼小岛，但不能登楼临眺。

避暑山庄烟雨楼

乾隆二十八年（1763），大臣蒋元龙感于不能登楼，曾写下《同敬堂泛南湖登烟雨楼》诗，抒发无限感慨之怀。

三　杭州

杭州有 2200 年的悠久历史，是长江三角洲南岸的繁华都市，也是中国最著名的古都之一，更是江南最负盛名的风景古城。“上有天堂，下有苏杭”是古人对杭州由衷的赞美。传说夏禹治水时，全国分为九州，长江以南广大区域，泛称扬州。夏禹南巡，大会诸侯于会稽山（今浙江绍兴）。据说，夏禹曾乘方舟经过这里，并舍其余杭(“杭”是方舟)于此,故名“余杭”。一说，禹至此造舟以渡，越人故称此地为“禹杭”。其后,口语相传,讹“禹”为“余”，乃名“余杭”。

春秋时，吴越两国争夺霸权，杭州先属越，后属吴，越灭吴后，又属越。战国时，楚灭越国，杭州归入楚国。秦统一六国，在灵隐山麓设县治，称钱唐，属会稽郡。《史记·秦始皇本纪》中记载："三十七年十月癸丑，始皇出游……过丹阳，至钱唐，临浙江，水波恶……"这是史籍最早记载"钱唐"之名。西汉承秦制，杭州仍称钱唐。新莽时一度改钱唐为泉亭县。到了东汉，复置钱唐县，属吴郡。这时，杭州兴修农田水利，初具规模，并从宝石山至万松岭修筑了第一条海塘，西湖开始与海隔断，成为内湖。

三国两晋南北朝时期，杭州为吴国的吴兴郡，属扬州。因外族相继入侵，晋室南迁，促进了江南和钱塘江两岸经济文化的发展。这时，称西湖为"明圣湖"、"金牛湖"。东晋咸和元年（326），印度佛教徒慧理在飞来峰下修建灵隐寺，这不仅是西湖最古的寺庙建筑，也是江南最古老的名刹。随后，有方士许迈、道士葛洪等人在武林山、宝石山一带进行写书、炼丹活动。从此，西湖名山胜水，渐次开拓。梁武帝太清三年（549），升钱唐县为临江郡。陈后主祯明元年（587），置钱唐郡，辖钱唐、于潜、富阳、新城四县，属吴州。

隋王朝建立后，开皇九年（589），废钱唐郡，设杭州，下辖钱唐、余杭、富阳、盐官、于潜、武康六县，州治设在余杭。"杭州"之名，在历史上这是第一次出现。开皇十一年，在凤凰山依山筑城，周三十六里。可以说，这是最早的杭州城。大业三年（607），改置为余杭郡。六年，杨素凿通江南运河，从江苏镇江起，经苏州、嘉兴等地到达杭州，全长400多公里，从此，拱宸桥成为大运河的起讫点。《隋书·地理志》记述："杭州等郡，川泽沃衍，有海陆之饶，珍异所聚，故商贾并辏。"这时的余杭郡，有户15380。

唐代，置杭州郡，旋改余杭郡，治所在钱唐。因为避国号讳，武德四年（621），改"钱唐"为"钱塘"。唐太宗时，这里属江南道。乾元元年（758），改为杭州郡，归浙江西道节度，州治在钱塘，辖钱塘、盐官、富阳、新城、余杭、临安、于潜、唐山八县。州城扩大，由城南沿江发展到武林门一带。运河畅通，经济繁荣，人口迅速增加。唐贞观年间（627–649），人口有15万余人；开元年间（713–741）发展到58万人。这时，杭州、广州、扬州并列，为中国三大通商口岸。长庆二年（822），诗人白居易任杭州刺史，着手大规模浚治西湖，筑堤建闸，灌溉农田；继李泌之后，重修六井。从这时起，西湖之名，闻名于世。

五代十国时期，吴越国偏安东南，建都杭州。当时，杭州称西府、西都，州治在钱塘，辖钱塘、钱江、余杭、安国、于潜、唐山、富阳、新城八县。吴越三代85年间，杭州发展成为全国经济繁荣和文化荟萃之地。欧阳修在《有美堂记》里，有这样的描述："钱塘自五代时，不被干戈，其人民幸福，富庶安乐。十余万家，环以湖山，左右映带。而闽海商贾，风帆浪泊，出入于烟涛杳霭之间，可谓盛矣！"吴越王钱镠经营杭州凤凰山，下令建筑"子城"，内建宫殿，作为国治；又在外围建筑"罗城"，周围七十里，作为防御。

据《吴越备史》记载，杭州都城，西起秦望山，沿钱塘江至江干，濒钱塘湖（西湖）到宝石山，东北面到现在的艮山门。因为形似腰鼓，故人称"腰鼓城"。吴越王重视水利，引西湖之水输入城内运河。在钱塘江沿岸，采用"石囤木桩法"，修筑护岸海塘，长达一百余里。在钱塘江沿岸，兴建龙山、浙江二闸，阻止咸水倒灌，扩大平陆。动用民工，凿平江中的石滩，保持航道畅通。置"撩湖兵"千人，疏浚、保护西湖。吴越时期，国王笃信佛教，杭州西湖周围寺庙、宝塔林立，经幢、石窟众多，人称杭州为"佛国"。

在北宋时，杭州为"两浙路"路治，当时人口已达20余万户，成为江南人口最多的州郡。杭州经济繁荣，纺织、印刷、酿酒、造纸业较为发达，成为全国四大商港之一。元祐四年（1089），诗人苏东坡任杭州知州，大力疏浚西湖，用所挖取的葑泥，堆成横跨南北的长堤（苏堤），堤上建有六桥，堤边广植桃、柳、芙蓉；开通茅山、盐桥两河，再疏六井。经过北宋150多年的发展，南宋时，杭州进入鼎盛时期。南宋建炎三年（1129），在杭州置行宫，称行在所，升为临安府，治所在钱塘，辖钱塘、仁和、临安、余杭、于潜、昌化、富阳、新城、盐官九县。绍兴八年（1138），定都杭州，大力扩展城垣，分为内城和外城。内城，即皇城、宫城，方圆九里，环绕凤凰山，北起凤山门，南达江干，西至万松岭，东抵候潮门。皇城内，有宫城，包括大量殿、堂、楼、阁，以及多处行宫和御花园。外城，南临吴山，北至武林门，右接西湖，左邻钱塘江，有城门13座，城外设护城河。咸淳年间（1265–1274），杭州居民增至124万余人；杭州府城，人口达43万余人。

元代时，在杭州设两浙都督府，后改

为杭州路总管府，为江浙行省治所（钱塘、仁和）。元至正二十六年（1366），明太祖朱元璋改置浙江行省，以杭州为省治。钱塘、仁和、海宁、富阳、余杭、临安、于潜、新城、昌化等州县皆属杭州路。这一时期，大运河全线开通，水运从杭州直达大都（北京），从此，杭州成为全国水运交通要津。当时，意大利著名旅行家马可·波罗来到杭州，惊叹这座古城的繁华，赞叹它是“世界上最美丽华贵之城”。

明正德三年（1508），郡守杨孟瑛继唐白居易、宋苏东坡之后，再次疏浚西湖，拓展田荡3480余亩，将苏堤增高、加宽，修建振鹜亭（即今湖心亭），砌筑小瀛洲，使西湖重放光彩，恢复了“湖上春来水拍天，桃花浪暖柳荫浓”的动人景色。明神宗万历年间（1573–1620），杭州十分繁荣，四方客商云集，游人纷至沓来。

清代时，杭州为浙江省兼杭嘉湖道治所，府治均在钱塘、仁和。清初，在杭州城西沿西湖一带，建造了八旗驻扎的营地，称为“旗营”，生活习惯完全是满人的，人称这里为“满城”。满城城墙周围十里，有六座城门，总占地1436亩，成为杭州的“城中城”（民国初年拆除）。雍正二年（1724）、嘉庆五年（1800），浙江总督李卫、浙江巡抚阮元，先后疏浚西湖，挖起大量葑泥，使湖水加深数尺。

杭州名胜

西湖

西湖位于杭州市中心西侧，旧称武

烟雨迷蒙的杭州西湖

西湖小瀛洲

林水、钱塘湖、西子湖，宋代时，始称西湖。湖面南北长3.3公里，东西宽2.8公里，水面及湖中岛屿面积为6.3平方公里，湖岸周长15公里。以西湖为中心，苏堤和白堤将湖面分成里湖、外湖、岳湖、西里湖和小南湖五部分，面积达60平方公里。西湖风景名胜达40多处，文物古迹30多处。概括起来，以一湖、二峰、三泉、四寺、五山、六园、七洞、八墓、九溪、十景为胜。西湖之美，四季各具其态：春花，秋月，夏荷，冬雪，千姿百态，莫不风景如画；晴天，水光潋滟，雨天，山色空蒙；早霞晚晖，雨雪阴晴，无不变幻成景。

西湖十景有：苏堤春晓、曲院风荷、平湖秋月、断桥残雪、柳浪闻莺、花港观鱼、雷峰夕照、双峰插云、南屏晚钟、三潭印月。新十景有:云栖竹径、满陇桂雨、虎跑梦泉、龙井问茶、九溪烟树、吴山天风、阮墩环碧、黄龙吐翠、玉皇飞云、宝石流霞。

孤山

孤山位于西湖之北，四面环水，一山独立，称为孤山。孤山不高，却是观赏西湖景色的最佳之地。孤山是风景胜地，文物荟萃：南麓有清帝行宫（文澜阁在其东侧），山顶西部有西泠印社，西麓有秋瑾墓，东北坡有放鹤亭等。其中，放鹤亭是为纪念宋代隐居诗人林和靖而建的，令他垂名青史的，就是著名的“梅妻鹤子”之说。亭外，梅花遍野，为湖上赏梅极佳处。

大运河拱宸桥

拱宸桥东西横跨大运河，是京杭大运河上到达杭州终点的标志建筑。此桥始建于明崇祯四年（1631），清光绪十一年（1884）重建，几经兴废。石桥全长92米，为三孔薄墩石拱桥，纵联分节，并列砌筑。桥形巍峨壮丽，高大雄浑，气魄非凡。

大运河广济桥

广济桥又名通济桥、碧天桥，俗称长

桥，雄峙在京杭大运河上，是仅存的一座七孔石拱桥，位于杭州市余杭区塘栖镇内，是明弘治十一年（1498）由鄞人陈守清募资建造的。大桥附近的名胜主要有水北明清街、乾隆御碑、郭璞井、水南庙等。

富义仓

是杭州现存唯一的运河航运仓储建筑，始建于光绪六年（1880），名取“以仁致富、和则义达”之意。当时，杭州所用米粮，都是从运河漕运而来，储于富义仓。据说，它与北京的南新仓并称为“天下粮仓”。

钱塘江

浙江省第一大河，发源于安徽省黄山，流经徽、浙二省，古名“浙江”、“折江”、“之江”，名称最早见于《山海经》，是越文化的主要发源地之一。河流全长688千米，流域面积5.56万平方千米。新安江与兰江是钱塘江的源头，在上海市南汇区和宁波市、舟山市嵊泗县之间注入东海。其中，在杭州附近河段称“之江”或“罗刹江”。每年钱江观潮，时间是按农历计算的。每月农历初三、十八日，潮势最大，每天有两次涌潮。一年中，农历八月十八日，钱塘江潮势最为壮观，俗称这天是“潮神生日”。传统观潮点主要有萧山观潮城、美女坝、下沙沿江、七堡、五堡、三廊庙、近江小区、六和塔、九溪及海宁的丁桥大缺口、盐官、老盐仓诸处。

天目山

天目山位于杭州西郊。有东西天目之分，一般指西天目。中国特有的野生银杏树最早发现于此。名贵树种有黄杉、天目梭、天目朴、浙西铁木等41种之多。上山从狮子岩向东北，七星塔旁，有大树王，其树龄大约在1500年以上。宋代时，称此树为千秋树。当年，乾隆帝游览到此，曾用腰带围过，大为感叹，封为大树王。

超山

超山位于余杭区塘栖镇，为江南三大探梅胜地之一。超山梅花，以“古、奇、广”三绝而著称,人称“十里梅花香雪海”。我国有五大古梅，超山有其二，为唐梅、宋梅。另三株为楚梅、晋梅、隋梅。还有清梅，植于清代。

乾隆皇帝对于杭州神交已久，非常熟悉这座位于江南鱼米之乡的人间天堂。乾隆十六年（1751），乾隆皇帝第一次南巡。

西湖断桥

乾隆御题《阅武》诗碑

三月初一日，皇帝车驾进入杭州，到达这神心向往的繁华之都。驻跸行宫以后，皇帝迫不及待，御笔挥毫，手书《三月朔日车驾至杭州驻跸之作》诗四首：

> 今春三度茁初蓂，恰值余杭翠辇停。
> 展义省方钦祖烈，承欢祝嘏奉慈宁。
>
> 三朝休养繁滋息，万里提封在户庭。
> 览彼就瞻心实切，惭兹怀保德非馨。
>
> 人文旧地风犹朴，礼乐名邦教易型。
> 明圣湖重瞻圣藻，飞来峰已送来青。
>
> 昌昌艳裔差无负，濯濯林泉信有灵。
> 即渐风光临上巳，便当觞咏赏兰亭。

杭州是江南都会，更是国家财赋之源。康熙皇帝南巡，亲临杭州时，曾写下了大量诗文赞叹。乾隆皇帝依照皇祖的诗韵，写《巡幸杭州恭依皇祖诗韵》诗：

> 铜龙不异日询安，掖辇吴山赏大观。
> 烟火万家来问俗，春风三月暂游銮。
> 承颜悦志期无忝，咨吏安民要在宽。
> 秀丽湖光岂无助，每成佳句亦增欢。

吴山位于浙江杭州西湖东南，山势绵

延起伏，左拥钱塘江，右瞰西湖，是杭州著名的名胜之地。春秋时期，这里是吴国的西部边界。当年，伍子胥隐居山中，讹伍为吴，因称吴山。山上有伍子胥祠，又称胥山。五代至宋之时，山上有城隍庙，又称城隍山。唐代大诗人王昌龄称赞吴山道：“谁言青门悲，俯期吴山幽。”宋苏轼描述：“蜀客到江南，长忆吴山好！”金海陵王慷慨豪迈，亦曾写诗述怀：“提兵百万西湖上，立马吴山第一峰。”乾隆皇帝第一次南巡，游览吴山，感慨万千，写《恭依皇祖吴山诗韵》：

崇巘襟江复带湖，俯临万井乐亨衢。
百年休养三朝泽，继述予怀怀永图。

四　龙井茶

西湖，水光潋滟，美丽如画。这里土地肥沃，云雾缭绕，是茶树的天然乐园。大约在东晋时期，这里就开始种茶。但真正的西湖龙井茶，则是在北宋时期才开始大面积种植的。

龙井茶茶色鲜绿，味道甘美，外形灵秀，清香四溢，从唐宋以来就闻名遐迩，皇帝将其定为贡品，人称“天下第一茶”。西湖风景区以湖心区为中心，分湖滨区、钱塘区、北山区、南山区五大部分，这一湖五区都是出产优质茶叶的好地方。其中，最好的茶叶主要产在北山宝石山、南山玉皇山、西山灵峰山、大慈山、天竺山等地区。这一带土地肥沃，南北二山双峰并峙，树深林密，放眼望去，整个山地山清水秀，泉水长流，潺潺的溪水清澈见底，真是风景如画。

杭州西湖种茶历史悠久。史书有确切记载的最早年代，大约是在唐朝。这一带所产的茶叶正式称为龙井茶，则是在明代。人称茶圣的陆羽是唐代人，生活在八世纪末期的唐德宗时代。因为他深谙茶道，遂被誉为茶仙。又因为他写了一部流传千古的名著《茶经》，所以历来被人们尊为茶神。陆羽说，唐代时，钱唐（杭州）天竺、灵隐二寺已产茶。至于何时产茶，陆羽没有说。其实，在唐代之前，天竺、灵隐二寺已经产茶很久了，而且影响甚广，许多文人、高僧和隐士都在这里留下了他们的足迹。

天竺，在杭州灵隐寺南面的青山之中。天竺有三个，一是下天竺法镜寺，创建于东晋；二是中天竺法净寺，创建于隋代；三是上天竺法喜寺，创建于五代。宋代大诗人苏东坡一生仕途坎坷，两次到杭州任职，他对这座美丽的江南城市充满感情，自然对这里的龙井情有独钟。苏东坡说：西湖最早的茶树，种植在下天竺的香林洞周围。最早在这里种茶的人，是南朝大才子谢灵运。谢氏活跃在五世纪初，是当时很有影响的文坛诗人，对于佛教有很深的造诣。当时，谢氏在下天竺翻译佛经，经常往返于浙江天台山和杭州下天竺法镜寺。有一次，他从天台山带来了茶树种子，在这里种植。从此，优良茶种找到了最适宜的土壤。如果从南朝算起，下天竺香林洞绿茶，有将近1600年的历史了。

灵隐寺，位于杭州西湖西边的灵隐山，是中国佛教禅宗的名刹古寺。这座古寺创建于东晋咸和初年，距今有1700年的历史。寺前青山巍峨，冷泉潺潺流淌，飞来峰高耸入云，气势磅礴。据说，印度修法高僧慧理来到这里，看见对面的飞来峰，惊叹不已，叹息说：此乃天竺国灵鹫山之小岭，不知何以飞来？佛在世日，多为仙灵所隐。于是，在这里开工建寺，取名灵隐寺。起码在唐代，灵隐寺的绿茶就已经闻名遐迩了。

龙井，有四龙之说，就是龙井茶、龙井村、龙井泉、龙井寺。据说，龙井最早的名字叫龙泓，坐落在西湖西边翁家山的西北麓，这个地方就是今天的龙井村。很早的时候，龙井有一眼泉，泉水经年累月汇流而形成一个圆形的泉池。这口泉很神奇，无论怎样大旱，泉水永不干涸。时间久了，古人感觉神异，认为此口井一定通向大海，井中一定有龙，所以称为龙井。传说，晋代炼丹大师葛洪曾流连此地，并在这里炼丹，曾用过井中的水。文人雅士们很早就用龙井泉来泡龙井茶。

明代学者田艺蘅懂得鉴水，也懂得品茶，著有《煮泉小品》，他在书中说：“今武林（杭州）诸泉，惟龙泓入品。而茶亦为龙泓山为最。又其上，为老龙泓（老龙井），寒碧倍之，其产茶，为南北山绝品。……求其茶泉双绝，两浙罕伍。”

大约距离这口龙井向西约500米，有一个落晖坞，坞中有龙井寺，当地人称为老龙井。老龙井创建很早，大约在五代后汉乾佑二年（949）就已经在世了，最初名为报国看经院。北宋时，改名为寿圣院。南宋以后，改称广福院、延恩衍庆寺。明正统三年（1438），此寺才迁移至龙井之畔。现在，寺庙已破废，部分房间稍加修整僻为茶室。龙井泉、老龙井成为龙井村的象征。同时，在龙井泉周围，还建有不少名胜古迹，包括一片云、涤心沼、神运石等。

龙井有泉水，龙井泉不是普通的泉水，是杭州四大名泉之一。龙井泉位于杭州西湖西南的风篁岭上。龙井泉最早发现于三国东吴时期，大约是在吴大帝孙权在位的赤乌年间（238–250）正式发现，距今约有1700余年。明代田汝成写《西湖游览志》,正式记载龙井泉发现于赤乌时。明时，在龙井泉中，还发现了一片书简，简上刻有吴赤乌年水府神龙祈雨祷告文。龙井泉水较为独特，水质清洁甘洌，口感醇厚甜美。龙井泉的水由两部分组成，一是地下水,一是地表水。地下水在下,地表水在上。有趣的是，地下水和地表水是不同的。如果用一根棍子按顺时针轻轻搅动龙井内的泉水，地下的泉水会慢慢地翻到水面上来，两种水自然形成一圈分水线。仔细观察，当地下水下沉，重新沉到底下，神秘的分水线渐渐缩小，直到最后完全消失。这一现象非常有趣，成为当地的景观。

龙井村产龙井茶，名闻中外。根据产地的不同，龙井茶分四类:狮、龙、云、虎，也就是四地龙井：狮峰、龙井、云栖、虎跑。民国以后，在四龙井之外，又出现了一个声名显赫的梅家坞，这里的茶叶产量和质量都可以与四大龙井媲美，在产量上也有了很大的提高。这样，龙井就有了五龙井之说。按照五个产地龙井的不同品质来划分龙井茶的质量，最后确定的排名分别是:狮、龙、云、虎、梅。新中国成立后，政府大力扶持龙井茶业，并在浙江省内广泛种植龙井。事实上，龙井茶的品质是参差不齐的。如今，龙井茶主要分为三大类：西湖龙井、钱塘龙井和越州龙井。其中，以西湖龙井品质最佳。

虎跑泉坐落在杭州西湖西南部大慈山白鹤峰山麓，是江南最负盛名的泉水。为什么叫虎跑泉？有一段惊险的传说。这个传说很早，故事大约发生在1200年前的唐宪宗元和年间（806–821）。当时，高僧寰中，人称性空和尚，喜欢云游四方。当他来到杭州西湖大慈山时，感到这里山灵水秀，白鹤峰山峰耸立，云雾缭绕，他感到这是他一直寻找的理想修身之所。寰中决定栖身在这里，修身养性。他修整山坡，建造寺院，将这一带建成了一处参禅修身的极佳去处。寺院很快建成，香火兴旺。这里满目青山，花果遍地，只有一点让寰中感到遗憾，就是没有生活用水。

有一天，有大虎、二虎兄弟来到小寺，拜见寰中大师，想拜大师为师傅，终日服侍大师，专门为寺中挑水。寰中大师很高兴，接受了这两位虔诚的弟子。大虎、二虎十分卖力，每天满头大汗，不停地挑水。可是，无论他们如何尽心去做，依然还是力不从心，无法满足整个寺院的生活用水。寺院的水总是供应不上，大虎有点着急。他对大慈山很熟悉，遇事善于想办法。一天早上，突然，大虎灵机一动，想起了大师说起的南岳衡山，那里有一口童子泉，泉水甘甜清冽，永不干涸。大虎一拍大腿，高兴地对二虎说："这童子泉多好，如果搬到这白鹤峰，泉水就永远用不完！"说干就干，兄弟俩收拾好用具，立即启程，前往南岳搬泉。他们风尘仆仆地到达衡山童子泉边，恨不得马上搬走这口香甜的甘泉。可是，任凭他们使尽力气，童子泉纹丝不动。

几天几夜，兄弟俩千方百计地搬泉，没有成功。护泉仙童十分感动，指点说："只要你们兄弟脱离俗世，变成老虎，就可以将泉移走。"兄弟俩闻言大喜，表示愿意。于是，兄弟俩变成了老虎。这样，大虎背着护泉仙童，二虎扛着童子泉，风驰电掣，奔往杭州大慈山白鹤峰。这天半夜，寰中大师正在禅房打坐，不知不觉进入梦乡，梦见有两只老虎，正在禅房外刨地，地下石头缝隙之中，不停地涌出大量泉水。寰中大喜，从梦中惊醒。他立即起身，来到禅房外，果然看见大虎、二虎笑逐颜开，浑身湿漉漉的，他们身后的一口泉不断涌出甘冽的泉水。寰中大师双手合十，感谢佛祖施恩。于是，这里就称为虎跑泉。

事实上，虎跑泉是一眼天然泉水，是从大慈山后山的石英砂岩之中渗透出来的。据说，这种泉水十分清洁纯净，富含矿物质。鉴别这泉水的最直观方法有二，一是将泉水在碗中盛满，溢出碗沿二三毫米，依旧不外溢；二是将碗中盛满泉水，水面上放一枚硬币，不下沉。这些鉴别虎跑泉水的方法，明清时期人们就已经了然于心。清代学者丁立诚曾专门写下《虎跑泉水试钱》一诗，来记述此事：

虎跑泉勺一盏平，投以百泉凸水晶。
绝无点点复滴滴，在山泉清凝玉液。

明代学者高濂是位品茶高手，他在他的著作《四时幽赏录》中，谈到了龙井和虎跑泉："西湖之泉，以虎跑为最。西山之茶，以龙井为佳。"说到品茗，乾隆皇帝自然是品赏天下好茶的第一高手了。他在品鉴了天下之泉以后，得出的结论是，北京西山玉泉水是天下第一泉，而杭州大慈山白鹤峰的虎跑泉水可称通国之水，封天下第三泉。

乾隆皇帝喜欢虎跑泉的清纯，尤其是用虎跑泉沏龙井茶，味道格外清香甘醇，回味无穷。乾隆皇帝特地写《虎跑泉》诗，称赞这里：

大慈寺侧虎跑泉，性空昔日此栖禅。
以无水将他之矣，忽有神人来告旃。
南岳童子遣二虎，旋来移请无忧焉。
翌日乳窦淙有泌，异常甘冽清且寒。
不见不闻无穷已，使俩有尽语不刊。
绠汲聊偿问景兴，还讶其然岂其然。

乾隆二十七年（1762），乾隆皇帝第三次南巡，第一次游览西湖龙井，品山、品泉、品茶，皇帝乐不可支，曾御笔手书《初游龙井志怀三十韵》。龙井八景，留下了苏轼的足迹，也是山寺辨才大师留给后世的清游佳话。乾隆皇帝放眼西湖，文如泉涌，一气呵成，手书《龙井八咏》长诗。

游历灵隐寺时，乾隆皇帝想起大唐诗人宋之问。据史书记载，有一天，宋之问游览灵隐寺。山中静寂，月悬中天，满天星斗。诗人漫游山寺，山中之月极其明亮。宋之问觅得好诗句，边走边吟："鹫岭郁岧嶤，龙宫锁寂寥……"可是，写到这里，文思枯竭了，搜肠刮肚，再也没能续出下阙。宋之问十分苦恼，老僧不解，问其缘故。宋之问如实相告。谁知，老僧淡淡地说："何不续写'楼观沧海日，门对浙江潮。'？"

虎跑天下第三泉

宋之问大惊失色，好半天说不出话来。乾隆皇帝感怀这段往事，遂用其诗韵，写《灵隐寺用宋之问韵即效其体》：

飞来矗翠嶤，屏障已清寥。
月地开如镜，云璈沸似潮。
柏烟林外写，花雨座中飘。
泉冷石为瘦，峰高树与遥。
考功昔游历，此处感荣凋。
五字殊难属，一联浑解嚣。
江南曾有赠，当面眯津桥。

诗后，乾隆皇帝特别注道："《纪事》称，之问游灵隐，夜月极明，行吟曰：'鹫岭郁岧嶤，龙宫锁寂寥……'久不能续，有老僧问之，之问以兴思不属。对即曰：'何不云，楼观沧海日，门对浙江潮。'之问讶其遒丽，迟明更访之，不复见。寺僧有知者，曰：'此骆宾王也。'然骆自有《在江南赠宋之问》之诗，不应当面不识，且并无一语，传奇之家，不足为据。类此。"

清涟寺，寺院清幽，池塘清澈。池水之中，游鱼成群，乾隆皇帝有感而发，吟咏《清涟寺观鱼再叠旧韵》：

源发西山脚，伏流廿里余。
春朝驻罕盖，僧寺静钟鱼。
知有池呈镜，堪临槛振裾。
翠鳞来得得，乐意自如如。
谁谓清波画，偏宜藻句书。
效苏频迭韵，曾几似髯欤。

随后，天下起了小雨。乾隆皇帝生性浪漫，坐着小舟，就在雨中漫游，一直来到湖心亭。随从急得满头大汗，也不敢躲雨，都在雨中，淋得湿透。乾隆皇帝伫立亭中，口吟《雨中湖心亭杂咏》六首。春雨连绵不断，皇帝兴致盎然，依旧选择在雨中游历西湖，观赏龙井。山中幽静，41岁的乾隆皇帝意气风发，骑着骏马，漫游山中，口诵《雨中再游龙井》诗：

湖山第一佳，信可系人意。
江国雨何妨，待晴殊艰致。
留余憩途便，因复策游骑。
熟路越觉近，忽到悦心地。
泉石最奇特，妙想天开异。
步步每改观，望望皆精义。
三幡藉可悟，百昌浑余事。
烟丝卒未收，润意含清秘。
乘暇图再经，畅览千峰霁。

回到行宫，乾隆皇帝品着山泉冲泡的龙井，满嘴清香，神清气爽。眼前，浮现曲曲折折的山路和清清幽幽的寺院，灵隐寺、韬光庵、金莲池、虎跑寺，寺院、匾联、山门、石阶，一一呈现在眼前。于是，皇帝提笔，一气呵成《再依皇祖灵隐寺诗韵》：

飞来峰畔路，法相坐嵯峨。
宛识祇园近，已闻梵呗多。
竺云开月宇，仙籁下烟萝。
到处瞻光被，羹墙岂是过。

五　杭州府行宫

杭州府行宫坐落在涌金门内太平坊。以前，这里是杭州织造公厩。康熙二十八年，圣祖仁皇帝第一次南巡，就驻跸于此。从此以后，这座行宫成为康熙、乾隆两位皇帝六次南巡的驻跸之地。乾隆时期，史书记载："屡蒙巡幸，即奉为行宫。乾隆十六年，皇上法祖勤民，亲奉皇太后安舆，巡幸浙省，大吏重修，恭驻清跸。万姓嵩呼，奎章焕彩。云物舒妍，松栋云楣。直与浙水吴山永光奕冀。"

杭州府行宫规模较大，气势恢宏。整座行宫坐北朝南。从行宫图上看，由南而北，分为三路：中路依次为大宫门、二宫门、前殿、后殿、垂花门、前寝宫、后寝宫、宫门、龙碑宫；西路依次为朝房、茶膳房、花园、垂花门、便殿、琅轩潇照、看戏殿、戏台、照房；东路依次为军机处、朝房、茶膳房、宫门、大殿、垂花门、前寝宫、后寝宫、照房。

乾隆二十七年（1762），乾隆皇帝第三次南巡驻跸杭州府行宫，写《至杭州行宫驻跸八韵》：

塘栖朝启跸，宝庆午维舟。
策马武林入，观民文教修。
湖山重到识，衣食永图求。
日庶诚堪喜，思艰转益愁。
遇灾怜静待，救急悉心谋。
旋转叨鸿造，欢欣迓六驺。
绳先期展义，祝嘏愿添筹。
即渐临明圣，几闲拟畅游。

乾隆三十年（1765），乾隆皇帝第四次南巡。三月初，皇帝车驾进入浙江。随后，驻跸杭州行宫。行宫布置十分舒适，皇太后安顿下来之后，55岁的乾隆皇帝稍事休息，然后前去看望74岁的母亲崇庆皇太后。一路劳顿，特别孝顺的乾隆皇帝担

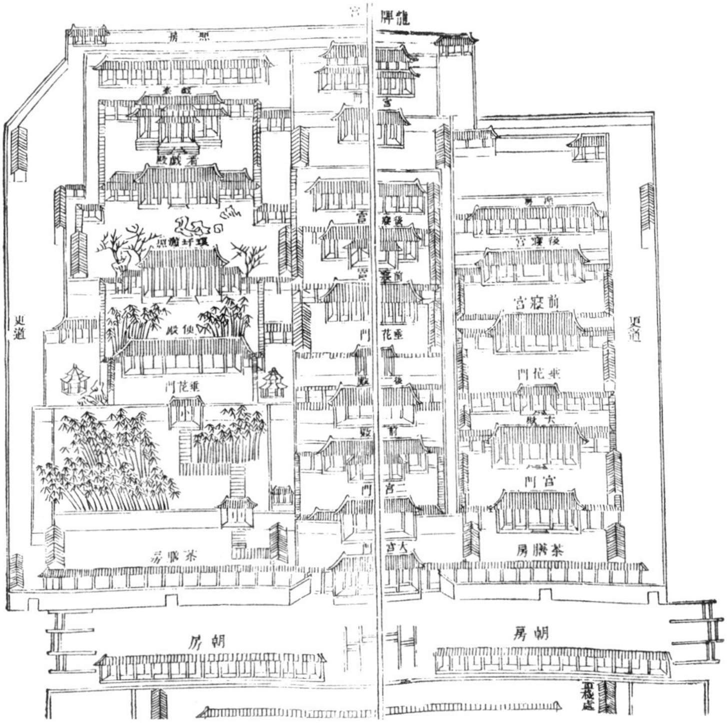

《南巡盛典》中的杭州府行宫

心母亲吃不消。想不到，皇太后身体很好，精神矍铄。皇帝非常高兴，回到寝宫，铺纸挥毫，写下了《至杭州诣皇太后行宫问安有作》：

> 盐官先往为筹塘，旧路安舟奉寿康。
> 百里邮程至卓午，两朝食履庆增常。
> 抚兹鄽市诚殷富，益为黔黎计久长。
> 咫尺西湖清且丽，承欢雅足答韶光。

行宫陈设依旧，还是当年皇祖南巡之时的布局。乾隆皇帝坐在那里，思绪万千。千里迢迢，南巡江浙，是为了了解吏治民生，省方问俗。江山社稷至重，哪里敢安坐深宫，享受安逸呢！浙江之地，海宁不宁，潮水倒灌，河堤极易崩溃。因此，鱼鳞石塘，是治理海潮的有效之法，必须不断加固，不断接筑。这件事情，是南巡江浙最重要的政务，绝不是为了游山玩水，寻逸清欢。兴之所至，乾隆皇帝再依皇祖诗韵，写《恭依皇祖巡幸杭州诗四叠韵》：

深宫晏处敢求安，吏治民生廑省观。
宁海未兹驻巡驾，海宁先彼莅鸣銮。
鱼鳞塘欲石围固，雁字滩希沙涨宽。
此是来游最要务，讵缘山水觅清欢。

杭州行宫内，有一座别具一格的建筑，称为韵玉馆。乾隆皇帝喜爱竹子，当年，读杜甫的《咏竹》诗："绿竹半含箨，新梢才出墙。雨洗娟娟净，风吹细细香。"这种意境，乾隆皇帝十分喜欢，他就想，要在寝居之地种一片竹林。每天清晨，发现一庭修竹，如刘禹锡所述："露涤铅粉节，风摇青玉枝。依依似君子，无地不相宜。"皇帝想，既然无地不相宜，何不在江浙寝居的庭院，种一片竹林？于是，前次南巡时，便在杭州府行宫韵玉馆种了一片竹林。这次重游韵玉馆，发现竹子成林，郁郁葱葱。皇帝由衷欣喜，行草漫书《韵玉馆》诗：

前度教栽竹，今来万个强。
故知功获倍，恰与岁俱长。
安得三庚至，坐披满意凉。
清风檐际度，弹是子登琅。

六　圣因寺

圣因寺位于孤山南麓，这里是清康熙皇帝的行宫，康熙南巡，曾驻跸于此。雍正时，改为圣因寺。寺院景色宜人，以皇家建筑风格和独特风景而驰名天下。圣因寺之寺院，坐落在西湖锦带桥之西侧，建筑富于皇宫特色，宽敞、宏伟，文物古迹众多。寺院内，有两件镇寺珍宝：一是供奉有康熙皇帝之牌位，二是禅月大师所画十六罗汉之石刻。杭州文澜阁，原为清康熙行宫，雍正五年，改为圣因寺。乾隆十六年（1751），将圣因寺一分为二，在旁边建筑行宫。乾隆皇帝拟将圣因寺后之玉兰堂，改建为文澜阁。但是，因为此地逼近山根，地势潮湿，不宜藏书。于是，遂将圣因寺旁、原藏《古今图书集成》之藏经阁加以改建，为文澜阁。

乾隆三十八年（1773），乾隆皇帝亲自设计，在孤山山麓建造书阁，专门收藏《四库全书》。乾隆四十九年（1784），此阁建成，赐名文澜阁。书阁仿浙江宁波天一阁，外观两层，室内三层。阁前，有石桥、园池和假山。池中置一巨石，名仙人峰。

阁东有御碑亭，阁西为游廊，四周有围墙环绕，有垂花门可供出入。

乾隆十六年（1751），三月朔日，皇帝车驾进入杭州。然后出钱塘门，由断桥前往圣因寺，乾隆皇帝手书《出钱塘门由断桥至圣因即境近体二律》诗：

胜游清跸出钱塘，明圣标名果异常。
细雨轻风媚湖景，红桃绿柳报春光。
且迟画舫一帆正，徐跋烟堤五里强。
即境颇常工属句，笑今搜索总茫茫。

山环水复水环山，月地云居山水间。
寺侧离宫临绝胜，春来驻跸寄几闲。
玉兰却似迎人放，紫燕初看命侣还。
千载拟留白蘋句，其它赋咏总应删。

乾隆二十七年，乾隆皇帝第三次南巡，重游圣因寺，写《诣圣因寺皇祖神御殿行礼》：

明圣兹重揽，卷阿昔并留。
敢云绳祖武，惟赖诒孙谋。
家法勤宵旰，民艰体豫游。
一湖春水碧，常共圣恩流。

52岁的乾隆皇帝恭奉母亲驻跸行宫，山寺清净，景致幽绝。风和日丽，春风淡荡。

圣因寺行宫贮月泉与西湖天下景亭

圣因寺镇寺之宝——十六罗汉刻石

20 世纪初的文澜阁内景

林木扶苏，鸟语花香。乾隆皇帝手书《驻跸圣因行宫》诗：

问俗重临明圣湖，白沙堤上果清殊。
高峰南北呈双髻，行馆招提别一区。
丽日和风春淡荡，花香鸟语物昭苏。
民心乐处吾同乐，艳舞清歌亦底须。

乾隆四十九年（1784），乾隆皇帝第六次南巡。74 岁的乾隆皇帝临御圣因寺，拜谒皇祖御殿，写《诣圣因寺瞻礼皇祖神御殿》：

又至西湖谒圣因，圣尧游豫总因民。
助休泽实被黔赤，临莅古曾鲜六巡。
别绪犹怀庚子岁，重瞻欣此甲辰春。
敬遵前度敢渝越，只愧瞠乎望后尘。

七　西湖行宫

清朝建造的杭州孤山行宫，位于西湖孤山南麓，称为西湖行宫、孤山行宫、圣因寺行宫。史书记载：“西湖行宫，在孤山之南，群山环拱，万堞平连，足揽全湖之胜。康熙四十四年，圣祖仁皇帝省方南服，数经驻跸于此。乾隆十六年，皇上翠华临幸，全浙臣民，如饥似渴忭踊跃。因其旧制，略加恢廓，为圣主欢奉慈宁之地。万汇光昭，湖山耀彩，皇情悦豫，琬琰名山，永符明圣之端应云。”

西湖行宫，占地面积较大，有宫殿房屋数百间，还有孤山上分布的亭台楼阁、宫室小广场、厢房、净房等等。今日中山公园所在地，是当时行宫的中轴线核心区，是乾隆皇帝办公、起居之所。孤山行宫毁于太平天国时期，行宫遗址，就在今中山公园地面以下大约 60 厘米的地层中。这些尘封经年、埋在地下的古代地面、墙根、柱础等建筑遗址，能够清晰地展示当年乾隆行宫的规格、造型、款式和建筑规模。

第一进是行宫大门，是典型的清宫建筑，硬山式门楼。第二进是垂花门，门已经毁坏了，不过，垂花门遗址犹在，遗址上有垂花门须弥座台基。经过考古发掘，发现垂花门三开间，东西两开间呈四方形，约 5 平方米大。进垂花门，就是第三进，是行宫正殿，乾隆皇帝办公之处，人称“奏事殿”。这是乾隆会见朝臣、处理政务的地方，宫殿七开间，建筑精致。宫殿虽早已不复存在，但地面上尚有 14 个当年的大殿柱础。据专家说，这种柱础所承载的柱子，直径应该很粗大，一个人都合抱不了。这样的大料，应当是珍贵木料，只有皇家才会使用。

西湖行宫自南而北，分为七路，是乾隆皇帝在浙江的主要驻跸之处：中路依次

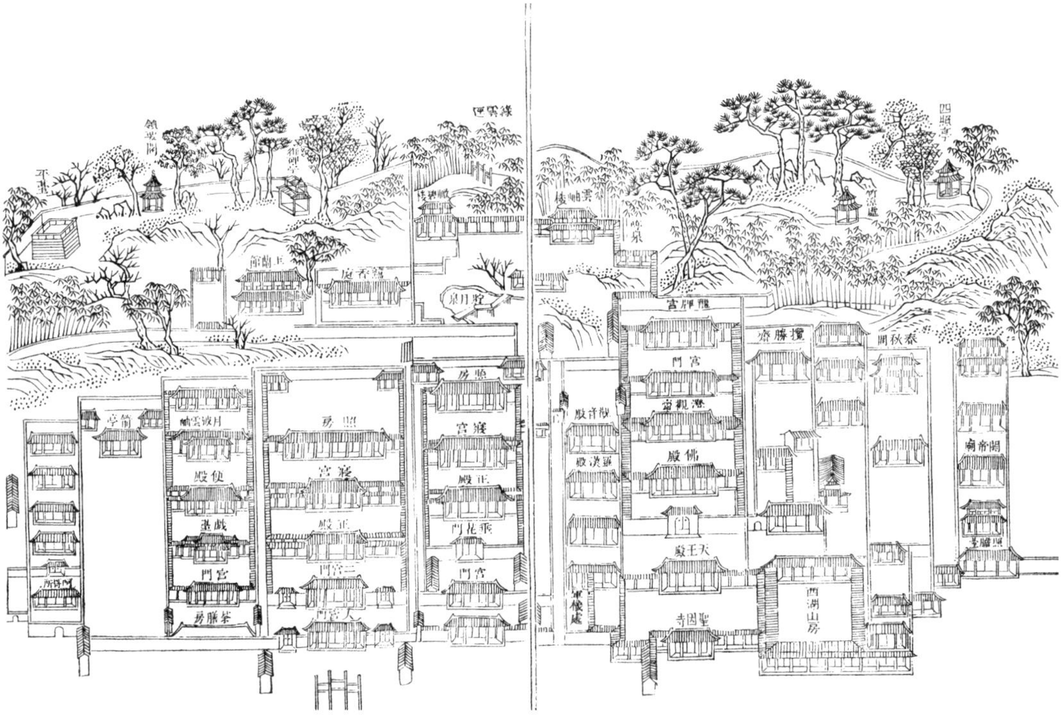

《南巡盛典》中的西湖行宫

20 世纪初的西湖行宫宫门

为大宫门、二宫门、正殿、寝殿、照房、后山鹫香庭、玉兰馆、御碑亭、领要阁、平台；西路依次为茶膳房、宫门、戏台、便殿、月波云岫，再西为箭亭；东一路依次为宫门、垂花门、正殿、寝宫、照房；东二路依次为军机处、罗汉殿、观音殿；东三路依次为圣因寺、天王殿、佛殿、澄观斋、宫门、龙碑宫；东四路依次为西湖山房、揽胜斋，再东为春秋阁；东五路依次为照胆台、关帝庙；后山竹凉处、四照亭、亭泉、云岫楼。

西湖行宫，最负盛名之处，应为乾隆皇帝御题之“西湖行宫八景”。乾隆四十九年（1784），乾隆皇帝第六次南巡重游西湖，第五次吟咏西湖行宫，手书《五题西湖行宫八景》：

西湖行宫领要阁遗址

保存至今的西湖行宫大殿柱础

四照亭

睿藻煌煌额揭亭，绎思弗为赏澄潆。

照临民物伊谁责，敢不孜孜慎九经。

竹凉处

见说三春是竹秋，既秋凉自有来由。

闲披料峭琅玕里，未可其间坐久留。

绿云径

有暇孤山游片时，千林新绿始傑池。

沾衣原在云深处，不约而同长史诗。

瞰碧楼

春水初生漾细沦，楼窗开处渺无垠。

瞰来一碧万顷者，阅尽古今摘句人。

贮月泉

半亩方塘亦有波，四时无碍印嫦娥。

平湖漫道当秋好，小许还胜大许多。

鹫香庭

灵鹫由来隔弗遥，天香云外月中飘。

昔年虽设秋来兴，忖度无妨不践饶。

领要阁

阁高越觉圣湖宽，水态山容入静观。

领要设如絜矩者，吾知两字是君难。

钱塘江盐官中段

盐官占鳌塔

玉兰堂

一双玉树植堂襟，香色同参静且愔。

题以七言弗回顾，年年春菀付无心。

八　钱塘观潮

钱塘江，是浙江境内最大的一条河流，全长800余里，流域面积达4万余平方公里。其上游源出于浙、皖、赣边境，经过杭州闸口，汇流进入杭州湾，最后，归于东海。据史书记载，其上游主要有二：一是新安江，古时候，从衢县至兰溪之间，称为衢江，又称信安江、新安江；二是富春江，自兰溪至建德县梅城之间，古称为兰江，从梅城至桐庐萧山闻堰之间，称为富春江。因为从闻堰至闸口段，河道曲折，如同“之”字，又称之为之江。

钱塘，作为钱塘江地区的地名，代指这一区域。文人描述钱塘之地，是“东南形胜，三吴都会”。早在秦王政25年（前222），秦始皇灭楚，特地在杭州之地，设置钱唐县。据史书记载：“始皇37年，东巡会稽，过丹阳，至钱唐，临浙江。”作为地名，这是钱塘之名最早的记载。

乾隆十六年（1751），乾隆皇帝第一次南巡到达浙江，巡幸杭州之后，继续南行，过钱塘江，乾隆皇帝写诗吟咏，手书《渡钱塘江》诗：

钱塘江畔海神庙

海神庙内雍正、乾隆御碑亭

斛土千钱诡就塘，风恬日暖彩舟方。
一江吴越分疆界，三月烟花正艳阳。
航苇谁曾见神异，射潮未免话荒唐。
涨沙南徙民居奠，永赖神庥敬倍常。

乾隆三十年（1765），乾隆皇帝第四次南巡。皇帝车驾一行先到达杭州，然后前往钱塘观潮。诗人枚乘曾写《七发》，写观涛广陵于曲江。曲江在哪里？注解没有详细指明，后世文人、专家学者普遍认为，浙江就是曲江。于是，浙江涛就是广陵涛，两者混为一谈。乾隆皇帝详细考证，旁征博引，写下了《广陵涛疆域辨》一文，予以纠正。

九　绍兴

绍兴位于浙江省中北部、杭州湾南岸。东连宁波市，南临台州市和金华市，西接杭州市，北隔钱塘江，和嘉兴市隔江相望。相传，4000多年前，大禹为治水，曾两次亲临绍兴，治平水患。因此，绍兴有禹陵胜迹。历代帝王将相仰慕大禹，纷纷前往瞻仰。春秋战国时，越王勾践建都绍兴。汉代，置都稽州。隋朝时，改称吴州。唐代，改称越州。南宋时，改为绍兴府，沿袭至今。

绍兴，是一座文化古城，有着2500余年历史。绍兴是一座地方色彩浓郁的水城，悠悠古纤道上，绿水晶莹，石桥飞架，轻舟往来穿梭。据说，绍兴桥梁之多，有大小4000余座，其数量是威尼斯的5.5倍，构成典型的江南水乡景色。这里生活着古越人，古越先民很早以前就种植稻谷，蓄养牲畜，“其谷宜稻”，“其畜宜鸡、狗、鸟、兽”等。“饭稻羹鱼，或火耕而水耨”。绍兴自古以来，素有“文物之邦”、“鱼米之乡”的美誉。

绍兴名胜

兰亭

兰亭因王羲之的《兰亭集序》而闻名遐迩，人称“书法胜地”。曾经，在此处云门寺中，珍藏了数百年、人称“天下第

兰亭旧址，曲水流觞

一行书”的《兰亭集序》，最终被唐太宗派萧翼骗走。唐太宗因追慕王羲之的书法杰作，特派监察御史萧翼用计从辩才和尚处取得信任，骗取珍藏在云门寺的《兰亭集序》真迹。

鉴湖

鉴湖位于绍兴城西南三里，因湖水清可鉴人而得名。鉴湖，又称镜湖、庆湖、南湖、长湖、大湖、照湖、贺家湖、贺监湖、带湖等。东汉永和五年（140），由会稽太守马臻主持疏浚，当时，地跨山阴、会稽两县，横亘160里，周长360里，汇36源水，灌田9000余顷。南宋后，由于围湖造田，湖面渐小。湖中景色以仁让堰一带最佳。湖中有岛，湖边多山，山水交融，风景天成。沿湖名胜古迹众多，主要有马臻墓和庙、快阁、道士庄、三山陆游故里、柯岩、湖塘等古迹。湖上设堤桥，渔舟出没，水清如镜，是典型的江南水乡。

会稽山

会稽山位居中华九大名山之首。会稽山脉，介于曹娥江与浦阳江之间，为两江的分水岭，其地域横跨绍兴、上虞、嵊州、诸暨、萧山、浦江、义乌、东阳等市县。

会稽山

按小范围而言，会稽山指小舜江以北诸山，包括著名的秦望山、法华山、兰渚山、刻石山。相传，大禹治水成功，继承帝位以后，在此山祭祀土地神，会盟诸侯。最后，大禹去世，葬于此山。隋代时，会稽山就列为五岳四镇之一，即南镇会稽山。

八字桥

八字桥位于绍兴城区八字桥直街东端。两桥相对而斜对应，状如八字，故名。桥为南宋理宗宝祐四年（1256）重建，清乾隆四十八年（1783）重修。大桥飞架于三河交汇之处，主桥跨稽山河，东西向，桥面平铺条石。桥长4.85米，宽3.2米，净跨4.5米。桥上设置栏板，望柱头雕覆莲。桥基东西，各立石柱9根。其中，西侧中柱上，刻有题记：“时宝祐丙辰仲冬吉日

《钗头凤》上演在今日沈园

建。”桥东堍南北向落坡，桥西堍南向落坡，各跨一条小河。桥下设有纤道。

沈园

沈园名著于陆游与唐婉的曲折故事，其旧址位于绍兴城延安路洋河弄。原为沈氏私人花园，故名。因陆游于此为唐婉题写《钗头凤》而名闻天下。

十　大禹陵

大禹陵位于绍兴会稽山门外六公里处，坐落在会稽山麓。相传，大禹去世后，遗命葬于会稽山，其陵寝称为大禹陵。由禹陵、禹祠、禹庙组成，占地约 10 公顷，建筑面积 2700 平方米。汉代历史学家司马迁记载：“禹会诸侯江南，计功而崩，因葬焉，命曰会稽。”墨子明言：“禹葬会稽，衣衾三领，桐棺三寸。”然而，千百年来，大禹陵墓穴具体位置，不得而知。据史料记载，大禹墓葬，是以窆石所在地作为标志的。所以，明代以前，大禹祭祀活动，都在会稽山东北山麓禹庙正殿东侧之窆石亭举行。明嘉靖二年（1523），南大吉由礼部郎官调任绍兴知府。随后，礼部员外郎郑善夫前来绍兴，共议禹陵祭祀之事。郑善夫亲往会稽山，实地考察大禹陵，撰写《禹穴记》。郑善夫确定，大禹墓穴，在大禹庙南数十步之处。《会稽方志》记载较详：“郑善夫定在庙南可数十步许，知府南大吉信之。”

明嘉靖三年，开始着手营建大禹陵园。据明神宗时期方志记载：“夏禹王庙，正殿七间，东西两庑各七间，中门三间，棂星门三间，大门一间，宰牲房一所，窆石亭一座。”大禹陵园，“陵献殿三间，石亭一间，碑曰大禹陵。斋宿房一所，棂星门三间，俱知府南大吉建。”大禹陵碑，长方形石为底座，碑身高 4 米，宽 1.9 米。碑上题 3 个大字：大禹陵。据说，这是南大吉的手笔。

棂星门，位于大禹陵甬道西边入口处。

门呈三间四柱结构，冲天顶，以上枋、下枋穿插连接，门枋石制，仅中间为木门。八角石柱，柱顶是浮雕柱帽，石枋下浮雕二龙戏珠；两边是次枋，上浮雕白云、仙鹤。大禹陵北侧，建造有咸若亭，俗称鼓乐亭。石制，六边形石基，边长 3.3 米，六角攒尖。亭上题有二匾，东为“好生遗化”，西为“咸若古亭”。据说，此亭建于南宋时期。

享殿，又称飨殿、陵恩殿、陵献殿，是陵寝的主要建筑之一。祭祀活动在这里举行，称为祭殿。史书记载，大禹陵享殿，建于明嘉靖年间，后来渐渐荒废。清光绪二十六年记载：“享殿久成荒芜，不辩基地。”

大禹祠，位于大禹陵碑左边甬道南侧，坐东向西。

禹王庙，位于会稽山南麓，坐北朝南，四周有石帆山、宛委山、天柱峰等会稽山诸峰，连接大禹陵园。西临禹池，西北为禹陵村。

乾隆十五年（1750）十月，乾隆皇帝令礼部奏呈祭祀大禹事宜。礼部官员查阅《大清会典》，上奏，确定遵守皇祖康熙皇帝旧典，躬荐馨于宇下。乾隆十六年（1751），乾隆皇帝第一次南巡。三月初，皇帝御驾一行进入浙江，到达杭州。随后，

大禹陵碑

大禹陵享殿

乾隆皇帝亲奉皇太后渡过钱塘江。初七日，乾隆皇帝驻跸绍兴府。初八日，皇帝亲祭大禹陵。这一天，乾隆皇帝身穿龙袍，行祭祀大礼。扈从之内大臣、侍卫以及文官五品以上、武官三品以上，地方知府以上、武官副将以上，陪同皇帝祭祀。众人行三跪九叩首大礼，读祝文，奠酒；其余地方文武百官，俱穿蟒袍礼服，排列在行宫门前两侧，跪伏迎送。乾隆皇帝御笔亲题禹庙大匾、楹联，撰写御制诗二首。

乾隆十六年（1751），乾隆皇帝亲祭大禹，亲书《祭夏禹王文》：

惟王神灵首出，文命宣昭。平地成天，万世仰随刊之绩。府修事治，兆人歌功叙之休。绍统绪于见知，亲承帝训。际都俞之交赞，时拜昌言。成允成功，继勋华而媲美。不矜不伐，诵谟典而兴怀。追维窆石之封，想象导河之烈。朕省方问俗，莅止会稽。瞻閟殿之穹窿，式临南镇。仰神功之巍焕，永奠中邦。俎豆亲陈，苾芬载荐！

三月初八日，乾隆皇帝写《谒大禹庙恭依皇祖元韵》：

展谒来巡际，凭依对越中。
传心真贯道，底绩奠衡功。

大禹陵棂星门

大禹陵咸若亭

20 世纪初的大禹庙

勤俭鸿称永，仪型圣度崇。
深维作民牧，益凛亮天工。

随后，乾隆皇帝瞻仰大禹庙，写下了《禹庙览古》诗：

得莅稽山峻，言瞻禹庙崇。
碑文拟衡岳，井穴达龙宫。
问讯传工部，栖迟遇义公。
镈于寻岂在，窆柱恨难穷。
帆石终邻诞，梁梅久付空。
惟应敷土迹，天地并鸿功。

大禹庙御碑亭

祭祀大禹之后，乾隆皇帝乘坐御舟回銮。在山阴溪路上，乾隆皇帝有感而发，写下了《舟泛山阴溪路》诗：

棹入烟花浦，山迎彩鹢舟。
桃霞烘日重，柳线曳风柔。
应接真无暇，清明适与谋。
若耶知不远，且迟命清游。

十一　兰亭

因有《兰亭序》，王羲之名垂青史；因有王羲之，兰亭闻名天下。兰亭，位于绍兴城西南25里处，坐落在兰渚山下。汉代时，设有驿亭，故名兰亭。王羲之说：兰亭位于会稽之阴。地理大家郦道元说："浙江东与兰溪合，湖南有天柱山，湖口有亭，号曰兰亭，亦曰兰上里。太守王羲之、谢安兄弟，数往造焉。吴郡太守谢勖封兰亭侯，盖取此亭以为封号也。太守王羲之，移亭水中。晋司空何无忌之临也，起亭于山椒，极高尽眺矣，亭宇虽坏，基陛尚存。"

东晋永和九年（353），大书法家王羲之于农历三月初三，邀集名士在此修禊，共作诗37首，由王羲之作序。此序，即为古今称道的书法圣品《兰亭集序》。兰亭，因此而名垂青史。乾隆皇帝痴爱书圣王羲之的《兰亭序》，千方百计搜罗有关兰亭的临摹本。可以说，自从乾隆皇帝结识《兰亭序》以后，他与兰亭结就下了一世的不解之缘。

《兰亭序》，又称《禊序》、《禊贴》、《临河序》、《兰亭集序》、《兰亭宴集序》，是王羲之的代表性作品，代表了王羲之书法艺术的最高境界。王羲之《兰亭序》与颜真卿《祭侄文稿》、苏轼《寒食帖》，并称三大行书法帖，《兰亭序》位列之首。王羲之的行草清新自然，人们形容为"清风出袖，明月入怀"。书法家董其昌喜爱《兰亭序》，评价说："右军《兰亭序》，章法为古今第一。其字皆映带而生，或小或大，随手所如，皆入法则，所以为神品也。"明解缙称赞王羲之："右军之叙兰亭，字既尽美，尤善布置，所谓增一分太长，亏一分太短。"

王羲之（303–361），字逸少，琅琊临沂（今山东临沂）人，后徙居山阴（今浙江绍兴）。他出身于名门望族，其曾祖父王览和《二十四孝图》中的王祥是同父异母兄弟。王览官至大中大夫，王祥官至太保。16岁时，王羲之被太尉郗鉴相中，为郗家东床快婿。随后进入仕途，由秘书郎历宁远将军、江州刺史、右军将军、会稽内史，因此，世称王右军、王会稽。王羲之以书法名世，善楷书、草书、隶书：楷书师钟繇，草书、隶书学张芝、李斯、蔡邕等人，博采众长，融会贯通，形成自己的独特风格。王羲之的书法别有风韵，笔法圆融，笔力凝重，用笔内敛，以隶书为根基，又全面突破了隶书的本框架，创造了一种曲线优美、气韵生动的新书体。人们形容为“龙跳天门，虎卧凤阙”，王羲之独特的书法造诣，赢得了世人的尊敬，被尊为“书圣”。

王羲之的作品真迹如凤毛麟角，几乎难得一见。现在传世的作品，基本上都是临摹本。王羲之多才多艺，楷、行、草、隶、飞白诸书皆能。如行书《快雪时晴帖》、《姨母帖》、《丧乱帖》，楷书《乐毅论》、《黄庭经》，草书《十七帖》等，都是他的经典作品。当然，他的代表作就是他和朋友们在兰亭修禊活动时留下的行楷《兰亭序》，也是中国书法史上最具有代表性的杰作。《兰亭序》正如清风、明月，反映了书法家的襟怀、风韵和气度。《兰亭序》真迹失传，三种唐摹本是传世最好的本子，都收藏在北京故宫博物院。

兰亭的确切地址，历来说法不一。王羲之《兰亭集序》说：“会于会稽山阴之兰亭”。山南为阳，山北为阴。会稽山山脉蜿蜒曲折，山北何其长也，兰亭究竟在何处？王羲之没有确切指，后人争论不休，莫衷一是。地理学家郦道元在《水经注·浙江水注》中，将兰亭的前生后世，记载得十分详细。他说：“浙江东与兰溪合，湖南有天柱山。湖口有亭，号曰兰亭，亦曰兰上里。”文中的湖口，应当是指鉴湖。兰溪，指的是兰亭溪，当时，属于鉴湖流域。《寰宇记》“越州条目”中，引顾野王《舆地志》称：“山阴郭西有兰渚，渚有兰亭，王羲之谓曲水之胜境，制序于此。”可见，其时的兰亭耸立在湖中。宋叶廷珪在《海录碎事》中说：“山阴县西南三十里有兰渚，渚有亭曰兰亭，羲之旧迹。”地理位置更加确切，可见在宋时，兰亭依然在湖中。

宋沈作宾修的南宋《嘉泰会稽志》记载：“兰渚山，在县西南二十七里。王右军《从修褉》：‘此地有崇山峻岭，茂林修竹。”由此，南宋时期的兰亭当在兰渚山，兰渚山一带的鉴湖中，兰亭可能已经不存。清《嘉庆山阴县志》记载：“明嘉靖戊申（二十七年，1548），郡守沈启移兰亭曲水于天章寺前。……康熙十二年（1673），

兰亭旧址上的康熙、乾隆御碑亭

知府许宏勋重建。三十四年（1695），奉敕重建，有御书《兰亭诗》，勒石于天章寺侧，上覆以亭。三十七年（1698），复御书“兰亭”两大字悬之。其前疏为曲水，后为右军祠，密室四廊，清流碧沼。”

东晋永和九年（353）三月三日，书圣王羲之打算到郊外踏青，他约谢安、孙绰等41位好友，前往山阴兰亭举行文人“修禊”活动。大家散布在河流两边，曲水流觞，饮酒赋诗。聚会很热闹，也很成功，诗稿合集成册，这是王羲之特地为诗集《兰亭集》写的序文手稿。在这篇序中，生动地描述了山阴兰亭的山水之美和文人聚会的欢乐之情，表达了对人生苦短、好景不长和生死无常的感慨。

当年，一条“之”字形曲水，中间一块木化石，上书“曲水流觞”四字。42位雅士在兰亭修禊，酒杯漂到谁的面前，谁就要饮酒赋诗，赋不出诗，罚酒三觥。活动之中，11人各写诗2首，15人各写诗1首，16人没有写诗的便被罚酒，次日共写诗37首。汇诗成册，名《兰亭集》，共推主人王羲之写序。王羲之非常高兴，欣然接受，趁着酒兴，用鼠须笔在蚕茧纸上手书《兰亭集序》。

王羲之手书的这件法帖《兰亭集序》，

一气呵成，28 行，324 字，无论内容、神韵、结构、章法，还是笔法、运力、布局、气势，都是十分完美的，堪称一代杰作。这一年，王羲之 33 岁，正是人生的黄金时期，这篇序文也是他的得意之作。人们评述王羲之的书法：“右军字体，古法一变。其雄秀之气，出于天然，故古今以为师法。”这件作品，历代书家推为圣品，称《兰亭序》为“天下第一行书”。

《兰亭序》原文：

永和九年，岁在癸丑。暮春之初，会于会稽山阴之兰亭，修禊事也。群贤毕至，少长咸集。此地有崇山峻岭，茂林修竹；又有清流激湍，映带左右，引以为流觞曲水，列坐其次。虽无丝竹管弦之盛，一觞一咏，亦足以畅叙幽情。

是日也，天朗气清，惠风和畅。仰观宇宙之大，俯察品类之盛。所以游目骋怀，足以极视听之娱，信可乐也。

夫人之相与，俯仰一世。或取诸怀抱，

碑阳刻康熙帝临《兰亭序》

碑阴刻乾隆帝御书《兰亭即事》诗

今日兰亭曲水

悟言一室之内；或因寄所托，放浪形骸之外。虽取舍万殊，静躁不同。当其欣于所遇，暂得于己，快然自足，不知老之将至。及其所之既倦，情随事迁，感慨系之矣。向之所欣，俯仰之间，以为陈迹，犹不能不以之兴怀。况修短随化，终期于尽。

古人云：死生亦大矣。岂不痛哉！每览昔人兴感之由，若合一契，未尝不临文嗟悼，不能喻之于怀。固知一死生为虚诞，齐彭殇为妄作。后之视今，亦犹今之视昔。悲夫！故列叙时人，录其所述，虽世殊事异，所以兴怀，其致一也。后之览者，亦将有感于斯文。

乾隆十六年（1751），乾隆皇帝第一次南巡。三月初，皇帝车驾进入浙江。三月八日，祭祀大禹陵后，皇帝一行前往兰亭。乾隆皇帝一直仰慕山阴王羲之，在前往兰亭路上，他就手书《兰亭即事》诗，表达自己对千古兰亭的敬仰：

向慕山阴镜里行，清游得胜惬平生。
风华自昔称佳地，觞咏于今纪盛名。
竹重春烟偏澹荡，花迟禊日尚萼荣。
临池留得龙跳法，聚讼千秋不易评。

乾隆皇帝到达兰亭，观赏皇祖康熙皇帝御笔。康熙三十二年（1693），康熙皇帝御笔《兰亭集序》，勒石立碑，建筑亭子，人称御碑亭。乾隆皇帝抚碑观览，心潮澎湃，写下了《兰亭恭咏皇祖抚帖御笔》诗：

真赝搀戈互诋攻，圣多能以不同同。
右军设使瞻仙藻，定早倾心拜下风。

千年兰亭，留下了无数墨宝，也留下了无数人文趣事。乾隆皇帝信步兰亭，缅怀古迹，感慨万千，于是，他在兰亭之上，行书《兰亭杂咏》诗四首：

竹径延缘胜赏探，流觞曲水渌波涵。
何妨修禊日过五，且喜行春月正三。

即景还思晋永和，崇山真见绿嵯峨。
斯人不只清谈辈，誓墓高风有足多。

丝竹虽无琴筑环，逸情真可傲东山。
中郎若复相衡量，剩有兰亭在世间。

真迹当年付老僧，赚来萧翼许多能。
若方吐哺周公旦，房相抡贤未足称。

兰亭旧址上，当年的山形水系犹在，寄托着多少文人墨客的兰亭情怀。

御前太監等經棚
景山西門

代 跋

最后的约稿——怀念南怀瑾先生

一

1918年3月18日，南怀瑾先生出生于浙江乐清柳市区地团乡地团叶里。祖谱上，南先生原名南常泰。据祖谱记载，南先生祖上世代定居于柳市南宅殿后村，其父亲因为经商，经常在地团叶一带活动，所以，举家搬迁至地团叶定居。南先生自幼恭承庭训，启蒙较早，经年累月，潜心学习经史之学，博览诸子百家。后来，不断求学，先后在浙江激荡国术馆国术训练员专修班、中央军校政治研究班、金陵大学（南京大学）研习深造。抗战时期，投笔从戎，并执教于中央军校军官教育队。后来，南先生突然遁迹三年，隐居在峨眉山大坪寺，专心于佛教典籍之研究，静心修炼，遍阅藏经三年。饱学之后，南先生游学于云南大学、四川大学等地。来到台湾以后，南先生在文化大学、辅仁大学、政治大学以及其他高校、研究所等地担任教授，传授中华文化。

南先生睿智博闻，功力深厚，学术造诣深不见底，堪称一代国学大师。其生平致力于弘扬中国文化，对中国传统文化情有独钟，于经学、佛学、道学、历史、天文、地理、诗文、语言诸学科，有独特的见地和解读；教书育人，弟子遍天下；思维活跃，见解明敏，著述甚丰，先后出版有《论语别裁》、《孟子旁通》、《大学微言》、《老子他说》等力作，以及佛、道之学方面著作数十种；通晓英、法、荷兰、西班牙、葡萄牙、意大利、韩国、罗马尼亚等多国语言，致力于中华传统文化之翻译流通。可以说，南先生非凡之一生，修行卓异，行迹奇特，为人、为学，莫测高深，世人尊为禅学大师、国学大师。

对待中国传统文化，南先生十分敬重，始终怀着一颗敬畏之心。南先生认为，文化是民族智慧的结晶。中国绵延数千年，能经历数朝数代，甚至于外来民族之统治，仍然不亡，其根本原因就是中国传统文化的力量，是中国传统文化不亡所致。有鉴于此，南先生大力倡导传统文化，极力推动读经运动，殷切希望在中国大地上，能够深深扎下中国传统文化之根。

二

2010 年秋，我南行考察“乾隆南巡”沿途古迹，来到太湖。太湖水面辽阔，东西约 200 里，南北约 120 里，面积达 3.6 万公顷。相传，大约在 4000 年前，圣主夏禹亲临太湖，治理泛滥成灾的水患，先后开凿了三条重要水道：东江、娄江、吴淞江。从此，打通了太湖通往大海的通道，滔滔不绝的洪水通过三江，疏导分流，注入大海。因此，汉史学家司马迁著《史记》，在书中写道：“禹治水于吴，通渠三江五湖。”

太湖之水，一是来自天目山之苕溪，在湖州之地分为 70 多条溇港注入；一是来自宜溧山北麓之荆溪，分 60 多条港渎入湖。太湖水流，由北面、东面 70 多条河港下泄，分三条大支流汇入长江，形成三江：娄江（下游称浏河）、吴淞江（下游称苏州河）、黄浦江。其中，黄浦江是最大的泄水河道。整个太湖水系，水网密布，共有大小湖泊 180 余个，加上进出湖泊之大小河道，构成一个密如蛛网的庞大水系。特别有意义的是，江南运河是京杭大运河的重要组成部分，在镇江谏壁口处引长江之水南流，穿过太湖水系。太湖众多的河流、湖荡，吞吐江水、湖水，调节流量，构成为江南大运河的重要干流。

太湖之中，岛屿众多，主要有 40 多个，包括西岸之洞庭山，东岸、北岸之洞庭东山、灵岩山、惠山和马迹山等山地、低丘。这里山清水秀，山水相连，风景十分秀丽。太湖湖区是福地，也是长寿安乐之乡。乾隆三十五年（1770）春，太湖县民朱宪章和妻子刘氏同登百岁大寿，地方大吏上书，请求题旌。乾隆皇帝很高兴,欣然命笔:“百岁题旌之疏，岁凡屡见。似兹夫妇同庚期颐偕老，一堂乐顺，四世承欢者，实所罕睹，洵熙洽之祥而仁寿之征也。自不得谨以寻常人瑞视之。”因此，乾隆皇帝赋诗，记述此盛事：

尽有老翁及耆媪，鲜闻妇岁等夫年。
成双大寿真希睹，觅匹寰区孰并肩?
四代孙曾聚庭户，一家耕读乐乡田。
重熙喜值闾阎泰，用纪人祥叶藻篇。

太湖是中国第二大淡水湖，位于江苏省南部境内，古代称震泽、笠泽、具区、五湖。历史上，太湖水域基本上属苏州管辖。过去一直认为，太湖是由长江、钱塘江下游泥沙淤积成一处古海湾而形成的。经过科学家测定，有一种新的说法，认为太湖是大约一万年前由陨石撞击形成的一个湖荡区，从而产生了太湖、阳澄湖、淀山湖、金鸡湖、独墅湖等重要湖荡。由于天体猛烈撞击，一定产生了十分强大的地震冲击波，造成较大破坏，所以，古人称太湖为震泽。

太湖之美，还源于一个动人的历史故事。传说，春秋末年，越国大夫范蠡为了帮助国王勾践灭吴，主动献上自己爱恋的美女西施，迷惑吴王夫差。越王灭吴之后，功成名就的大夫范蠡毅然辞官，离开越国。有人看见范蠡携带美女西施来到太湖，驾着一叶扁舟，出三江泛湖而去。从此，他们声迹杳然，不知所终。千百年来，人们感叹这段凄婉的爱情故事，赋诗吟咏。有诗为证：

已立平吴霸越功，片帆高飏五湖风。
不知战国官荣者，谁似陶朱得始终?

三

早就知道南怀瑾先生在苏州吴江太湖开办大学堂，神心向往久矣，一直想去拜访。刘雨虹女士是老古文化公司的总编，多次在电话之中谈到南先生的太湖大学堂，并邀请我前往太湖一叙。2010年秋，我特地来到太湖，拜访南怀瑾先生和刘雨虹女士。那天下午，夕阳下的太湖清澈明净，十分秀美。说到太湖大学堂，刘雨虹说："那是南师多年前的理想与筹划，六年之前，始得破土兴建。"大学堂占地二百余亩，坐落在上海西南大约220里，苏州之南大约120里。这里是太湖之滨，一望无际的如茵草地，桃李芬芳，有孔雀漫步，有鸭群逍遥，还有千百年迷倒无数文人墨客的太湖月光……太湖三万六千顷，月在波心说向谁！

当我真正置身于这庙街的太湖大学堂，看到的仿佛是一个奇迹。的确，在这里，南先生留下一个历史书院，创造一个讲堂奇迹。仅仅几年间，平地建起了几座大楼，有办公室、图书馆和讲堂楼。纵观太湖大学堂，以讲堂楼最为特别，也最具南先生风格。讲堂楼，是修禅养性之地；大楼第一层是讲堂，是南先生讲说经史和修习佛道之学的地方；第二层是禅堂，是南先生和众弟子精进学问、参禅打坐之所。禅堂很宽敞，满地整齐地摆放着一套套禅衣，可容纳200余人。禅堂光线幽暗，有几分神秘，这正是禅堂的独特之处：将温度、湿度、光线、音响诸方面巧妙结合，匠心独运，营造一种神游太虚的空灵境界。如此禅坐氛围，实在是独步于世。

禅堂之外，罗马柱支撑的游廊连接着巍峨的大楼，楼外是宽阔的草坪，草坪修剪成阴阳鱼构成的太极图案，中间点缀着精致的亭子。那亭子周围有松石间意，望之如仙境中人。大学堂外，满眼是繁茂的树木和如茵的草地。这里气候宜人，风景如画。醉山在幽，醉水在秋。放眼望去，这里水天一色，山水交融。林中有山，山中有水，水中有林。醉山之幽，醉水之雅，尽在这一望无际、飞鸟归林的秋色里。正是：

一空秋色满湖湾，万里云海远近间。
懒坐窗前看闲水，忽在水中见青山。

南先生说佛法，看世道，洞若观火。

南先生说，佛法在世间，社会上到处有菩萨：“佛法还是在世间的。六祖说：佛法在世间，不离世间觉。离世觅菩提，恰如求兔角。”“社会上到处有菩萨，即使狗牛马这些牲畜中都有。”“这是最好的时代，也是最坏的时代。西方文化的贡献，促进了物质文明的发达，这在表面上来看，可以说是幸福。坏，是指人们为了生存的竞争而忙碌，为了战争的毁灭而惶恐，为了欲海的难填而烦恼。在精神上，是最痛苦的。”“十九世纪威胁人类最大的疾病是肺炎，二十世纪威胁人类最大的是癌症，二十一世纪威胁人类最大的是精神病。现在，是精神病开始的时代了”“中国文化，什么叫做事业呢？孔子《易经系传》叫做‘举而措之天下之民，谓之事业。’一个人，一辈子，做一件事情，对社会大众有贡献，对国家民族，对整个的社会，都是一种贡献，这才算是事业。”

老谢负责图书馆，他来自台湾，博学多闻，斯斯文文的样子。他一直陪同着，带我们仔细参观图书库、办公楼和讲堂楼。傍晚时分，大学堂显得格外神秘，晚霞中的庭院也更加幽静。这时，老谢说：“刘雨虹老师已经在一层大楼等着了。”刘老师是我认识很久的老朋友了，她思维敏捷，记忆力好，文笔极佳。今年，她已经 90 岁了，可依然精神矍铄，谈笑风生，就像我 20 年前结识时的样子。刘老师对我说：“南老师听说你来了，特意吩咐一起吃晚饭，好好聊聊。”

我和刘老师正聊着，南老师来了。南老师今年已经 93 岁了，可是，真是不敢相信，他就像从天上飘下来的一样，感觉就是行走如风啊！南老师依旧是那身经典式的布衣装束：一身中式青布长衫，头戴线帽，健步从容。他笑吟吟地打招呼、握手、寒暄，礼仪十分周全。他讲学一天了，依旧精神饱满，神采奕奕。他的声音很洪亮，眼睛炯炯有神，头上戴着黑帽子，寿眉是白的，看上去真是一位得道高人，准确地说，是一位神仙中人。

晚餐很丰盛，满桌美味佳肴。不过，南老师依旧吃他的神仙晚膳：一碗粥，一杯茶。真可谓：一粥一茶，皆为人间佳味；一湖一僧，阅尽尘世风情。坐在桌前，看着头发、眉毛都白了的南先生，感慨人生如梦，今夕何夕。南先生为人低调，十分谦逊。人生在世，切忌自满，我想起了《十半歌》：自古人生最忌满，半贫半富半自安。半命半天半机遇，半取半舍半行善。半聋半哑半糊涂，半智半愚半圣贤。半人半我半自在，半醒半醉半神仙。半亲半爱半苦乐，半谷半禅半随缘。人生一半在自我，另外一半顺自然！人是什么？不过是一身皮囊。我记起了自己曾写过的词，不禁笑了：

试问此生何所有？
何必终日营营。
放下皮囊一身轻。
赤脚行千里，山水寄余生。

南先生德高望重，学问如海。可是，任何时候，他都有一颗童心。记得聊到我的名字时，南先生问："向斯这名字，很好啊，很有味道，是笔名还是原名？"我说："南老师，不少人问过这个问题，我的回答是无可奉告。不过，既然老师问了，我得如实回答。这名字本是笔名，后来，成为我的正式名字，个人身份、档案，全部改了，都记录在案。"南先生意犹未尽，笑眯眯地，一再询问原名。当知道原名后，南先生感觉更有意思，不禁大笑起来。随后，南先生每说一句话之前，他都要叫一下我的原名！大家都很开心。我们边吃边聊，聊得很热闹，真的十分愉快。感觉中，我们好像只是在聊，没有吃什么东西似的，几个小时，眨眼之间就过去了。吃完饭后，南先生特地介绍身边的人：弘忍法师、马宏达先生等等。

南老师学识渊博，非常健谈，听他解读灵异，叙述历史，纵谈宫廷往事，大家都忘记吃饭了。南老师有一句经典："现代人的最大问题之一，就是对科学的迷信。许多现象，科学是解释不了，或者说，现有的科学认识有限。"南老师对皇宫、皇宫里的人和事以及宫里的珍宝很有兴趣。

他说："宫里的事，很多人不知道，你向斯知道，多好啊！你是湖北麻城人，送你两句话：入宫二十年，离家三千里。你看，多贴切啊！你那地方，是皇帝的宝地，不是一般人能呆得住的。现在，有很多人批判皇帝，说皇帝不好。其实，很多人都想当皇帝。当皇帝，当然好啊！四海之内，莫非王土。率土之滨，莫非王臣。皇帝就是天子，就是一姓之天下。皇帝生活的地方，就是皇宫。宫中的宝贝，难得一见，都是世间稀有和罕见之物啊！"

吃完饭后，刘雨虹笑着说："向斯，不是想和南老师一起合影吗？你看，南老师都站在那里了，等你呢！"我抬头一看，十分感动，南先生真的站在那里，笑容可掬的。南先生身后是一块黄地大匾，上书四个字：博问广采。在黄匾、粉墙的映衬下，青布衣衫的南先生显得格外干净、清瘦，仙风道骨。听刘雨虹说，南老师基本上不给人题字，也很少与人合影。这张照片十分珍贵，也可能是南老师最后与朋友合影的照片了。后来，不少朋友想要这张照片，但我都婉言谢绝了。

2012年9月中旬，作家鸥盟对中华书局宋志军社长说："华人世界中，智慧、学识、才华、先知诸方面，南先生是首屈一指的。中华书局，何不出一套南先生的作品集？"宋社长天生是做书的高手，本来就敏锐，听这一说，当即表态："是啊，中华书局应该出版一套完整的南怀瑾先生作品集！"随后，宋社长给我打电话："向先生，有件事得请你帮忙。你和南先生很熟悉，《慈禧私家相册》那篇后记，你和南先生在太湖见面、晚餐，大伙都爱看。你方便的时候，请联系一下南先生，由中华书局出版他的作品集。"

中华书局是中国的顶级出版社之一，由中华书局出版南先生的作品集，这当然是好事情，想必南先生也会愿意。我乐于促成此事，当即就给刘雨虹发信沟通，表达中华书局出版之意。第二天，9月21日，刘雨虹打电话给我："向先生，看到你的来信，很高兴，由中华书局出版南老师作品集，很好。不过，现在南老师在闭关。

等南老师出关了，南老师会同意的，到时候，你们一起来太湖，我们商量具体出版事宜。”然而，想不到，几天之后，南先生就仙逝了。这次的出版约定，可能是南先生一生最后的约稿。可是，书稿约定了，却天人两隔！我非常想念南先生，但愿仙风道骨的南先生在天上悠游岁月，自由自在，依旧著书立说，传播中华文化。百年以后，如果有缘到天上，能够读到南先生的书，也不白来天上一游。

四

2012 年 9 月 29 日下午 4 时，一代国学大师南怀瑾先生在苏州太湖大学堂神态安详地与世长辞，享年 95 岁。据说，在南先生去世前，有三大异常之兆：一，2012 年初，南先生请人建造水晶舍利塔，200 尊！二，2012 年 5 月 12 日，达摩书院网站公告：南怀瑾先生学术成就研讨会，定于 9 月 29 日召开。三，2012 年 5 月 29 日，南老师在谈话中，很随意地说：“龙年，有劫。”随后，南先生破天荒地吩咐弟子，详细记录自己的生平、言行等等。为何建造舍利塔？南先生去世后火化，惊现一大盆舍利子，能装 200 塔；9 月 29 日，预定的召开南先生学术研讨会之日，南先生去世；果然，龙年有劫，在此之前，弟子们要求记录南先生的言行、撰写传记，南先生一概拒绝。

2012 年 9 月 19 日，清晨，天高云淡，空气清新。南老师依旧早起，洗漱、活动之后，认真地和儿子南国熙谈话。随后，一脸疲惫的南先生说：“我累了，要休息了。”说罢，南先生入定坐化。众弟子看见南先生的样子，感觉情况不妙。这时，南先生已经气住脉停。不过，南先生身体较软，身子犹热。弟子们忧心如焚，心存希冀，商议之后，宣布入定，不触碰南老师，全力诵经、护持，为南老师祈福。历时 7 天，到 9 月 25 日，南老师依然身体较软，身上和头部温度都没有什么变化。最惊人的是，南先生之身体开始散发檀香。9 月 26 日，情况突变，南先生体温开始明

向斯和南怀瑾先生，二人身后是“博问广采”匾。

向斯和刘雨虹老师

显下降。现场立即成立护持小组，着手筹备后事，开始修建荼毗炉等。9月29日下午，上海中山医院医生在太湖大学堂确认，南老师已无生命迹象。医生开具死亡证明，认定南老师离世时间，是2012年9月29日下午16时26分。

2012年9月30日（农历八月十五，中秋节）晚，在南先生亲手创办的太湖大学堂，亲友、弟子、学生们一起，为南先生举行荼毗仪式。据说，南先生换衣服之时，身体一直十分柔软。众人为南先生送别，泪眼蒙眬。弟子们念诵着“南无本师释迦牟尼佛！”亲人护送着南先生的灵柩，缓慢前行。这时，天空之中，突然传来南先生宣唱的佛号，声音悠远，栩栩如生。人们想起南先生的学问、人品、功德，南先生的音容笑貌历历在目，所有人无不涕泪交加。南一鹏是南先生之子，他向众人致谢，一字一顿地说：“父亲以天下人为子女，以子女为天下人！”听罢，众人无不沉痛悲泣。

最后，举行南先生遗体之举火仪式，由成都文殊院宗性大和尚主持。众人焚香、诵经，先后齐颂七遍《般若波罗蜜多心经》。按照佛教仪轨，进行荼毗。火光熊熊，彩焰腾空。此时此刻，圆月高悬中天。千年冰轮众人望，百年孤独几人知？月朗风清，天空如洗。天地之间，一片澄澈。一切圆满，一切如愿。在场众人，纷纷俯伏跪拜，口诵佛号，恭恭敬敬地向大火之中的南先生遗体行礼。主持人宗性大和尚看看天空，看着南先生的遗体，深沉地说：“南老的一生，如今夜之明月，如此圆满！南老的愿望，是希望所有的人，都如此圆满！”

南先生荼毗仪式结束了，天地之间，清香弥漫。弟子们商议，定于 2012 年 10 月 5 日早晨四点，打开荼毗炉。开炉之后，众人惊奇地发现：经过荼毗之后，南先生头骨十分完整，上面密密麻麻地缀满各色各样的舍利子；头骨为两色，一半呈黄色，一半呈蓝色；其余身体部分，化成舍利子无数；尤其特别的是，南先生的舌根呈莲花状，舌头呈粉红色，半透明。据说，这是说法如雨、舌灿如莲之果报。据史料记载，有此异象者，只有鸠摩罗什大法师。南老师的舍利子，有淡绿色的，有蓝色的，透明，状如水晶，共装了七罐。按照商定，南先生的舍利子运往四川成都文殊院。

舍利，梵语音译为“设利罗”，中文译为灵骨、身骨，是一个人往生、火化之后留下的结晶体。舍利子，形态众多，千变万化。就造型上说，有圆形的，有椭圆形的，有莲花形的，还有佛像或菩萨状的；就颜色而言，有白、黑、绿、红的，还有各种颜色的；就质地来说，有的如珍珠，有的如玛瑙，有的如水晶，有的透明如钻石。

2500 年前，释迦牟尼佛涅槃，火化遗体以后，弟子们从灰烬之中得到一块头顶骨，两块肩骨，四颗牙齿，一节中指骨舍利，以及 84000 颗珠状真身舍利子。佛经说，舍利子，是一人戒、定、慧之修持，以及自己之大愿力所得来的结晶体。佛陀涅槃后，所烧出之舍利子，多达一石六斗。舍利子，是诸佛、菩萨、罗汉、高僧等火化后凝结晶莹如珠、如花之物，称舍利子。白色，为骨舍利；赤色，为血肉舍利；黑色，为发舍利；杂色，为综合舍利。《金光明经·舍身品》称：“舍利者，即是无量六波罗蜜功德所得所熏。……舍利，是戒定慧所熏修，甚难可得，最上福田。”

图书在版编目（CIP）数据

乾隆南巡的故事 / 向斯著. — 北京：故宫出版社，2016.8
ISBN 978-7-5134-0861-5

Ⅰ. ①乾… Ⅱ. ①向… Ⅲ. ①宫廷－史料－中国－清代－通俗读物 Ⅳ. ①K249.09

中国版本图书馆CIP数据核字（2016）第123491号

乾隆南巡的故事

著　　者：向　斯
出 版 人：王亚民
责任编辑：王志伟
摄　　影：王志伟
装帧设计：王　梓
出版发行：故宫出版社
地址：北京市东城区景山前街4号　邮编：100009
电话：010-85007808　010-85007816　传真：010-65129479
网址：www.culturefc.cn　邮箱：ggcb@culturefc.cn
制版印刷：北京方嘉彩色印刷有限责任公司
开　　本：787毫米×1092毫米　1/16
印　　张：21.25
字　　数：400千字
版　　次：2016年8月第1版
2016年8月第1次印刷
印　　数：6000册
书　　号：ISBN 978-7-5134-0861-5
定　　价：86.00元